ÉTHIQUE À EUDÈME

DU MÊME AUTEUR

À la même librairie

- *Métaphysique*, introduction, traduction et notes de J. Tricot, 2 vol., 320 et 320 pages (editio *minor*).
- *Métaphysique*, édition refondue avec commentaire, 2 vol., LVIII et 768 pages (editio *major*).
- *Éthique à Nicomaque*, introduction, traduction et notes de J. Tricot, 540 pages.
- *De l'âme*, introduction, traduction et notes de J. Tricot, XX et 238 pages.
- *De la Génération et de la Corruption*, introduction, traduction et notes de J. Tricot, XVIII et 172 pages.
- *Histoire des animaux*, introduction, traduction et notes de J. Tricot, 780 pages.
- *La Physique*, introduction de L. Couloubaritsis, traduction et notes de A. Stevens, 336 pages.
- *La Politique*, introduction, traduction et notes de J. Tricot, 98 pages.
- *Les Économiques*, introduction, traduction et notes de J. Tricot, 80 pages.
- *Les Météorologiques*, introduction, traduction et notes de J. Tricot, XVII-230 pages.
- *L'Organon, traité de logique*, introduction, traduction et notes de J. Tricot :

  Tome I-II : *Catégories. De l'interprétation*, 170 pages.
  Tome III : *Les Premiers Analytiques*, VIII-336 pages.
  Tome IV : *Les Seconds Analytiques*, X-252 pages.
  Tome V : *Les Topiques*, 368 pages.
  Tome VI : *Les Réfutations sophistiques*, X-156 pages.
- *Parva Naturalia* suivi du traité pseudo-aristotélicien *De Spiritu*, introduction, traduction et notes de J. Tricot, 196 pages.
- *Sur la Nature. Physique II*, introduction, traduction et notes de L. Couloubaritsis, 160 pages.
- *Traité du Ciel*, suivi du traité pseudo-aristotélicien *De Spiritu*, introduction, traduction et notes de J. Tricot, 224 pages.

BIBLIOTHÈQUE DES TEXTES PHILOSOPHIQUES

Fondateur H. GOUHIER Directeur J.-F. COURTINE

ARISTOTE

ÉTHIQUE À EUDÈME

Introduction, traduction, notes et index
par
Vianney DÉCARIE

avec la collaboration de
Renée HOUDE-SAUVÉ

PARIS
LIBRAIRIE PHILOSOPHIQUE J. VRIN
6, Place de la Sorbonne, V^{e}
2007

Imprimé en France

ISBN 978-2-7116-0025-0

www.vrin.fr

À Pascale,
Dominique,
Jean-Claude,
Emmanuel

INTRODUCTION

La dernière traduction en français de l'*Éthique à Eudème* remonte à Barthélemy Saint-Hilaire (1856): elle offre beaucoup de charme et d'élégance mais présente peu d'utilité dans les passages difficiles, fort nombreux, de cette œuvre mal connue et négligée, même par les spécialistes; méritoire sous certains aspects, elle porte la marque de son époque : on envie cette facilité à résoudre les problèmes du texte en les contournant[1]. Depuis cette date, les travaux se sont multipliés autour de cette œuvre dont la tradition manuscrite est très pauvre. Même s'il faut toujours attendre une édition critique – la seule utilisable est celle de Susemihl (1884) –, des améliorations nombreuses ont été apportées au texte. En outre les traductions en langues modernes se sont multipliées: deux en anglais, quatre en allemand, une en italien, deux ou trois en espagnol, etc.[2]. J'ai cru rendre service aux lecteurs de langue française en leur donnant cette traduction[3] : ils pourraient ainsi lire l'un des

1. Sur les mérites de B. Saint-Hilaire, voir entre autres F. Dirlmeier, *Untersuchungen zur Eudemischen Ethik*, Ve Symposium Aristotelicum, 2e éd. Berlin, 1969 (dorénavant cité Dr.), p. 133.

2. Voir la bibliographie.

3. Faite pour l'essentiel, entre les années 1969 et 1972.

trois grands traités de Morale transmis sous le nom d'Aristote; parallèlement à l'*Éthique à Nicomaque* – la plus connue et commentée – et à la *Grande Morale*, l'*Éthique à Eudème* présente une discussion des problèmes moraux différente, sous plusieurs aspects, de celle des autres traités.

Inaugurées par le grand article de Th. Case (1910), plus souvent cité que lu, les recherches sur l'évolution vraie ou supposée d'Aristote ont été définitivement lancées par l'*Aristoteles* de W. Jaeger, qu'ont suivi les travaux de ses partisans et adversaires : on croyait trouver ainsi une solution à des contradictions apparentes ou réelles entre des textes jugés alors de dates différentes; on provoquait du même coup la multiplication des études qui s'appliquaient à saisir les moindres nuances du texte d'Aristote : toute la gamme des positions a été défendue, de l'authenticité globale à l'inauthenticité. Il était donc urgent de permettre au lecteur de langue française, *innocent of Greek*, de se former une opinion sur la valeur de cet ouvrage.

L'*Éthique à Eudème* apparaît dans de nombreux manuscrits d'Aristote à la suite de l'*Éthique à Nicomaque* et de la *Grande Morale*[4].

Une étude des renvois de la *Politique* à des « discours éthiques » amène le dernier commentateur de l'*Éthique à Eudème* à la conclusion suivante : « en somme, le témoignage le plus ancien en faveur de l'existence de l'*Éthique à Eudème* se trouve chez Aristote lui même »[5]. Le catalogue le plus

4. Voir Dr. et Harlfinger, dans *Eudemischen Ethik*, Introduction.
5. Dr., p. 115.

ancien des œuvres d'Aristote (IIIᵉ siècle A.C.?) ne permet aucune conclusion ferme mais le catalogue dit de Ptolémée (Iᵉʳ siècle A.C.) mentionne l'*Éthique à Eudème* en huit livres[6]. On retrouve des traces de l'*Éthique à Eudème* chez les Commentateurs grecs : Aspasius, IIᵉ siècle (P.C.), Simplicius, VIᵉ siècle, Eustrate, XIIᵉ siècle ; le premier manuscrit connu remonte au XIIIᵉ siècle. Chez les latins l'avant-dernier chapitre (VIII 2) a connu, avec un chapitre de la *Grande Morale* (II 8), une fortune extraordinaire sous le titre de *Liber de Bona Fortuna*[7] ; le chapitre dernier (VIII 3) sur la vertu parfaite (*Kalokagathie*) fut aussi traduit en latin.

À la Renaissance, seuls Casaubon et Patrizzi penchent pour l'attribution à Eudème de Rhodes.

C'est Schleiermacher qui le premier au XIXᵉ siècle (1817) a rejeté l'authenticité aristotélicienne de l'*Éthique à Eudème* (en même temps que celle de l'*Éthique à Nicomaque*) : pour lui, seule la *Grande Morale* est authentique ; mais l'*Éthique à Eudème* partage avec cette dernière le mérite d'atteindre son sommet et sa fin dans la *kalokagathie* (vertu totale), « perfection de l'individu dans la vie de l'état »[8]. L. Spengel poursuivit le travail amorcé par Schleiermacher mais restitua l'*Éthique à Nicomaque* à Aristote tout en maintenant l'inauthenticité de l'*Éthique à Eudème*. On trouvera une indication de l'influence

6. Voir P. Moraux, *Les listes anciennes des ouvrages d'Aristote*, Louvain, 1951, p. 297 ; Düring, *Aristotle in the Ancient Biographical Tradition*, Göteborg, 1957 (dorénavant cité Düring), n. 36, p. 224.

7. 150 manuscrits, *cf.* Lacombe, *Aristoteles Latinus* I (1939), Bruges-Paris, 1957, p. 161-162, Dr., p. 119-120, Harlfinger, p. 25-26.

8. Voir Dr., p. 128.

de L. Spengel dans le fait que les deux éditions postérieures à ses travaux portent le titre : *Eudemi Rhodii Ethica*[9].

Ce n'est pas le lieu de poursuivre ici l'histoire de ce problème : on la trouvera évoquée en détail ailleurs[10]. Il faut noter toutefois que B. Saint-Hilaire n'accepta pas l'attribution à Eudème et montra une prudence louable à l'égard de l'interprétation de Spengel : « Je repousse donc toutes les hypothèses qu'on a faites sur l'auteur de la Morale à Eudème ». Il y voit la rédaction d'un cours d'Aristote faite par un auditeur, une *reportatio* (p. 331)[11].

La réaction amorcée par Barthélemy Saint-Hilaire et Bendixen se développa au début du XXe siècle et aboutit à l'affirmation de l'authenticité aristotélicienne de l'*Éthique à Eudème* (Von der Mühl, 1909 ; Case, 1910 ; Kapp, 1912), que les ouvrages et articles de W. Jaeger, H. von Arnim, R. Walzer (1924-1931) et autres ont confirmée[12].

Les discussions portent plutôt aujourd'hui sur l'antériorité (position très répandue : Case, Dirlmeier entre autres) ou la postériorité (D.J. Allan) de l'*Éthique à Eudème* par rapport à l'*Éthique à Nicomaque* ; M. Allan a même indiqué une

9. Les éditions de A.Th.H. Fritsche, *Ethica Eudemia*, Regensburg, 1851 (dorénavant cité Fr.) et F. Susemihl, *Ethica*, Leipzig, Teubner, 1884 (dorénavant cité Sus.).

10. Voir J. Tricot, *Éthique à Nicomaque*, Paris, Vrin, 1959, p. 8-10 (présentation sommaire) ; St. George Stock, *Introduction : Magna Moralia, Ethica Eudemia*, « Oxford Translation », vol. IX, Oxford, p. V-XXIII) (admirable dans sa concision et sa précision) ; Dr. ; C.J. Rowe, *The Eudemian and Nicomachean Ethics : a Study in the Development of Aristotle's Thought*, Cambridge Philological Society, 1971.

11. Voir Dr., p. 133.

12. Voir bibliographie.

nouvelle voie: pourquoi ces deux Éthiques n'auraient-elles pas été composées dans des buts différents, ce qui expliquerait leurs différences sans pourtant impliquer une évolution de la pensée? Un deuxième problème demeure fort controversé: les trois livres centraux, communs aux deux *Éthiques* (*Éthique à Nicomaque* V = *Éthique à Eudème* IV, *Éthique à Nicomaque* VI = *Éthique à Eudème* V, *Éthique à Nicomaque* VII = *Éthique à Eudème* VI) appartiennent-ils indifféremment aux deux ouvrages?, à l'un plutôt qu'à l'autre?, à l'*Éthique à Nicomaque* dans une version revisée d'une rédaction primitive écrite pour l'*Éthique à Eudème* [13]? Ce problème se complique du fait qu'il existe deux traités du plaisir dans l'*Éthique à Nicomaque* (VII (= *Éthique à Eudème* VI), et X) et

13. Voir récemment C.J. Rowe, *op. cit.*, chap. III, *The « Common » Books*, p. 70-114; en tout dernier lieu A. Kenny, « The Stylometric Study of Aristotle's *Ethics* » dans *Computing in the Humanities*, S. Lusignan et J.S. North (ed.), Montréal-Waterloo, The University of Waterloo Press, 1977, qui, après une étude très poussée au moyen de plusieurs tests stylométriques, arrive à la double conclusion qu'aucun test n'étaie la théorie du *patchwork* pour les livres communs et que ces derniers sont beaucoup plus près de l'*Éthique à Eudème* que de l'*Éthique à Nicomaque*. Voici cette conclusion: « None of these tests gives any support to the theory that the *AE* is a patchwork. The conclusions are confirmed by other independent tests (such as a study of the definite article). Altogether the tests, which cover some sixty per cent of the total word-usage of the treatises, present an overwhelming weight of evidence for the view that the common books resemble the *Eudemian Ethics* more than the *Nicomachean*. The most economical explanation of the evidence presented in this paper is that the common books, as they now stand, belonged originally to the *Eudemian Ethics*. It would no doubt be rash to claim that stylometric methods have solved a problem which has occupied scholars for centuries: but certainly the stylometric results will have to be taken into account in any future scholarly study of the problem » (p. 22).

que l'*Éthique à Eudème*, qui rappelle en avoir discuté[14], ne contient que celui du Livre commun.

Par ailleurs une étude du vocabulaire de l'*Éthique à Eudème* a montré qu'il est tout à fait conforme à celui d'autres traités; au surplus les particularités de syntaxe se retrouvent ailleurs chez Aristote, et souvent chez Platon[15].

Le texte de l'*Éthique à Eudème* présente de grandes difficultés : elles tiennent en premier lieu au style d'Aristote (absence d'hiatus dans I, 1-7, présentation très elliptique et scolaire dans le reste de l'ouvrage; emploi constant de « après cela »; passage de l'abstrait (la justice) au concret (les justes), dans la même phrase, etc.; Dirlmeier, qui reconnaît l'homogénéité de ce style, le qualifie de style d'esquisse (*Entwurfstil*, p. 110) alors que les Anglais parlent de *careless writing*. Mais on note en même temps une systématisation plus poussée que dans l'*Éthique à Nicomaque*, particulièrement en ce qui concerne les articulations des chapitres et même des livres; on fait valoir cette plus grande précision tantôt en faveur d'une date plus ancienne tantôt en faveur d'une date postérieure à Aristote, comme la manifestation du commentateur qui met en ordre le texte qu'il explique (Grant)[16].

L'état dans lequel le texte a été transmis ajoute aux difficultés inhérentes au style : la multiplication des corrections et les suggestions de lacune manifestent l'état déplorable

14. Cf. *Éthique à Eudème*, VIII 3, 1049a17 et voir A.J. Festugière, *Aristote. Le Plaisir*, Paris, Vrin, 1936.

15. Voir R. Hall, « The vocabulary of the *Eudemian Ethics* », *Calssical Quaterly*, n.s. 9 (1959), et en tout dernier lieu, A. Kenny, « The Stylometric Study of the Aristotelian Writings », Cirpho, Montréal, Automne 1975-1976, vol. III. *Cf.* Addenda, p. 31.

16. Dans St. George Stock, *Introduction*.

des archétypes de la tradition manuscrite ; au surplus, Bonitz a reculé devant le livre VIII et H. Richards (*Aristotelica*) devant les deux premiers chapitres : « Le texte des deux premiers chapitres de ce livre est dans un état si déplorable qu'on semblerait dépenser ses efforts en vain à tenter de le restaurer. Si par un heureux hasard on « tombait » sur les mots originaux, on n'aurait pas de raison suffisante d'être sûr qu'il en est bien ainsi »[17]. L'admirable traduction de J. Solomon – qui équivaut à une édition critique – a rendu intelligibles plusieurs de ces passages, surtout par une ponctuation nouvelle. Mais de nombreuses difficultés demeurent – même après les tentatives souvent couronnées de succès de Dirlmeier – difficultés que les éditions critiques annoncées depuis plus de vingt ans aideront sans doute à clarifier, en partie du moins.

Ces difficultés m'ont obligé à multiplier les notes – qui quelquefois ont pris l'allure d'un commentaire de longueur inégale ; désireux de mettre rapidement à la disposition du lecteur francophone la traduction de ce texte important, j'ai volontairement négligé d'annoter les passages faciles. Au surplus, les renvois aux passages parallèles de l'*Éthique à Nicomaque* et de la *Grande Morale* permettent d'y trouver souvent la solution de difficultés rencontrées dans l'*Éthique à Eudème* ; toutefois on ne s'attendra pas à trouver ici une étude comparative des trois *Éthiques*.

La traduction a franchi trois étapes. Dans une première version, on a serré de très près l'original grec, pour saisir toutes les articulations de la pensée et les particularités du texte : passage du concret à l'abstrait et inversement, du pluriel au

17. P. 67. Doit-on y voir, en partie, une réaction du savant d'Oxford contre celui de Cambridge, H. Jackson ?

singulier, etc.; on aurait aimé faire sentir au lecteur ce style technique d'Aristote. C'est ainsi que H. Rackham, traducteur des deux *Éthiques* et de la *Politique* dans la collection bilingue Loeb, termine la préface de la deuxième édition de sa traduction de l'*Éthique à Nicomaque* par la remarque suivante : « Si j'avais travaillé pour ceux qui veulent étudier Aristote sans lire le grec, ma méthode (de traduction) aurait été différente : j'aurais visé à une traduction entièrement neutre, reproduisant le grec d'aussi près que possible, gardant les abréviations, les omissions, les ambiguïtés et les obscurités qui se manifestent dans plusieurs phrases : j'aurais fourni ainsi un texte anglais qui aurait accompagné l'étude des précieux commentaires disponibles sur le traité »[18]. Dans une deuxième étape, on a tenté de rendre plus facile la lecture de cette œuvre sans pour autant faire disparaître certaines difficultés ou ambiguïtés qui appartiennent à l'original et qu'on a éclairées en notes. Toutefois ce n'est pas encore la deuxième solution évoquée par H. Rackham : « on pourrait rendre le sens mais ignorer la forme, et substituer un anglais concis et poli à la grande variété de styles d'Aristote – car il s'étend de simples notes à des passages de discours suivi, non dépourvu d'éloquence, même s'ils ne sont pas des modèles de distinction et de grâce attiques ». En français, on pourrait évoquer B. Saint-Hilaire ; en anglais, c'est la traduction classique de B. Jowett dont H. Rackham dit en terminant « qu'elle peut rendre les plus grands services à l'étudiant qui veut savoir ce qu'Aristote a dit, mais non la manière de le dire ». Enfin dans une troisième étape, mon collègue, le P. de Durand de l'Institut d'Études

18. Les textes cités sont tirés de la *Préface* à la seconde édition de l'*Éthique à Nicomaque*, p. VI et de celle de la seconde édition de la *Politique*, p. VIII.

Médiévales (Université de Montréal) m'a fait l'amitié de m'apporter sa haute compétence et de revoir avec moi l'ensemble de la traduction.

À défaut d'un texte critique récent, annoncé à la fois par la Clarendon Press, dans la collection *Oxford Classical Texts* et la Société des Belles Lettres, dans la *Collection des Universités de France* (*Collection Budé*)[19], j'ai utilisé le texte de Susemihl (Teubner, 1884)[20], auquel j'ai joint l'admirable traduction de J. Solomon qui corrige sur plusieurs points Susemihl, l'édition et la traduction avec notes de H. Rackham (Loeb, 1935) et surtout la traduction et le commentaire de Fr. Dirlmeier (Akademie Verlag, 1969); les autres travaux seront cités en leur lieu.

Le partage du travail s'est fait de la manière suivante: Mme Renée Houde-Sauvé, alors mon assistante de recherche à l'Université de Montréal (1968-1969), a traduit sous ma direction les livres II, III et VII (elle préparait une thèse de doctorat sur l'amitié dans l'*Éthique à Eudème*); j'ai traduit les livres I et VIII, revu la totalité de la traduction, rédigé les notes, les titres et l'introduction. Pour les livres communs (*Éthique à Eudème* IV = *Éthique à Nicomaque* V; *Éthique à Eudème* V = *Éthique à Nicomaque* VI; *Éthique à Eudème* VI = *Éthique à Nicomaque* VII) je renvoie à la traduction de J. Tricot, dont je reproduis toutefois les titres de chapitre.

19. Mes remerciements vont à M. Lavielle, l'éditeur de la Collection Budé, qui m'a aimablement fait part de quelques conjectures pour améliorer le texte. Mrs. Mingay est en train de terminer l'édition des *O.C.T.*

20. Sauf pour les divergences indiquées en note, et VIII 1 (voir *ad. loc.*).

Mes remerciements vont au Ministère de l'Éducation de la Province de Québec, qui m'a accordé des fonds de recherche, au Conseil des Arts, des Humanités et des Sciences sociales du Canada, dont une bourse de congé sabbatique m'a donné le temps de poursuivre ce travail, et à l'Université de Montréal qui m'a permis de prendre ce congé.

Ma gratitude va aussi à M. Jacques Brunschwig, Université de Paris-Nanterre, qui a bien voulu lire le premier livre de cette traduction, me signaler des erreurs et me faire de précieuses suggestions. Je remercie M. Michel Bédard des multiples services qu'il m'a rendus dans la mise au net de ce manuscrit.

Enfin, je dois une reconnaissance toute particulière à mon collègue M. De Durand dont la compétence et l'amitié m'ont évité plusieurs écueils. Je demeure seul responsable des lacunes que présenterait encore cette traduction.

Montréal, mars 1977
Vianney DÉCARIE

LE TITRE

Les titres des trois traités de Morale d'Aristote demeurent une énigme[1] que la traduction, usuelle en français, n'aide pas à clarifier (à tout le moins dans le cas des deux premiers) : *Éthique à Nicomaque*, *Éthique à Eudème*, *Grande Morale*. Pour éviter de préjuger de leur sens, il y aurait avantage à utiliser une traduction plus fidèle, classique en anglais et en allemand[2] : *Éthique « nicomachéenne »*, *Éthique « eudémienne »* et *Grande Éthique*.

Plusieurs hypothèses ont été avancées pour expliquer ces titres qui ne se trouvent pas, d'ailleurs, chez Aristote lui-même.

Pour commencer par la *Grande Morale*, il semble qu'elle doive son intitulé à la longueur inusitée des deux livres qui la

1. Voir les introductions des traductions et commentaires modernes et tout particulièrement Fr. Dirlmeier, *op. cit.*, J. Tricot, *op. cit.* (2e éd. 1967), R.A. Gauthier et J.Y. Jolif, *L'Éthique à Nicomaque* I, Introduction, Louvain-Paris, Publications Universitaires-Nauwelaerts, 1959, 2e éd. 1970 (dorénavant cité G.-J.).

2. Et qu'on rencontre quelquefois en français : voir, entre autres, L. Robin, *Morale antique*, Paris, PUF, 1947, p. 46, 1 ; J. Souilhé-G. Cruchon, *L'Éthique Nicomachéenne*, I-II, Paris, 1929; en faveur d'*Éthique Eudémienne*, G. Verbeke dans *Untersutchungen...*, p. 285-297 et C. Lefèvre, *Sur l'Évolution d'Aristote en psychologie*, Louvain, 1972.

composent : *dix-sept* et *quinze* pages de Bekker, par comparaison avec une moyenne par livre, pour les deux autres, de huit (*Éthique à Nicomaque*) et sept pages (*Éthique à Eudème*)[3].

Mais les deux autres *Éthiques* ont provoqué, tout naturellement, le plus grand nombre d'hypothèses. Pour Cicéron, Nicomaque, fils d'Aristote, est l'*auteur* du traité conservé sous son nom, hypothèse non justifiée et, aujourd'hui, unanimement rejetée[4]. Pour d'autres, au temps de l'atéthèse, Eudème de Rhodes était vraiment l'auteur du traité connu sous ce nom[5], l'*Éthique nicomachéenne* seule étant aristotélicienne; mais alors comment expliquer ce dernier titre? Nicomaque et Eudème seraient les éditeurs de ces deux cours : le travail d'édition de ce dernier pour la *Physique* et la *Métaphysique*

3. Voir le tableau comparatif des trois *Éthiques* dans P. Moraux, *Listes anciennes...*, p. 87 (qui toutefois ne divise pas en deux le dernier livre de l'*Éthique à Eudème*), à l'occasion d'une discussion des titres *Premiers Analytiques*, en *neuf* livres, et *« Grands » Seconds Analytiques* en *deux* livres (D.L., n. 49 et 50). R. Bodeüs, « Contribution à l'histoire des œuvres morales d'Aristote », *Revue Philosophique de Louvain*, 71 (1973), p. 451-467, parle de « métonymie redoutable », mais non sans parallèle, ajoute-t-il en note (31), avec référence aux *« Grands » Seconds Analytiques* de la liste de Diogène (p. 459).

4. Une interprétation analogue de l'adjectif « eudémien » se trouve dans un texte d'Alexandre d'Aphrodise, *In Topica*, Wallies (ed.), C.A.G., II 2, 1891, p. 131, 15-16 : « dans le premier livre des *Analytiques eudémiens* intitulés aussi : D'Eudème, *Sur les Analytiques* » (cité dans Düring, p. 265; c'est le Fr. 9 Wehrli). Mais cette interprétation vaudrait aussi pour Nicomaque, père ou fils ! – Le texte de Cicéron, *De finibus* V 4, 12 se trouve aussi chez Düring, p. 427. – Bodeüs, p. 463, lui donne le sens de « *selon* Eudème », « *selon* Nicomaque ».

5. Surtout sous l'influence de Spengel et malgré les remarques particulièrement sensées de B. Saint-Hilaire reprises et développées par Bendixen, « Die aristotelische *Ethik* und *Politik* », *Philologus* 11 (1856), p. 568-581 et 16 (1860), p. 490-497 (rejetées avec mépris par Spengel, qui espérait le « guérir » de ses doutes ! – Dr., p. 133).

est clairement attesté, et on prête l'assistance éclairée de Théophraste à Nicomaque fils, mort jeune à la guerre. Nicomaque et Eudème seraient enfin les destinataires, hypothèse à laquelle Jaeger reproche d'être anachronique, uniquement par référence à la *Rhétorique à Alexandre*, considérée comme apocryphe[6].

Concernant ce sujet, on notera tout d'abord que les listes d'ouvrages d'Aristote portent les titres d'œuvres écrites à la mémoire ou à l'intention de différentes personnes (*non solum in memoriam sed et in intentionem*) : de *Gryllos*, le fils de Xénophon mort tragiquement à Mantinée (362)[7];

6. Jaeger, *Aristotle*, Oxford, Clarendon Press, 1934, p. 230. – Il est vraiment étonnant que l'on puisse encore répéter cette affirmation de Jaeger, sans la discuter ou tenter de l'étayer, malgré le jugement de Zeller, par exemple (voir ci-dessous n. 22). Comme le note Dr., p. 139, « on devrait soumettre à l'examen l'affirmation de Jaeger que l'époque d'Aristote ne connaît aucune dédicace d'œuvres d'enseignement (*Lehrschriften*) ». – Ici comme souvent ailleurs, le P. Gauthier est à la remorque de Jaeger (Introduction, p. 83-86; voir la remarque de R. Bodeüs, « Contribution... », p. 465, n. 45 : « La preuve (apportée par le P.G.) est un peu mince ! Quoi qu'en pense ce savant (n. 45) les objections soulevées par Susemihl (p. 806-807) ne se résorbent que par l'artifice auquel lui-même recourt », c'est-à-dire la dédicace à Nicomaque fils, par Théophraste éditeur. – Voici les raisons de Susemihl, contre une édition de *Éthique à Nicomaque* par Nicomaque fils : a) il avait 10 ans ou moins à la mort d'Aristote : le Péripatos aurait-il attendu si longtemps l'Éthique, pour permettre à Nicomaque II de vieillir ? b) Pour Aristote, *Éthique à Nicomaque*, 1095a2, la morale n'est pas une occupation de jeune. c) Nicomaque II est mort jeune (μειρακίσκος) et selon le testament de Théophraste (D.L., IV, p. 51 *sq.*) était mort depuis longtemps lors de la rédaction du testament de ce dernier (« Zur *Politik* des Aristoteles », *Neue Jahrbuch fur Philologie und Päd.*, 149 (1894), p. 806-807).

7. Voir l'ouvrage fondamental de P. Moraux, *Les listes anciennes...*, avec les Catalogues de Diogène Laërce, etc.; Düring, *Aristotle in...* – Le *Gryllos* ou *De la rhétorique*, Fr. 68 Rose, 1, p. 7, Ross et l'article de P. Thillet, « Note sur le

Nérinthos[8], paysan converti à la philosophie de Platon; *Eudème* ou *De l'âme*[9], son ami Eudème de Chypre mort en 354, en l'honneur de qui, au surplus, Aristote écrivit une élégie[10]; un éloge de Platon[11]; un hymne (le célèbre hymne *À*

Gryllos», *Revue Philosophique Française*, 82 (1957). D'après Aristote, cette mort de Gryllos provoqua la publication de plusieurs éloges dont les auteurs voulaient plaire à Xénophon.

8. Ce Corinthien aurait pu être condisciple d'Aristote: «c'est lui qu'il (Aristote) *honore* dans le dialogue Nerinthos», écrit Thémistius, (voir Moraux, *Les listes anciennes...*, p. 32).

9. *Eudème* (ou *De l'âme*), fr. 37 R.; 1 Walzer et Ross.

10. Fr. 673 R., p. 146 Ross. On trouvera aussi le texte dans E. Diehl, *Anthologia lyrica graeca*, Teubner, 1954, avec des références à Platon : Düring, p. 315-317 (avec le contexte d'Olympiodore). L'identité du destinataire est controversée. En faveur d'Eudème de Rhodes, voir entre autres, F. Wehrli, «*Eudemos*», dans *R.E., s.v.*, Suppl. XI (1968), col. 653; en faveur d'Eudème de Chypre, J.M. Edmonds, *Elegy and Iambus*, Loeb Classical Library, 1944, II, p. 49, n. 1 («the subject is presumably Eudemus of Cyprus»), K. Gaiser, «Die Elegie des Aristoteles an Eudemos», *Museum Helveticum*, XXIII (1966), p. 84; pour Jaeger le sujet est un disciple inconnu de Platon et pour Düring, *Aristotle...*, p. 317, Aristote lui-même. – Il paraît difficile de croire que ce dernier aurait pu célébrer Platon dans une élégie écrite pour son disciple Eudème de Rhodes alors qu'Eudème de Chypre, au témoignage de Cicéron rapportant les propos d'Aristote dans son Dialogue *Eudème*, était son ami : ce dernier eut un rêve au cours d'un voyage *vers la Macédoine* qui permettait de croire qu'il rentrerait, cinq ans plus tard, de Sicile à Chypre. Or il mourut devant Syracuse en combattant pour Dion dont on connaît les liens amicaux avec Platon et l'Académie. On imagine facilement qu'allant de Sicile en Macédoine par le Péloponnèse, il s'arrêta à Athènes et y éleva un autel à l'Amitié pour célébrer celle qui unissait Dion, ses amis et Platon. (Il n'est pas nécessaire que cette élégie ait été écrite immédiatement après la mort d'Eudème (p. 354); on peut la reporter après celle de Platon. – Le testament de Théophraste mentionne un *autel* (Bômos) à réparer).

11. *Ibid.*

la Vertu[12]) auquel s'ajoute l'épigramme gravée sur une statue qu'il fit ériger à Delphes, en l'honneur d'Hermias, tué après avoir été trahi par Mentor (341). Au surplus, comme ses contemporains, Aristote écrivit pour des vivants : le « *Protreptique* », pour Thémison de Chypre[13], que Cratès aurait voulu imiter (tout comme Isocrate, *À Nicocles* (ca. 370)), *Alexandre ou Sur les colonies* (R. 648, p. 62 Ross), *De la royauté* (à Alexandre, d'après Cicéron, qui possédait le livre et semble bien citer le titre original[14]).

Il ne manque donc pas d'exemples, au IVe siècle, d'ouvrages écrits à l'intention, en l'honneur d'un homme, célèbre ou non. (Les historiens s'interrogent encore sur l'importance de Thémison, dont on notera qu'il est roi de *Chypre*, donc compatriote d'Eudème.) Le titre de la *Rhétorique à Alexandre* ne fait donc pas problème de ce point de vue particulier : ce serait le quatrième, sinon le cinquième ouvrage (si l'on compte la *Lettre à Alexandre sur la politique envers les cités*, dont P. Thillet incline à reconnaître l'authenticité) écrit à l'intention

12. On notera tout particulièrement dans cet hymne à la vertu (fr. 675 R., p. 147 Ross, Düring p. 32) les deux derniers vers : « Les Muses, filles de Mnémosyne, exalteront son respect pour Zeus hospitalier, ainsi que son culte pour la fermeté dans l'*amitié* » (trad. fr. J. Bidez, *Un singulier naufrage littéraire dans l'Antiquité*, Bruxelles, Office de publicite, 1943, p. 60, s'inspirant de A. Croiset, *Histoire de la littérature grecque*, IV, p. 696). On retrouve de nouveau, ici, l'amitié célébrée dans l'« Élégie de l'autel », ci-dessus. – Pour l'épigramme, voir fr. 674 R., p. 146 Ross, Dr., p. 32.

13. Fr. 1 W. et Ross : On notera le πρός (*à* ou *pour*) répété : *écrit pour*.

14. *Alexandre* ou *Les Colonies* (648 R., p. 62 Ross). – *De la Royauté fr.* 646-647 R., p. 61-62 Ross : « Et quidem mecum habeo et Αριστοτέλους… πρὸς 'Αλέξανδρον ». C'est à la demande d'Alexandre qu'Aristote aurait écrit ce traité (Ps.-Ammonius, dans Ross, p. 61-62).

d'Alexandre[15]. Ajoutons que des raisons sérieuses militent en faveur de l'authenticité de cette œuvre, revendiquée par Diels, Case, R. Hall (du point de vue de la langue) et qu'il faut, à tout le moins, la situer dans le dernier tiers du IVe siècle[16]. On reviendra plus loin sur cette question.

Au surplus la distinction entre Écrits pour « l'enseignement » (*Lehrschriften*) et Écrits pour « publication » paraîtra mince si l'on se souvient, entre autres choses, a) que le *Parménide* de Platon fut « publié » malgré son caractère abstrait peu fait pour attirer un public de non-spécialistes; b) que plusieurs dialogues d'Aristote étaient de même veine; c) que des livres entiers d'œuvres d'enseignement d'Aristote présentent une qualité littéraire qui les oriente vers la publi-

15. Voir P. Thillet, « Aristote conseiller politique d'Alexandre vainqueur des Perses? », *Revue des Études Grecques*, 75 (1972), p. 527-542, surtout 536 et 541 (compte-rendu de l'ouvrage de Bielawski et Plezia, cité n. 33, ci-dessous. – Mais alors qu'on reconnaît l'authenticité d'une lettre d'Aristote, uniquement connue dans une version arabe faite probablement sur un intermédiaire syriaque, par suite de l'historicité des événements qui y sont mentionnées, pourquoi nier celle de la *Rhétorique à Alexandre* dont la langue et le vocabulaire ne font pas problème, qui mentionne comme dernier événement l'expédition de Timoléon pour venir en aide aux Syracusains (341) et dont Case, totalement ignoré dans ce débat, a revendiqué l'authenticité aristotélicienne, dès 1910, contre Spengel? (On se rappellera que sous l'influence de ce dernier les deux dernières éditions de l'*Éthique eudémienne* portent comme titre : *Eudemii Ethica*!).

16. Spengel la date des années 340-330, Fuhrmann, de 340. K. Barwick (« Die Rhetorik ad Alexandrum », *Philologus* 110 [1966], p. 213), qui ne voit aucune difficulté à accepter les corrections brutales de Spengel dans les premières lignes du chap. 2 (τρία en δυό et l'excision de ἐπιδεικτικόν) ne pense pas à modifier en sens inverse le témoignage de Syrianus (Ve siècle P.C.) qu'il cite *ibid.*!

cation. Enfin on discutera plus loin des *Arts écrits « pour » Théodecte*.

Il ne faut donc pas éliminer *a priori* la possibilité d'un destinataire, dans un sens sans doute différent de celui que nous connaissons.

Si on revient au titre des deux *Éthiques*, on peut noter qu'Aristote renvoie à plusieurs reprises et tout particulièrement dans la *Politique*, à des *Ethica* ou à des « discours éthiques », sans préciser davantage ; une étude comparative des passages des trois Morales amène Dirlmeier à conclure : « que la *Politique* présuppose l'*Éthique eudémienne* »[17].

Toutefois un rapprochement avec une référence de la *Rhétorique* peut apporter quelques éclaircissements : Aristote y renvoie à des *Theodekteia*[18], (dont on a de bonnes raisons de croire qu'il est l'auteur[19]) et dont le titre comporte un nom propre et présente le seul parallèle connu avec celui des *Éthiques « nicomachéennes »* et *« eudémiennes »*[20]. On

17. Voir Dr., p. 111-115, qui utilise et développe les remarques déjà présentées – et longtemps ignorées – par Bendixen, art. cit., p. 578-581. – On notera deux références (*Politique*, III 9, 1280a8 et III 12, 1282b19) au livre sur la justice, *Éthique à Eudème* IV = *Éthique à Nicomaque* V.

18. III 9, 1410b2-3 : Αἱ δ' ἀρεταὶ (Ms., Ross, ἀρχαί, Spengel, Solmsen, Wartelle) τῶν περιόδων σχεδὸν ἐν τοῖς Θεοδεκτείοις ἐξηρίθμηνται.

19. Bonitz, *Index Aristotelicus*, Berlin, 1870 (dorénavant cité Bz.), 104a33-35 : « suum se citare librum non distincte scribit Ar., tamen ex formula citandi vero est simillimum » ; Ross, *ad locum*, p. 203 : « Aristoteles seipsum citare videtur ».

20. Voir H. Diels, « Ueber das dritte Buch der Aristoteles *Rhetorik* », *Stzberichte Berlin Akademie*, Berlin, 1886 : « Aber allerdings hat der Name Θεοδέκτεια in der Ἠθικὰ Νικομάχεια, Εὐδήμεια seine zutreffende Parallele, insofern damit Schriften bezeichnet werden die aus der Lehrvortrage des Ar. hervorgegangen, aber durch Schülerhände mehr oder minder selbständig geformt sind » (p. 9) : c'est la plus ancienne édition de la *Rhétorique* d'Aristote ;

a beaucoup discuté du sens à donner à ce terme: dans les « discours théodectéens »[21]; s'agit-il d'un ouvrage de Théodecte ou d'Aristote? Il semble raisonnable de pencher vers la dernière solution, car il n'y a pas d'exemple où Aristote s'appuie sur une œuvre étrangère pour apporter un complément et un développement à sa propre pensée[22]. Quelle signification donner alors à cette référence à Théodecte? Et tout d'abord qui est-il?

Abondamment cité dans la *Rhétorique*, comme auteur dramatique (II 23: 5 fois, 1 fois au c. 24)[23], Théodecte de Phasélis (ville qu'Alexandre vistera en 334-333, en mémoire du rhéteur, et où il couronnera de fleurs sa statue) fut disciple d'Isocrate, de Platon et d'Aristote et très connu comme auteur de tragédies et de discours. Né aux environs de 380, il serait mort vers 340; son tombeau à Athènes aurait été encore visible au IIe siècle après J.-C.[24]. Théodecte est donc un contemporain

en outre Diels accepte le témoignage de la *Rhétorique à Alexandre* et de Valère Maxime (*ibid.*).

21. Voir P. Moraux, *Listes anciennes...*, p. 98-101, E. Berti, p. 180-182, I. Düring, *Aristoteles*; on trouvera une brève mise au point dans Aristote, *Rhétorique*, I-III, Dufour-Wartelle (éd.), Paris, Les Belles Lettres, 1932-1973, p. 113-114 (note Wartelle-Thillet); lire aussi Diehl-Solmsen, « Theodektes » dans *R.E.*, 2e série, vol. V (1934).

22. Le titre des catalogues : *Art oratoire de Théodecte* (D.L., p. 82) a poussé plusieurs interprètes à nier l'authenticité aristotélicienne des *Theodecteia*: voir entre autres, Fr. Solmsen, « Drei Rekonstructionen zur antiquen *Rhetorik* und *Poetik* : II Theodektes », *Hermes* 67 (1932), p. 144 *sq.*; en sa faveur, et pour la raison donnée ci-dessous, Bonitz, Zeller (« ein an Theodektes gerichtetes Werk », dans *Die Philosophie der Griechen*, II 2, Leipzig, 1879 3, p. 76, n. 2), Ross, dans son édition de la *Rhétorique*, voir ci-dessus, n. 19.

23. Voir Bz., 324b27-36, et *Politique*, I 6, 1255a36; *Poétique*, 16, 1455a9, 18, 1455b29; *Éthique à Nicomaque*, VII (*Éthique à Eudème* VI) 8, 1150b9.

24. Voir dans *Vie des X orateurs, Isocrate* § 9.

et ami d'Aristote, qui le cite abondamment; il s'intéresse activement à la politique et on peut croire que c'est par l'intermédiaire de ce dernier qu'Alexandre le connût.

Mais que sont ces « discours théodectéens », communément appelés *Theodecteia*, auxquels renvoie Aristote comme à un complément de son propre cours, pour l'énumération des « principes des périodes » ? – On précisera tout d'abord qu'ici comme ailleurs chez Aristote, il faut sous-entendre « discours » (λόγοις) avec l'adjectif : « dans les « discours » théodectéens »[25].

On pourra s'aider, ensuite, d'un passage de l'épître dédicatoire de la *Rhétorique à Alexandre*[26] : « Nous avons adopté, comme nous l'a indiqué Nicanor[27], ce que d'aventure l'un ou l'autre technographe aurait écrit d'exact sur ces mêmes sujets dans leurs arts. Tu recevras ces deux volumes : le premier est de moi, c'est-à-dire les arts que j'ai écrits pour

25. Lire les nombreux passages de la *Politique* où se rencontre l'expression : « dans nos "discours" éthiques », et tout particulièrement VII 13, 1332a22, où le mot « discours » est employé ; Dufour (éd.), *Rhétorique* I, 29 voit une opposition entre des « discours », considérés comme des « leçons », et une *technê*, œuvre publiée, distinction que n'étaie pas le passage de la lettre d'introduction à la *Rhétorique à Alexandre*.

26. 1, 1421a38-b6 (*Ars rhetorica quae vulgo fertur Aristotelis ad Alexandrum*, M. Fuhrmann (ed.), Leipzig, Teubner, 1966, 4, 25-5, 1). Ce texte est difficile, et j'ai utilisé les traductions latines et anglaises (E.S. Forster (ed.), *Rhetorica ad Alexandrum*, « Oxford Translation », XI, Oxford, 1924; Rackham).

27. Nicanor était sans doute porteur de la lettre d'Alexandre où ce dernier présentait certaines demandes à Aristote : c'est le sens que je donne à ἐδήλωσε (a39) : *nobis nuntiavit*, cod. Vat. lat. 2995, *nobis declaravit*, cod. Urb., dans Lacombe, *op. cit.*, I, 171 ; voir aussi Démosthène, *Contre Euboulide*, 25, p. 21, Gernet (éd.). À la ligne suivante je traduis γλαφυρόν par « exact » (brillant).

Théodecte[28], le second, de Corax. Pour le reste tout y a été écrit en particulier, en ce qui concerne les règles politiques et judiciaires[29]; en conséquence tu pourras trouver une réponse pour chacune d'entre elles à partir des présentes notes[30] écrites pour toi». Ce n'est pas le lieu de poursuivre une discussion approfondie de l'authenticité aristotélicienne de la *Rhétorique*

28. Malgré les hésitations de P. Moraux, *Listes anciennes...*, p. 98, le sens du datif (destinataire ou éditeur?) est assuré par les deuxième et dernière lignes de la lettre : « ... pour *t'*écrire un traité », 1420a7; « ces notes écrites pour toi », 1421b6: il s'agit bien du destinataire, et non de l'auteur (Cope, *Aristotle's Rhetoric*, Londres, 1867, Introduction, avait déjà signalé (p. 58) cette erreur d'interprétation de Heitz, *Die verlorenen Schriften des Aristoteles*, 1865, p. 86, entre autres).

29. Pour justifier l'attribution de la *Rhétorique à Alexandre* à Anaximène Spengel suggérait, entre autres corrections, de changer le terme « politique » en « public » (*dêmêgorikôn*) ou de l'ajouter dans le texte, pour retrouver les deux (et non trois) genres du traité (1421b7), position défendue par Barwick, art. cit., p. 216-217 contre V. Bucheit, *Untersuchungen zur Theorie des Genos epideiktikon von Gorgias bis Aristoteles*, München, 1960, qui s'oppose à l'attribution de la *Rhétorique à Alexandre* à Anaximène, approuvée par G. Wille, *Gnomon* 34 (1962), p. 763, L. Voit, *Gymnasium* 70 (1963), p. 371, (opposition identique chez Kroll, *R.-E.*, Suppl. VII, col. 1052). Comme le remarque G.M.A. Grube, *A Greek Critic : Demetrius on Style*, Toronto, 1961, p. 157, n. 3 : « actually the reference is only to "political and forensic" as having been dealt with in other treatises »; Grube ajoute le commentaire suivant sur l'ouvrage de V. Bucheit : « he stresses the inconsistency of the evidence » (p. 156 *sq.*) qui favorise Anaximène.

30. Il s'agit d'*hypomnêmata*, non d'une *technê*. On lira avec intérêt les pages éclairantes que consacre P. Moraux, *Listes anciennes...*, p. 156 *sq.* à la notion de « *notes* ». Voir Platon, *Phèdre* 276d; *Théétète*, 143a. – On serait donc mal venu de reprocher à la *Rhétorique à Alexandre* son manque d'envergure : et pourquoi Aristote, si sensible aux besoins de ses auditeurs, aurait-il dû donner à Alexandre, un exposé *complet* de sa rhétorique, après avoir annoncé des *notes* et l'envoi de deux autres arts rhétoriques ?

à Alexandre[31]; on rappellera cependant que l'accord s'est fait pour la situer au dernier tiers du IVe siècle (le dernier événement identifiable est de 340, et un papyrus de ca. 270[32] en conserve environ le septième (à partir de 1, 1422 a 19); aussi

31. Voir les auteurs cités ci-dessus dans les notes 15, 16, 21, 29, 30. – Je rappelle pour mémoire que pendant plus d'un demi-siècle a régné le dogme de l'« authorship » d'Eudème de Rhodes, dont Dr., p. 139 peut affirmer aujourd'hui, par une étude du style – c'est par cette étude minutieuse qu'il aurait fallu commencer – qu'il ne peut pas en être l'auteur (*ist ein für allemal ausgeschlossen*). Ni les remarques judicieuses et pleines de réserve de B. Saint-Hilaire, ni les textes nombreux de la *Politique* allégués par Bendixen (reprenant certaines critiques du traducteur français) n'y changèrent rien. Après avoir donné la *Rhétorique à Alexandre* à Anaximène, la critique commence à manifester une forte opposition à ce transfert (voir n. 29) : comme pour l'Iliade et Homère, on finira sans doute par affirmer que son auteur pourrait être un Aristote, ayant vécu au IVe siècle A.C., mais non celui que nous connaissons ! Je me contenterai de citer l'une des conclusions de R. Hall dans son étude du vocabulaire « spécial » de l'*Éthique à Eudème*, art. cit., p. 201 : « La *Rhetorica ad Alexandrum* ne doit pas être ignorée dans les études du développement d'Aristote, mais on doit accorder une attention sérieuse à l'opinion de Case (*Encyclodia Britanica*, 11e éd., s.v. *Aristotle*) que c'est le plus ancien ouvrage d'Aristote sur la rhétorique (Ross, *Aristotle*, [5e éd., 1949], p. 16, n. 2, pense que Case a réussi à montrer que si cet ouvrage est antérieur à la *Rhétorique* il doit être d'Aristote). Comme les arguments en faveur d'une date *postérieure* sont d'ordre *linguistique* il doit être réexaminé à la lumière des témoignages linguistiques présentés ici sur *Éthique à Eudème* ».

32. Les experts se partagent sur la date de ce papyrus : Grenfell-Hunt, *The Hibeh Papyri I*, Londres, 1906, p. 114-138 : ca. 270 A.C., date acceptée par Fuhrmann, dans son édition; d'autres voudraient la fixer vers 250-240. Quoi qu'il en soit, ce papyrus atteste l'existence de la *Rhétorique à Alexandre* moins d'un siècle après le dernier événement historique auquel elle fait allusion (340), un demi-siècle environ après la mort d'Aristote, moins de cinquante ans après la mort de Nicanor (318).

l'hypothèse d'une épître dédicatoire[33], œuvre d'un faussaire, n'abolit pas la vraisemblance, sinon la véracité, des renseigne-

33. Pour M. Plezia, *Aristotelis epistularum fragmenta cum testamento*, Varsovie, Academia Scientiarum Polona, 1961, p. 161, cette lettre ne peut se séparer de la *Rhétorique à Alexandre* (aussi ne l'édite-t-il pas dans son recueil de *Lettres*) : on pourrait donc en conclure qu'elle est de la même époque ca. 340 A.C., position défendue par P. Wendland, « Die Schriftstellerei des Anaximenes von Lampsakos », *Hermes* 39 (1904), p. 499 mais qui l'attribue à Anaximène, avec le reste du traité. Th. Case, « Aristotle », *Encyclopedia Britanica*, p. 516 ne se prononce pas. – Quelques lignes de l'introduction de Rackham, dans son édition de la Loeb Classical Labriray, donnent un parfait exemple de l'ampleur que prend la subjectivité dans ce débat : « L'auteur présente à son ancien élève un ouvrage (ou des ouvrages) sur la rhétorique et lui fait la leçon comme à un écolier sur l'importance de cette étude ! Cette effusion a été rejetée comme inauthentique par la plupart des savants, depuis Érasme ; elle se lit comme un faux particulièrement non convainquant, en ignorant aussi clairement la modification des relations qui s'était présentée entre le professeur et l'élève » (p. 259).

Il ressort donc de tels propos qu'un faussaire qu'on situe au IVe siècle A.C. ou Ier siècle P.C., – on admirera la précision des critères qui permettent de telles variations ! – dont l'unique intention est de reproduire une situation historique donnée, a pu se tromper au point d'ignorer les transformations des relations entre Aristote et Alexandre qui apparaissent si clairement à des savants, dépourvus de la plupart des documents disponibles à cette époque, vivant vingt ou vingt-quatre siècles plus tard !

Qu'on relise donc cette lettre dans la perspective ouverte par l'article de P. Thillet sur la *Lettre d'Aristote à Alexandre* (citée ci-dessus, n. 15 [l'équivalent grec μητρόπλις, p. 534 serait confirmé par *Rhétorique à Alexandre*, 1420b22]) qui en reconnaît l'authenticité et accepte la date : été ou automne vers 330, d'accord avec J. Bielawski et M. Plezia, les éditeurs du texte (*Lettre d'Aristote à Alexandre sur la politique envers les cités*, texte arabe établi et traduit par J.B. et commentaire de M.P., Varsovie-Cracovie, Wroclaw (Bresla), 1970). – Déjà en 1961, M. Plezia, *Aristotelis Epistularum Fragmenta*, p. 144 notait qu'Aristote y faisait la leçon à Alexandre en lui rappelant ce que devait être un roi juste, distinct d'un tyran !

ments qui s'y trouvent, bien au contraire. On voit mal, en effet, comment son auteur aurait pu inventer le voyage de Nicanor[34], dont on connaît les relations avec Alexandre, et les « arts écrits pour Théodekte », attestés par Aristote, en guise de présentation d'un autre ouvrage de rhétorique, supposément d'Anaximène et inauthentique cette fois : ou bien les faits rapportés dans la préface sont véridiques et la rhétorique pseudo-aristotélicienne court la chance d'être considérée comme une œuvre d'Aristote ou bien ils sont controuvés, avec le risque subséquent que l'œuvre pseudo-aristotélicienne soit reconnue comme un faux.

On a beaucoup discuté du sens à donner au passage de la *Rhétorique à Alexandre* : « mon livre, c'est-à-dire les arts écrits par moi pour Théodecte »[35]. Tous les témoignages anciens vont dans le sens de l'attribution des *Theodekteia* à Aristote – à l'exception de Quintillien qui ne la rejette pas mais hésite entre ce dernier que soutient la tradition et Théodecte. Le témoignage de Valère Maxime est particulièrement précieux, même

34. Nicanor, fils de Proxène et d'Arimneste, sœur d'Aristote, fut adopté par ce dernier. Du même âge qu'Alexandre le Grand et son condisciple chez son oncle, il accompagna le roi en Asie; ce dernier lui demanda de revenir en Europe en 324, pour conduire des négociations importantes avec les cités grecques, tout particulièrement aux jeux Olympiques. Dans son testament rédigé vraisemblablement à Chalcis, en 323/322, Aristote en fait son principal exécuteur testamentaire, lui confie la garde de ses enfants, alors en bas âge, et lui recommande d'épouser sa fille Pythias, lorsqu'elle sera d'âge à se marier. Il mentionne son absence dans des termes qui laissent entre-voir qu'il est en mission très périlleuse. De fait Nicanor épousa Pythias. Il fut tué à Athènes en 318. Voir Berve, « Nicanor », *R.E.*, XVII, p. 267 *sq.*, M. Plezia, *Aristotelis epistularum fragmenta cum testamento*, p. 155.

35. Voir ci-dessus n. 28.

si on le trouve parfois ambigu[36]. Il raconte qu'Aristote avait confié à Théodecte l'édition d'un cours de rhétorique, puis qu'il fut peiné de voir ce livre circuler sous le nom de son disciple et qu'il fit comprendre dans sa *Rhétorique* qu'il en était l'auteur. Si cette explication était la seule, on comprendrait mal qu'Aristote ait si souvent cité ce « disciple » plutôt indélicat; mais la parcelle de vérité que contient cette anecdote – dont on ne voit pas pourquoi elle aurait été inventée par Valère Maxime car le vraisemblable s'inspire du vrai – apparaît dans une scholie de la *Rhétorique* : « Aristote a écrit une rhétorique pour (πρός) Théodecte »[37].

Or trois témoignages anciens éclairent ce problème de la propriété littéraire. *À la requête d'amis ou de disciples* Galien leur a donné des *notes de cours*[38] qu'il n'avait pas l'intention de publier et qui ne portaient pas de titre; mais ces notes de cours sans titre (et donc sans nom d'auteur) se mirent à circuler sous le nom des donataires, soit qu'on les ait trouvées dans leurs papiers après leur mort, soit qu'ils les aient prêtées à des amis[39]. Porphyre raconte à son tour comment, à la demande de

36. Ou nettement imaginaire : voir dans P. Moraux, *Listes anciennes*..., ou E. Berti, *op. cit.*, cités ci-dessus n. 21; mais Diels, art. cit., l'acceptait (n. 20). – Pour le texte de Valère Maxime VIII, 14, 2 : Rose[3], p. 114.

37. Heitz, *Die verlorenen Schriften*..., cité par P. Moraux, *Listes anciennes*..., p. 99, n. 19.

38. ὑπομνήματα : c'est le terme qu'utilise la Préface de la *Rhétorique à Alexandre* (1421b6) pour caractériser l'ouvrage (voir ci-dessus n. 30).

39. Voir Galien, *Sur ses propres livres*, 92, 13 et 93, 11 M. (Scr. nun. II) déjà indiqué par P. Moraux, *Listes anciennes*..., p. 161) avec le commentaire de E. Nachmanson, *Die Griechische Buchtitel*, réimp. 1969 (1941), p. 24-26; K.J. Dover, *Lysias and the Corpus Lysiacum*, Berkeley-Los Angeles, University of California Press, 1968, p. 25 et 153, précise et développe ce témoignage en montrant qu'il est aussi valable pour le IVe siècle A.C., ce qui explique

Plotin il a procuré une édition des œuvres non écrites de son maître, œuvres qui circulaient sous des titres variables puisque lui-même ne leur en avait donné aucun. On sait enfin qu'une édition de Plotin, antérieure à celle de Porphyre, avait été préparée par Eustochius[40]. La «publication» d'une œuvre pouvait donc très facilement prêter à confusion dans l'Antiquité[41] !

parfois les hésitations à attribuer telle œuvre à un auteur ou à un autre, ainsi pour Quintillien.

40. Sur Plotin, Eustochius et Porphyre, voir la *Vie de Plotin*, 4-6, de ce dernier, J. Bidez, *Vie de Porphyre*, Gand-Leipzig, 1913, p. 117, les différents ouvrages de P. Henry, *États du texte de Plotin, Recherches sur la* Préparation évangélique *d'Eusèbe et l'édition perdue des œuvres de Plotin*, Paris, Leroux, 1935, et la préface de la grande édition de P. Henry et H.R. Schwyzer, *Plotini Opera*, I-III, Paris-Bruxelles, 1951-1972; un bon résumé se trouve dans E. Nachmanson, *op. cit.*, p. 26-29. Ajoutons enfin le témoignage de Themistius : (26) « Themistius y (*i.e.* dans le Discours XXIII, 555, 26-356, 10 Dindorf) parle d'écrits (συγγράμματα) qu'il a composés pendant sa jeunesse et dans lesquels il a voulu thésauriser l'héritage intellectuel reçu de ses "pères" (*i.e.* son père et son beau-père). Il n'y faut rien chercher d'original (ἴδιον), dit-il, (...). Ces notes exégétiques étaient uniquement rédigées pour lui-même, comme un aide-mémoire de ce qu'il avait appris (...), il les gardait pour lui-même "afin qu'elles n'aillent pas au-dehors (θύραζε)". À son insu ces écrits se sont enfuis (ἀποδράντες) et il constate maintenant qu'ils circulent de l'un à l'autre. Ils furent donc divulgués malgré lui » (C. Steel, « Des commentaires d'Aristote par Themistius ? », *Revue Philosophique de Louvain*, 71 (1973), p. 679).

41. Sur la notion de publication dans l'Antiquité voir les excellentes remarques de K.J. Dover, *Lysias*... : « Quand nous parlons de la "publication" d'un livre, nous voulons dire l'expédition (*release*) simultanée aux libraires de plusieurs milliers d'exemplaires identiques. (...). Les conditions dans le monde grec différaient si fondamentalement des conditions modernes qu'on doit se demander sérieusement si les termes "publier" et "publication" devraient être utilisés avec une référence à un texte grec, sauf dans la traduction d'un texte qui contient les mots ἐκδιδόναι ou ἔκδοσις. Dès que l'auteur d'un poème, d'un discours, d'une histoire ou d'une argumentation l'avait exprimé à haute voix en

Il ressort donc des témoignages cités précédemment que l'existence d'un «*Art rhétorique*» écrit pour Théodecte par Aristote est suffisamment attestée pour être acceptée : cette rhétorique s'identifie vraisemblablement aux « Discours théodectéens » auxquels Aristote se réfère comme à une œuvre personnelle. Si on revient maintenant aux Éthiques *nicomachéenne* et *eudémienne*, on peut reprendre les hypothèses de l'éditeur ou d'un dédicataire : mais dans les deux cas, il y a double candidature. Nicomaque père et Nicomaque fils, Eudème de Chypre et Eudème de Rhodes.

Contre l'hypothèse de l'éditeur on peut faire valoir que ni la *Physique* ni la *Métaphysique* éditées par Eudème, ne mentionne son nom ; au surplus le petit alpha de la *Métaphysique*, dû à Pasiclès de Rhodes, neveu d'Eudème, ne fait pas mention de ce dernier[42]. D'autre part les « discours » *Théodecteia* ont été écrits *pour* Théodecte, non par lui.

On notera ensuite que Théodecte est mort en 341 ±, à 40 ans au même âge qu'Eudème de Chypre (-354), dont on sait qu'il était un camarade et ami d'Aristote. Au surplus Nicomaque, le père d'Aristote, est toujours présenté comme le médecin du roi Amyntas (393-369), mais non de Philippe ; il serait mort alors qu'Aristote était en bas âge ; c'est l'oncle par

présence d'une autre personne, ou avait permis à une autre personne d'en voir un exemplaire écrit, il avait perdu le contrôle de sa distribution – et non seulement du nombre d'exemplaires qui pourraient en être fait, mais aussi de leur exactitude et de leur intégrité. (…) Si nous devons parler de "publication", le moment de publication d'un ouvrage était le moment où un auteur communiquait cet ouvrage pour la première fois à quelqu'un d'autre, d'une manière ou d'une autre » (172-153). Lire aussi B.A. van Groningen, «*Ekdosis*», *Mnemosyne*, 4ᵉ série, vol. 16 (1963), p. 1-17, surtout p. 5.

42. Voir la scholie de E, reproduite dans l'édition Christ et J. Tricot, *Métaphysique*, I, p. XX.

alliance de ce dernier, Proxène, qui se serait chargé de son éducation (et pour qui Aristote commandera une statue, qu'il chargera ses exécuteurs testamentaires de faire terminer et ériger[43]).

On serait donc tenté de voir dans l'*Éthique eudémienne* le cours mis par Aristote sous le nom d'Eudème de Chypre en mémoire de qui il a écrit une élégie et un dialogue, et dont la mort semble l'avoir affecté profondément. On expliquerait ainsi la vision pessimiste de la vie présentée par le livre I, 5 et le *fr. 6* de l'*Eudème* (Walzer, *Ar. Dial. Frag.*, renvoie à ce chapitre de l'*Éthique à Eudème* pour commenter ce *Fr*; Case y soulignait l'absence d'hiatus), pessimisme qui suggère à Dirlmeier le nom d'Eudème de Chypre; le titre *Éthique eudémienne* serait donc parallèle aux « Discours théodectéens » de la *Rhétorique* ou à l'*Art pour Théodecte* de la *Rhétorique à Alexandre*: elle aurait été écrite pour Eudème ainsi que le suggèrent le caractère littéraire des six premiers chapitres et l'absence de toute référence à l'âge de l'auditeur comme dans l'*Éthique à Nicomaque*.

Mais alors comment expliquer le titre: *Éthique « nicomachéenne »*? – On voit mal, si Aristote en est l'auteur, comment ce Nicomaque puisse être son fils, en bas âge lors de la rédaction du testament d'Aristote. L'hypothèse d'un travail d'édition du même Nicomaque après la mort de son père et sous la direction de Théophraste paraît difficile: et que serait ce travail d'édition[44]? D'ailleurs l'hypothèse de l'édition valait surtout comme tentative d'explication des deux titres:

43. Voir le testament et les notes dans l'édition Plezia.

44. Voir les notes ci-dessus et le travail de « transcripteur » des *Lois* de Platon que l'on accorde à Philippe d'Oponte, dans D.L., III 37.

Eudème de Rhodes s'étant chargé d'une Éthique, l'autre incombait à Nicomaque junior, *via* Théophraste ; mais alors, pourquoi pas *Éthique théophrastéenne* ? S'il y a de bonnes raisons de croire que l'*Éthique eudémienne* a été écrite pour Eudème (à son intention ou à sa mémoire ?), suite à la mort prématurée du Chypriote, ne peut-on croire qu'Aristote ait pu donner le nom de son père, présumément mort jeune lui aussi, à un autre cours de morale ? La piété manifestée par Aristote dans son testament à l'égard de sa mère, de son père adoptif Proxène, de sa sœur, et de son frère mort sans enfant et à qui, en conséquence, « une statue servira de monument (mémorial : μνημεῖον) », qui révèle un homme d'une très grande sensibilité, rend plausible une telle hypothèse. D'autre part, je comprends mal que les adversaires d'une « dédicace » d'Aristote à son père Nicomaque acceptent si facilement une dédicace de Théophraste à Nicomaque fils : les mœurs littéraires auraient-elles à ce point changé en vingt ans ? Ce témoignage de piété filiale à l'égard de son père – *aere perennius* – serait à placer au même plan que les statues élevées à la mémoire de sa mère, de Nicanor, de Proxène, de son oncle, de ses frère et sœur.

On peut donc croire, avec plausibilité, que les *Theodecteia* ayant été écrits pour Théodecte, l'*Éthique eudémienne* l'a été pour Eudème de Chypre et l'*Éthique nicomachéenne* pour Nicomaque père : la disparition prématurée de ces trois personnes, à qui le rattachaient des liens de *philia* profonde et diverse, l'ayant profondément marqué[45].

45. Le rapprochement entre la mort prématurée du père d'Aristote et celle de son ami, Eudème de Chypre, m'a été suggéré par M.J. Brunschwig.

Cette tentative d'interprétation des titres des deux *Éthiques* me semble présenter l'avantage de prendre son point de départ dans un texte d'Aristote (*Rhétorique*), de s'expliciter par un autre texte (*Rhétorique à Alexandre*) qui, authentique ou non, se fonde sur la vraisemblance d'une situation historique donnée et, enfin, d'assurer une certaine cohérence aux titres de trois œuvres d'Aristote. (Elle n'apporte aucune solution au problème de l'antériorité ou de la postériorité des deux Éthiques.)

Dans cette perspective on peut garder les titres, traditionnels en français : *Éthique à Nicomaque*, *Éthique à Eudème*.

BIBLIOGRAPHIE

La bibliographie se limite aux ouvrages directement utilisés dans cette traduction. On pourra la compléter par celles de J. Tricot, *Aristote. Éthique à Nicomaque*, p. 13-29; F. Dirlmeier, *Eudemische Ethik*, p. 121-127; Gauthier-Jolif, *L'Éthique à Nicomaque*, I (1re et 2e éditions).

Textes

ARISTOTELES, *Graece, ex recensione* I. Bekkeri, Berlin, t. II, 1831 (= Bk.).

ARISTOTELES, Dübner (ed.), Bussemaker, Heitz, Paris, Didot, t. II, 1850.

ARISTOTELIS, *Ethica Eudemia*, A.Th. H. Fritzsche (ed.), Regensburg 1851 (= Fr.).

[ARISTOTELIS, *Ethica Eudemia*] EUDEMI RHODII, *Ethica*, rec. F. Susemihl, Leipzig, Teubner, 1884 (= Sus.).

ARISTOTLE, *The Athenian Constitution. The Eudemian Ethics*, with an English Translation by H. Rackham (L.C.L.), Londres-Cambridge, Mass., 1935 (= Rac.).

BURNET J., *The Ethics of Aristotle*, Londres, 1900 (= Bt.) (reproduit, en bas de page, les passages parallèles de l'*Éthique à Eudème*, avec quelques suggestions de corrections).

ARISTOTELIS, *Ethica Nicomachea*, rec. I. Bywater, Oxford, Clarendon Press, 1894, etc.

ARISTOTE, *Rhétorique*, I-III, Dufour-Wartelle (éd.), Paris, Les Belles Lettres, 1932-1973.

Abréviations

B. St-H.	traduction B. Saint-Hilaire
Bk.	texte de l'*Éthique à Eudème* éditée dans Aristoteles *graece*, ex rec. I. Bekker
Bz.	Bonitz, *Index Aristotelicus*
Bt.	J. Burnet, *The Ethics of Aristotle*
Dr.	traduction et commentaire de F. Dirlmeier, *Eudemische Ethik*
Fr.	édition de Fritsche
G.-J.	traduction Gauthier-Jolif, *L'Éthique à Nicomaque*
Ms	manuscrit(s)
Rac.	édition de Rackham
Sol.	traduction Solomon
Sus.	édition Susemihl
Untersuchungen...	*Untersuchungen zur Éthique à Eudème* (Ve Symposium Aristotelicum 1971)
Von Fr.	A. von Fragstein, *Studien...*

ACKRILL J.L., *Aristotle's Ethics*, London, Faber & Faber, 1973.

– « Aristotle's definition of psuche », *Proceedinds of Aristotelician Society*, 73 (1972-1973), p. 119-133.

– « Aristotle on "good" and the categories », dans *Islamic philosophy and the classical tradition*, Oxford, Cassirer, 1972, p. 17-25.

ALEXANDER APHRODISIENSIS, *In Topica*, Wallies (ed.) (C.A.G., II 2), 1891.

ALLAN D.J., compte-rendu de Dirlmeier, « Aristoteles. *Eudemische Ethik* », *Gnomon*, 38 (1966).

ARISTOTELIS, *Epistularum Fragmenta cum Testamento*, rec. ill. M. Plezia, Varsovie, 1961.

BIELAWSKI J. et PLEZIA M., *Lettre d'Aristote à Alexandre sur la politique envers les cités*, texte arabe et commentaire, Varsovie-Cracovie, Wroclaw, 1970.

FUHRMANN M., *Ars rhetorica quae vulgo fertur Aristotelis ad Alexandrum*, Leipzig, Teubner, 1966.

ROSS W.D. – On n'a pas cru utile, puisqu'elles sont universellement connues, d'indiquer dans le détail les grandes éditions commentées de Sir David Ross : *Métaphysique*, *Physique*, *de l'Âme*, *Analytiques*, ainsi que les éditions qu'il a données à la collection « Oxford Classical Texts » : *Topiques*, *Réfutations sophistiques*, *Rhétorique*, *Fragments*.

PLATON, *Œuvres complètes*, I-XIV, Paris, Les Belles Lettres, 1920-1964.

– *Opera omnia*, J. Burnet (ed.), Oxford, 1900-1905.

PLOTIN, *Opera*, I-III, P. Henry et H.R. Schwyzer (éd.), Paris-Bruxelles, 1951-1972.

Traductions

BARTHÉLEMY SAINT-HILAIRE J., dans *Œuvres d'Aristote*, La Morale, III : *Morale à Eudème*, Paris, 1856 (= B. St-H.).

BENDER H., *Eudemische Ethik*, Stuttgart, 1873.

DIRLMEIER F., *Aristoteles. Werke* :

– Bd. 6, *Nikomachische Ethik*, 3e éd. revue, Berlin, 1960.

– Bd. 7, *Eudemische Ethik*, 2e éd. revue, Berlin, 1969 (= Dr.).

– Bd. 8, *Magna Moralia*, Berlin, 1968.

FORSTER E.S., *Rhetorica ad Alexandrum*, « Oxford Translation », XI, Oxford, 1924.

FRITZSCHE (voir ci-dessus), traduction en latin.

GAUTHIER R.A. et JOLIF J.Y., *L'Éthique à Nicomaque*, Louvain-Paris, Publications Universitaires-Nauwelaerts (= G.-J.), t. Ia,

Introduction nouvelle, 1970; t. Ib, Traduction, 1958; t. II-III, Commentaire, 1959; 3e éd. Louvain, Peeters, 2002, 4 vol.

GOHLKE P., *Eudemische Ethik*, Paderborn, 1954.

PLATON, *Œuvres complètes*, traduction L. Robin et J. Moreau, « Bibliothèque de La Pléiade », Paris, Gallimard, 1950.

PLEBE A., *Aristotele. Grande etica. Etica eudemia*, Bari, Laterza, 1965.

RACKHAM, voir ci-dessus.

RIECKHER J., *Eudemische Ethik*, Stuttgart, 1858.

SOLOMON J., dans *The Works of Aristotle*, vol. IX, Oxford, 1917 (chef-d'œuvre de traduction, peut être assimilée à une édition critique) (= Sol.).

SOUILLHÉ et G. CRUCHON, *L'Éthique Nicomachéenne*, I-II, Paris, 1929.

Commentaires

Voir ci-dessus l'édition de Fritzsche et la traduction de Fr. Dirlmeier.

ALLAN D.J., « Quasi-mathematical Method in the *Eudemian Ethics* », dans *Aristote et les problèmes de méthode*, Symposium Aristotelicum, Louvain, 24 août-1er septembre 1960, Louvain-Paris, 1961, p. 303-318.

– « Aristotle and the *Parmenides* », dans *Aristote and Plato in the mid-fourth Century*, Symposium Aristotelicum, 1957, Göteborg, 1960, p. 133-144.

– « Some passages in Aristotle's *Poetics* », *Classical Quarterly*, 22 (1971), p. 81-92.

– « *Eidê tragôdias* », *Classical Quarterly*, n.s. 22 (1972), p. 81-88.

– « Individual and State in the *Ethics* and *Politics* », dans *La Politique d'Aristote*, Fondation Hardt, Entretiens XI, 1965, p. 53-85, 86-95.

– « The Fine and the Good, in the *Eudemian Ethics* », dans *Untersuchungen zur Eudemischen Ethik*, Akten des 5 Symposium Aristotelicum, Berlin, de Gruyter, 1971, p. 63-71.

– « Aristotle' s Criticism of Platonic doctrine concerning goodness and the good », *Proceedings of Aristotelian Society*, 64 (1963-1964), p. 273-286.

– « *Magna Moralia* and *Nicomachean Ethics* », *Journal of Hellenic Studies*, 77 (1957), p. 7-11.

– compte-rendu de DIRLMEIER, *Merkwürdige Zitate...*, *Classical Quarterly*, 78 (1964), p. 151-152.

ARISTOXÈNE DE TARENTE, *Déclarations pythagoriciennes*, fr. 41 Wehrli, 30 Détienne.

ARNIM H. von, « Die drei Aristoteles *Ethiken* », *Stzberichte Wien Akademie*, 2 (1924), p. 202.

– « *Eudemische Ethik* und *Metaphysik* », *Stzberichte Wien Akademie*, 5 (1928), p. 207.

AUBENQUE P., *La prudence chez Aristote*, Paris, PUF, 1963.

– *Le Problème de l'être chez Aristote*, Paris, PUF, 4e éd., 1977.

– *Science, culture et dialectique chez Aristote*, Actes du Congrès de Lyon, Association G. Budé, Paris, 1960, p. 144-149.

– « Sur la définition aristotélicienne de la colère », *Revue philosophique*, 1957, repris dans *La Prudence chez Aristote*.

– « La dialectique chez Aristote », dans *L'Attualità della problematica aristotelica*, Padoue, 1970.

– « Théorie et pratique politique chez Aristote », dans Entretiens, Fondation Hardt, XI (1965), p. 97-114, 115-123.

– « Sur la notion aristotélicienne d'aporie », dans *Aristote et les problèmes de méthode*, 1961, p. 3-19.

AUBONNET, « *De la Noblesse*, Fragment 4 », dans *Aristote. Cinq œuvres perdues*, Paris, PUF, 1968, p. 99-115.

BARWICK K., « Die *Rhetorik ad Alexandrum...* », *Philologus*, 110 (1966), p. 212-245, et 111 (1967), p. 47-55.

BENDIXEN J., « Die aristotelische *Ethik* und *Politik* », *Philologus*, XI (1856), p. 576-583, et XVI (1860), p. 465-522.

BERTI E., *La filosofia del primo Aristotele*, Padoue, Cedam, 1962.

– « Multiplicité et unité du bien selon *Éthique à Eudème* I, 8 », dans *Untersuchungen...*, p. 157-184.

– *L'unità del sapere in Aristotele*, Padoue, 1965.

BERVE, « Nicanor », dans Pauly-Wissowa, *R.E.*, XVII, p. 267-270.

BIDEZ J., *Un singulier naufrage littéraire dans l'Antiquité*, Bruxelles, Office de publicité, 1943.

– *Vie de Porphyre*, Gand-Leipzig, 1913.

BLUCK, *Plato's* Meno, 1961.

BODÉÜS R., « Contribution à l'histoire des œuvres morales d'Aristote », *Revue Philosique de Louvain*, 71 (1973), p. 451-467.

BOLLACK J., *Empédocle : Les origines. Commentaire*, I, Paris, Minuit, 1969.

BONITZ, *Index Aristotelicus*, Berlin, 1870 (= Bz.).

BRISSON L., *Le même et l'autre dans le* Timée, Paris, 1974.

BRUNSCHWIG J., « *De la noblesse*, Fragments 1 et 2 », dans *Aristote, Cinq œuvres perdues*, Paris, 1968, p. 81-98.

– *Aristote.* Topiques, t. I, « Collection des universités de France », Paris, Les Belles Lettres, 1964.

– « *Éthique à Eudème* I 8, 1218a, 15-32 et le Περὶ τἀγαθοῦ », dans *Untersuchungen...*, p. 197-222.

BUCHEIT V., *Untersuchungen zur Theorie des Genos epideiktikon von Gorgias bis Aristoteles*, Munich, 1960.

CASE Th., « Aristotle », *Encyclopedia Britanica*, 11e éd. 1910, p. 501-522.

CHERNISS H.H., *Aristotle's Criticism of Plato and the Academy*, t. I, Baltimore, The Johns Hopkins Press, 1944.

CLÉMENT D'ALEXANDRIE, *Les Stromates*, texte grec et traduction Cl. Mondésert, « Sources chrétiennes », n° 38, Paris, Le Cerf, 1954.

COOK-WILSON, *On the Structure of the seventh Book of the* Nicomachean Ethic, *C. 1-10*, « Aristotelian Studies », I, Oxford, Clarendon Press, 1879.

CROISSANT J., *Aristote et les mystères*, Liège-Paris, 1932.

DÉCARIE V., *L'Objet de la* Métaphysique, 2e éd. Paris, Vrin, 1972.

– « Vertu totale et *kalokagathia* dans l'*Éthique à Eudème* », dans *Sens et existence*, Hommage à Paul Ricœur, Paris, Seuil, 1975.

DEFOURNY P., *L'activité de la contemplation dans les morales d'Aristote*, dans BIBR, 1937.

DEMAN T.H., *Le Témoignage d'Aristote sur Socrate*, Paris, Les Belles Lettres, 1942.

DENNISTON J.D., *The Greek Particles*, 2e éd. Oxford, 1954.

DE ROMILLY J., *Mélanges Chantraine*, Paris, 1972.

DER MÜHL F. von, *De Aristotelis* Ethicorum Eudemiorum *auctoritate*, Gottingae, 1909.

DES PLACES E., *Pindare et Platon*, Paris, Beauchesne, 1949.

DETIENNE M., *La notion de* Daïmôn *dans le Pythagorisme ancien*, Paris, 1963.

– « Xénocrate et la démonologie pythagoricienne », REA, 60 (1958), p. 271-279.

DIEHL E., *Anthologia lyrica graeca*, Teubner, 1954.

DIEHL-SOLMSEN, « Theodektes », dans Pauly-Wissowa, *R.E.*, 2e série, vol. V, (1934), p. 1722-1734.

DIELS H., « Ueber das dritte Buch der Aristoteles *Rethorik* », *Stzberichte... Berlin Akademie*, Berlin, 1886, IV, p. 11-16.

DIRLMEIER F., *Merkwürdige Zitate in der* Eudemischen Ethik *des Aristoteles*, SB Heidelberg, 1962, 2.

– « *Physik* IV 10 (*Exoterikoi logoi*) », dans *Naturphilosophie bei Aristoteles und Theophrast*, IVe Symposium Aristotelicum, I. Düring (ed.), Stiehm, Heidelberg, 1969.

DODDS E.R., *The Greeks and the Irrational*, University of California Press, 1951.

DOVER K.J., *Greek Popular Morality in the time of Plato and Aristotle*, Oxford, Blackwell, 1974.

– *Lysias and the Corpus Lysiacum*, University of California Press, Berkeley-Los Angeles, 1968.

DÜRING I., *Aristoteles*, Heidelberg, 1966.

– *Aristotle in the Ancient biographical Tradition*, Göteborg, 1957 (= Düring).

– *Aristotle's Protrepticus*, Göteborg, 1961.

EDMONDS J.M., *Elegy and Iambus I-II*, Loeb Classical Library, 1944.

FESTUGIÈRE A.J., *Contemplation et vie contemplative selon Platon*, Paris, Vrin, 1936.

– *Aristote. Le plaisir*, Paris, Vrin, 1936.
– *La révélation d'Hermès Trismégiste, I-IV*, Paris, Gabalda, 1950-1954.
– *Les trois vies. Études de Philosophie grecque*, Paris, Vrin, 1971, p. 117-156.
– *L'Idéal religieux des Grecs et l'Évangile*, Paris, Lecoffre-Gabalda, 1932.
FRAGSTEIN A. von, *Studien zur* Ethik *des Aristoteles*, Amsterdam, Grüner, 1974.
FRAISSE J.C., « *Autarkeia* et *Philia* », dans *Untersuchungen...*, p. 245-251.
– Philia. *La notion d'amitié dans la philosophie antique*, Paris, Vrin, 1974.
GADAMER H., « Aristotelischer *Protreptikos* und Aristotelische *Ethik* », *Hermes*, 63 (1928), p. 138-164.
– compte-rendu de W. JAEGER, *Aristoteles*, *Logos*, 17 (1928), p. 132-140.
GAISER K., « Die Elegie des Aristoteles an Eudemos », *Museum Helveticum*, 23 (1966), p. 84-106.
– « Zwei Protreptikos-Zitate in der *Eudemischen Ethik* des Aristoteles », *Rheinisches Museum*, 110 (1967), p. 314-345.
– « Das zweifache Telos bei Aristoteles », dans I. Düring (ed.), *Naturphilosophie bei Aristoteles und Theophrastos*, 1969.
GALIEN, *Sur ses propres livres*, XIX (Kühn).
GALLET H., *Exploration archéologique de Délos*, fasc. 24, Paris, 1959.
GAUTHIER R.-A., *La magnanimité*, Paris, Vrin, 1951.
– *La morale d'Aristote*, 3e éd. Paris, PUF, 1973.
GERNET L., *Antropologie de la Grèce antique*, Paris, Maspéro, 1968.
GIGON O., « Das Prooimion der *Eudemischen Ethik* », dans *Untersuchungen...*, p. 93-133.
– *Entretiens*, Fondation Hardt, XI (1965).
GOLDSCHMIDT V., *Questions platoniciennes*, Paris, Vrin, 1970.
– *La Religion de Platon* (1949), repris dans *Platonisme et pensée contemporaine*, Paris, Aubier-Montaigne, 1970.

GREENE W.C., *Moira* (1944), Harper Torch Book, 1963.

GRENFELL-HUNT, *The Hibeh Papyri I*, Londres, 1906.

GRUBE G.M.A., *A Greek Critic : Demetrius on Style*, Toronto, 1961.

GUTHRIE W.K.C., *History of Greek Philosophy, I-IV*, Cambridge, Cambridge University Press, 1962-1975.

HALL R., « The special Vocabulary of the *Eudemian Ethics* », *Classical Quarterly*, n.s. 9 (1959), p. 197-206.

HARLFINGER D., « L'histoire de la tradition de l'*Éthique à Eudème* », dans *Untersuchungen...*, p. 1-50.

HEITZ, *Die verlorenen Schriften des Aristoteles*, 1865.

HENRY P., *Recherches sur la* Préparation évangélique *d'Eusèbe et l'édition perdue des œuvres de Plotin*, Paris, Leroux, 1935.

– *Études plotiniennes*, 2 vol., Paris-Bruxelles, 1938-1941.

HOUDE-SAUVÉ R., *La* Philia *dans le livre VII de l'*Éthique à Eudème, Thèse, Montréal, 1974.

JACKSON H., « Aristotle's Lecture-room and Lectures », *The Journal of Philology* (1920), p. 191-200.

JAEGER W., *Aristotle*, Oxford, Clarendon Press, 1934.

JOLY R., *Le thème philosophique des genres de vie dans l'Antiquité classique*, Bruxelles, 1956.

JOACHIM H.H., *The Nicomachean Ethics*, Oxford, 1951.

JOWETT-CAMPBELL, *Plato's* Republic, 3 vol., Oxford, Clarendon Press, 1894.

KAPP E., *Das Verhältniss der eudemischen zur* Nikomachischen Ethik, Freiburg, 1912.

KENNY A., « The Stylometric Study of the Aristotelian Writings », CIRPHO (Montréal), vol. III (1975-1976), p. 5-32.

– « The Stylometric Study of Aristotle's *Ethics* », dans *Computing in the Humanities. Proceedings of the third International Conference*, S. Lusignan and J.S. North (ed.), Montréal-Waterloo, The University of Waterloo Press, 1977, p. 11-12.

KHODOSS H., *Aristote.* Éthique à Eudème, *Livre I*, Maîtrise, Paris, 1970.

KITTO, *The Greeks*, Penguin Books, 1951.

KRAEMER H.J., Aretê bei *Platon und Aristoteles*, Amsterdam, Schippers, 1967.

LACOMBE G., *Aristoteles Latinus*, Pars I, Bruges-Paris, 1957.

LE BLOND J.-N., Eulogos *et l'argument de convenance chez Aristote*, Paris, Les Belles Lettres, 1938.

LEFEVRE C., *Sur l'Évolution d'Aristote en psychologie*, Louvain, 1972.

LESZEL W., *Logic and Metaphysics in Aristotle*, Padoue, Antenore, 1970.

LÉVÊQUE P., *Agathon*, Paris, 1955.

LYTTKENS H., *The Analogy between God and the World*, Uppsala, 1953.

MANSION A., *Introduction à la Physique aristotélicienne*, 2e éd., Louvain-Paris, 1946.

MARGUERITTE H., « Notes critiques sur le texte de l'*Éthique à Eudème* », *Revue d'Histoire de la Philosophie*, 1930, p. 86-97.

MARROU H.I., *Histoire de l'éducation dans l'Antiquité*, 6e éd., Paris, Seuil, 1965.

MENTZIGEN A. von und zu, *Interpretationem der* Eudemischen Ethik, Marburg, 1928.

MINGAY J.M., « Some controversial passages in the *Eudemian Ethics* », dans *Untersuchungen...*, p. 51-62.

MONAN J.D., *Moral knowledge and its Methodology in Aristotle*, Oxford, Clarendon Press, 1968.

MOREAU J., « *Telos* et *aretê* d'après *Éthique à Eudème* II. 1, et la tradition platonicienne », dans *Untersuchungen...*, p. 223-230.

MORAUX P., *À la recherche de l'Aristote perdu : le dialogue « Sur la justice »*, Louvain, 1957.

– « Das Fragment VIII, 1 », dans *Untersuchungen...*, p. 253-284.

– *Les listes anciennes des ouvrages d'Aristote*, Louvain, 1951.

NACHMANSON E., *Die Griechische Buchtitel*, 1969.

NEWMAN W.L., *The Politics of Aristotle, I-IV*, Oxford, 1887-1902.

OWEN G.E.L., « Logic and Metaphysics in some earlier works of Aristotle », dans I. Düring-G.E.L. Owen, *Aristotle and Plato in the mid-fourth century*, Göteborg, 1960, p. 163-190.

– « *Tithenai ta phainomena* », dans *Aristote et les problèmes de méthode*, 1961, p. 83-103.

OWENS J., *The Doctrine of Being in the Aristotelian* Metaphysics, Toronto, 1951, 1964[2].

PATZIG G., « Theologie und Ontologie », dans *Kantstudien*, 1960-1961.

PÉPIN J., « De la prière », dans *Aristote. Cinq œuvres perdues*, Paris, PUF, 1968.

REY A., *La maturité de la pensée scientifique en Grèce*, Paris, Albin Michel, 1939.

RICHARDS H., *Aristotelica*, Londres, 1915.

ROBIN L., *La Morale antique*, Paris, PUF, 1947.

– *La théorie platonicienne des Idées et des Nombres d'après Aristote*. Paris, Alcan, 1908 ; réimp. Olms, 1963.

ROBINSON R., « L'acrasie selon Aristote », *Revue philosophique*, 145 (1955), p. 261-280.

ROSS W.D., *Aristotle's* Metaphysics *I-II*, Oxford, Clarendon Press, 1923.

– *Fragmenta selecta*, Oxford, Clarendon Press, 1955.

ROWE C.J., « The meaning of *phronêsis* », dans *Untersuchungen...*, p. 73-92, repris dans *The Eudemian and Nicomachean Ethics*, Cambridge Philological Society, 1971.

SARTON G., *A History of Science*, t. I, Cambridge, Harvard University Press, 1952.

SCHLEIERMACHER F., *Über die ethischen Werke des Aristoteles* (1817), Sämtliche Werke, III 3.

SOLMSEN Fr., « Drei Rekonstructionen zur antiquen *Rhetorik* und *Poetik* : II Theodektes », *Hermes* 67 (1932), p. 144-151.

STEEL C., « Des commentaires d'Aristote par Themistius ? », *Revue philosophique de Louvain*, 71 (1973), p. 669-680.

STEWART J.A., *Notes on the* Nicomachean Ethics *of Aristotle*, 2 vol., Oxford, Clarendon Press, 1892; réimp. New York, Arno Press, 1974.

STOCK St GEORGE, *Introduction :* Magna Moralia, Ethica Eudemia, « Oxford Translation », vol. IX, Oxford, p. V-XXIII.

SUSEMIHL F., « Zur *Politik* des Aristoteles », *Neue Jahrbuch fur Philologie und Päd.*, 149 (1894), p. 806-807.

THILLET P., « Aristote conseiller politique d'Alexandre vainqueur des Perses ? », *Revue des Études Grecques*, 75 (1972), p. 527-542.

– « Note sur le Gryllos », *Revue Philosophique Française*, 82 (1957), p. 352-354.

VAN GRONINGEN B.A., « *Ekdosis* », *Mnemosyne*, 4e série, vol. 16 (1963), p. 1-17.

VERBEKE G., « La critique des Idées dans l'*Éthique Eudémienne* », dans *Untersuchungen zur* Éthique à Eudème, 1971, p. 135-156.

VERDENIUS W.J., « Human Reason and God in the *Éthique à Eudème* », dans *Untersuchungen...*, p. 285-298.

– « The meaning of *ethos* and *êthikos* in Aristotle's *Poetics* », *Mnemosynê*, III 12 (1944), p. 241-257.

– « Traditional and personal elements in Aristotle's Religion », *Phronesis*, V (1960), p. 56-70.

– « Human Reason and God in the *Eudemian Ethics* », dans *Untersuchungen...*, p. 283-290.

VERNANT J.-P., *Mythe et Pensée chez les Grecs*, Paris, Maspero, 1965.

VOIT L., dans *Gymnasium* 70 (1963).

WAITZ TH., *Organon, Graece*, 2 vol., Leipzig, Hahn, 1844-1846.

WALZER R., *Aristotelis Dialogorum Fragmenta*, Florence, Sansoni, 1934.

WEHRLI F., « *Eudemos* », dans P.-W., *R.E.*, Suppl. XI (1968).

WENDLAND P., « Die Schriftstellerei des Anaximenes von Lampsakos », *Hermes*, 39 (1904), p. 419-443, 499-542.

WIDMANN G., *Autarkie und Philia in der Aristoteles Ethiken* (Diss), Tübingen, 1969.

WILLE G., dans *Gnomon* 34 (1962), p. 763.

WILPERT P., *Zwei aristotelische Frühschriften*, Regensburg, 1949.

ZELLER E., *Die Philosophie der Griechen*, II 2, Leipzig, 1879[3].

ADDENDA ET COMPLÉMENT BIBLIOGRAPHIQUE À LA RÉÉDITION (1977)

Grâce à l'amabilité de son auteur, j'ai pu lire sur épreuves le passionnant chapitre 9 de l'ouvrage, sous presse, de A. Kenny, *The Aristotelian Ethics*, à paraître à Oxford. Une étude minutieuse des références historiques, l'utilisation systématique de la stylométrie et une discussion approfondie de l'évolution de certains thèmes philosophiques amènent Kenny aux conclusions suivantes : l'*Éthique à Nicomaque* est antérieure à l'*Éthique à Eudème*; les livres communs appartiennent à l'*Éthique à Eudème*; dans plusieurs passages, l'*Éthique à Eudème* utilise et corrige l'*Éthique à Nicomaque* (1220b11; 1244b29-45a1, *etc.*); les *Magna Moralia* présentent les notes, prises et réorganisées par un auditeur, du cours connu sous le nom d'*Éthique à Eudème*.

Aristotle's Eudemian Ethics I-III, VII. Translation with notes, J.L. Ackrill (ed.), « Clarendon Aristotle Series », Oxford, Clarendon Press.

BÉDARD M., « L'*akrasia* chez Aristote », *Dialogue*, 15 (1976), p. 62-74.

COOPER J.M., « The *Magna Moralia* and Aristotle's Moral Philosophy », *American Journal of Philology*, 94 (1973), p. 327-349.

– *Reason and Human Good in Aristotle*, Cambridge, Mass., Harvard University Press, 1975 (défend, p. 136, la place du l. VIII à la fin de l'*Éthique à Eudème*).

HARDIE W.F.R., *Aristotle's Ethical Theory*, Oxford, Clarendon Press, 1968.

JACKSON H., « *Eudemian Ethics*, VIII 1-2 », *Journal of Philology*, 32 (1913), p. 170-221.

LEFÈVRE C., « Une nouvelle introduction à l'Éthique à Nicomaque », *Revue Philosophique de Louvain*, 70 (1972), p. 641-659.

RICŒUR P., *La Métaphore vive*, Paris, Seuil, 1975 (sur la notion de « transfert » de sens).

COMPLÉMENT BIBLIOGRAPHIQUE À LA PRÉSENTE ÉDITION

Textes

Ethica Eudemia, R.R. Walzer and J.M. Mingay (ed.), Oxford, Clarendon Press, 1991

Traductions

The complete works of Aristotle, J. Barnes (ed.), revised Oxford translation, Princeton, Princeton University Press, 1984.

Eudemian Ethics, I, II and VIII, M. Woods (ed.), Oxford, Clarendon Press, 1992.

Commentaires

BODÉÜS R., *Aristote. Une philosophie en quête de savoir*, Paris, Vrin, 2002.

BOSTOCK D., *Aristotle's Ethics*, Oxford, Oxford University Press, 2000.

BROADIE S., *Ethics with Aristotle*, Oxford, Oxford University Press, 1991.

CHATEAU J.Y. (éd.), *La vérité pratique. Aristote,* Éthique à Nicomaque, *livre VI*, Paris, Vrin, 1997.

GAUTHIER-MUZELLEC M.-H., *La juste mesure*, Paris, PUF, 1998.

HARDIE W.F.R., *Aristotle's Ethical Theory*, Oxford, Clarendon Press, 1980.

HEINAMAN R., « The *Eudemonian Ethics* on Knowledge and Voluntary Action », *Phronesis*, 31 (1986), p. 128-147.

KENNY A., *Aristotle on the Perfect Life*, Oxford, Clarendon Press, 1996.

MOREL P.-M., *De la matière à l'action. Aristote et le problème du vivant*, Paris, Vrin, 2007.

RODRIGO P., *Aristote, une philosophie pratique.* Praxis, *politique et bonheur*, Paris, Vrin, 2006.

RORTY A.O. (ed.), *Essays on Aristotle's Ethics*, Berkeley, University of California Press, 1980.

ROMEYER-DHERBEY G. et AUBRY G. (dir.), *L'excellence de la vie. Sur l'*Éthique à Nicomaque *et l'*Éthique à Eudème, Paris, Vrin, 2002.

VERGNIÈRES S., *Éthique et politique chez Aristote.* Physis, ethos, nomos, Paris, PUF, 1995.

WOLFF F., BODÉÜS R., GAUTHIER-MUZELLEC M.-H., JAULIN A., *La philosophie d'Aristote*, Paris, PUF, 2003.

ARISTOTE

ÉTHIQUE À EUDÈME

LIVRE I

CHAPITRE 1[1]

<Le bonheur : le plus beau, le meilleur et le plus plaisant des biens>

L'homme qui, à Délos, dans la demeure du dieu, exprimait 1214 a
son opinion personnelle en la faisant inscrire sur le portique du temple de Léto[2], distinguait entre le bon, le beau et le plaisant[3], toutes ces qualités ne pouvant appartenir au même être; il le faisait en ces termes :

> Le plus beau, c'est le plus juste, le meilleur, d'être en santé,
> Mais le plus plaisant, c'est d'obtenir ce qu'on aime[4].

1. On notera le caractère littéraire des chapitres 1-7 : absence de hiatus, composition soignée, etc.; voir, en dernier lieu, O. Gigon, *Das Prooimion der Eudemischen Ethik* dans *Untersuchungen...*, p. 93-133.

2. On n'aurait pas encore retrouvé ce portique; *cf.* H. Gallet, *Exploration archéologique de Délos*, fasc. 24, Paris 1959, p. 37-72; 118-120 (Dr., p. 145).

3. « Plaisant » traduit ἡδύ (agréable) pour garder le lien avec ἡδονή (plaisir); « beau » rend καλόν.

4. Théognis, 225 (Dr.); cité aussi *Éthique à Nicomaque*, I 9, 1099a27.

Mais nous[5], n'allons pas lui donner notre accord : le bonheur, la plus belle et la meilleure des choses, est aussi la plus plaisante !

Sur chaque chose et chaque nature, il y a de nombreux objets de recherche[6] comportant une difficulté et nécessitant un examen ; dans certains cas l'enjeu est seulement la connaissance de la chose, dans d'autres c'est aussi son acquisition et sa mise en pratique[7]. Pour ceux qui présentent un intérêt philosophique de recherche pure[8], il faudra dire, au moment opportun, ce qui proprement relèverait de cette étude[9] ; mais

5. On notera l'opposition fortement soulignée par le *nous*. On trouvera des passages analogues dans *Politique*, VII 1, 1323a38, *Physique*, I 8, 191a33-34 ; 9, 192a3 (opposition aux Présocratiques et à Platon, respectivement).

6. Voir *Topiques*, I 10, 104b1-9 (*cf.* 104a4-9) ; « Un problème dialectique est une question (θεώρημα, traduit par "objet de recherche" p. XXVI) dont l'enjeu peut être soit l'alternative pratique d'un choix et d'un rejet, soit l'acquisition d'une vérité et d'une connaissance » (trad. Br., p. 16 ; on notera l'identité du vocabulaire : θεώρημα … τὸ συντεῖνον …).

7. Traduction littérale : « l'acquisition et l'action (πρᾶξις) » : *en plus* de la connaissance de l'objet, on s'inquiète des moyens de l'acquérir (*cf.* a 15) et de la manière d'agir conforme à cette acquisition ; voir *Éthique à Nicomaque*, I 8, 1098b32 *sq.* sur les rapports entre la possession passive d'une vertu et sa possession en acte (Dr., p. 146).

8. Voir une utilisation semblable du mot « philosophie » dans *Physique*, I 1, 185a20, *Politique*, III 12, 1282b23.

9. Aristote renvoie à un autre moment, et dans la mesure de son utilité pour l'étude actuelle, celle de problèmes théorétiques par exemple la discussion de l'idée du bien, ci-dessous chap. 8, particulièrement 17b16-23 ; voir en particulier l'exposé de *Métaphysique*, E (VI) 1 (avec notre commentaire, *L'Objet de la Métaphysique*, p. 111-124), où on rencontrera les « trois philosophies théorétiques » (1026a18-19) que sont la mathématique, la physique et la (science) théologique. – Pour la division en philosophie théorétique et en philosophie pratique voir *Métaphysique*, α 1, 993b19-23 (auquel on ajoutera Platon,

il faut d'abord examiner en quoi consiste le bien vivre et comment on l'acquiert[10]: est-ce par nature (comme on devient grand et petit, et de teints différents) que deviennent heureux tous ceux qui obtiennent cette appellation ou par apprentissage intellectuel (comme si le bonheur était une certaine science)[11] ou par quelque exercice (beaucoup de choses n'existent en effet chez les hommes ni par nature ni par apprentissage intellectuel, mais sont acquises par exercice : les mauvaises par ceux qui ont pris de mauvaises habitudes, les bonnes par ceux qui en ont pris de bonnes); ou bien, s'ils ne deviennent heureux par aucun de ces moyens, ce sera au contraire par l'un des deux suivants : soit comme chez ces hommes possédés des nymphes et des dieux[12],

Politique 258e où la science pratique et la science cognitive sont regroupées sous le terme général : « la science entière »).

10. C'est la recherche de l'essence du bonheur (a 30-b 5) et des moyens de l'acquérir (a 15-30). – Avec les trois possibilités évoquées ci-après, nature, apprentissage intellectuel, exercice, comparez *Métaphysique* θ 5, 1047b31-35 (Tr. II, p. 496), où « exercice » est remplacé par « habitude », ἔθει, b32, *Ménon* 70a. Avec Dr., p. 147 et *alii*, on notera qu'à l'inverse de *Éthique à Nicomaque*, *Éthique à Eudème* traite d'abord du bonheur et ensuite du bien. – Selon un procédé habituel chez lui, Aristote traitera d'abord de la deuxième question soulevée.

11. Allusion à Socrate, ainsi qu'on le voit plus loin 5, 1216b3-25, VIII, 1.

12. Voir VIII 2. Sur la possession par les nymphes, voir Platon, *Phèdre* 238c-d, où Socrate subit, affirme-t-il, une influence divine et devient « possédé par les nymphes » (νυμφόληπτος, comme ci-dessus); et plus loin (241e) il prévoit devenir « enthousiaste sous l'action des nymphes »; « possédé par les dieux » (θεόληπτος) ne présente pas de différence avec le terme précédent et apparaîtrait ici pour la première fois (Dr., p. 148).

grâce à l'inspiration de quelque être démonique, comme des «enthousiastes»[13], soit grâce à la fortune:

13. Sur l'*enthousiasme*, on pourra relire le dialogue *Ion* et *infra* VIII 2. – Je traduis δαιμόνιου (1214a24) par *démonique* pour marquer la distinction que Aristote fait quelquefois entre *dieu* et *démon*, par exemple *De div. per somnum*, 2, 463b14-15 : « la nature est "démonique" et non "divine" » ; voir en outre Bz., 164a23-30 (le passage parallèle de l'*Éthique à Nicomaque* I 10, 1099 b10 parle de « dispensation divine » [κατά τινα θείαν μοῖραν]). Ce n'est pas le lieu de traiter cette question à fond. Quelques textes de Platon permettent de préciser le sens des termes *daimôn, daimonion*, voir *Ménon* 99c-d, où on notera les mêmes expressions que dans l'*Éthique à Eudème* : « Mais n'est-il pas juste, Ménon, d'appeler divins (θείους) ces hommes-là, eux qui, sans qu'il y ait en eux de la pensée, réussissent quantité de choses importantes parmi celles qu'ils font ou qu'ils disent ? – (...) – C'est donc à bon droit que nous appellerions divins, aussi bien ces diseurs d'oracles et devins dont nous parlions à l'instant que tous les créateurs (littéralement *poètes*) sans exception, et que des hommes politiques, nous ne dirions pas moins justement qu'ils sont divins et que la Divinité est en eux (littéralement *enthousiasmés*), en tant qu'ils sont inspirés par le souffle du Dieu dont ils sont possédés, dans le moment où par la parole, ils réussissent quantité de choses importantes, sans posséder de savoir sur ce dont ils parlent » (trad. Robin; voir le commentaire de R.S. Bluck, *Plato's Meno*, 1961 sur ce passage). – Le dialogue ayant répondu négativement à la question initiale : la vertu advientelle par enseignement, exercice ou nature (70a) la conclusion suggère, en résumant le texte cité, que c'est par « dispensation divine » (θείᾳ μοίρᾳ, 100a1,b2) que la vertu apparaît chez l'homme : ce sont les quatre possibilités évoquées à *Éthique à Eudème* I 1, auxquelles il faut ajouter le hasard. *Cratyle* 397e-398c, dont il est utile de citer la conclusion : « Moi aussi je me range à cette idée, que quiconque aura été un homme de bien est un être surhumain, "démonique" (δαιμόνιον) durant sa vie comme après avoir fini de vivre, et qu'à juste titre il est appelé "démon" (δαίμων) », 398c (trad. Robin); pour les autres passages voir W.C. Greene, *Moira* (1944, Harper Torch Book, 1963) c. 9 (Platon), c. 10 (Aristote), E. des Places, *Pindare et Platon* (Paris, 1949), c. 12 qui résume et discute W.C. Greene, avec références à J. Souilhé (1930) et A.J. Festugière (1932), E.R. Dodds, *The Greeks and the Irrational*, Un. of Cal. Press. 1951 (trad.) c. 7, M. Detienne, *La notion de* Daïmôn *dans le Pythagorisme ancien* (Paris, 1963). – Le contexte immédiat est fourni par un passage des

bien des gens en effet déclarent identiques bonheur et bonne fortune[14].

Topiques: « De la même manière, on devrait dire *eudaimôn* (heureux) *celui dont le démon* ("génie" Br.) *est vertueux*, si l'on en croit Xénocrate, qui appelle heureux *celui dont l'âme est vertueuse*, parce que le démon ("génie") de chacun n'est autre que son âme », II 6, 112a36-38 (trad. Brunschwig, avec référence en note à M. Détienne, *Xénocrate et la démonologie pythagoricienne*, REA, 60 (1958), p. 271-279). Sur la démonologie aristotélicienne, voir M. Détienne, *La notion...*, p. 140-169. – La discussion de ce problème se trouve *infra* VIII 2 (voir aussi II 8, 25a25-30). [CR] Sur le « démon », l'âme et le « divin en nous » voici un texte capital du *Timée*, 90a-c : « En ce qui concerne la sorte d'âme qui est en nous souveraine (l'âme immortelle voir 41c, d, 42e7), il faut s'en faire l'idée que voici : c'est qu'elle est comme (ὡς Festugière, Grube) un démon que Dieu a donné à chacun de nous; elle est ce principe dont nous disons qu'il habite en nous au sommet du corps et que vers le ciel, où réside l'élément de même nature, au-dessus de la terre il nous élève (...). Et nous avons bien raison de le dire : c'est là-haut en effet, d'où est venue notre âme à sa première naissance, que ce principe divin accroche notre tête, qui est comme notre racine, pour dresser tout notre corps (...). Mais celui qui a mis son zèle à la connaissance et aux pensées vraies, et qui a exercé principalement en lui ces activités, il a des pensées immortelles et divines, chaque fois qu'il a contact avec la vérité; il est absolument nécessaire que dans la mesure où la nature humaine peut participer à l'immortalité, il puisse en jouir complètement, vu que, sans cesse, il rend un culte à la partie divine (de l'âme) et qu'il comble de tous ses soins le démon qui habite en lui, ce qui le rend parfaitement heureux. Or, les soins à donner à tout être se réduisent toujours à un seul point : accorder à chacun les aliments et les mouvements qui lui sont propres. À ce qu'il y a en nous de divin, les mouvements naturellement appropriés sont les pensées du Tout et ses révolutions », trad. Moreau (retouchée), Pléiade, t. II, p. 520-521, *cf.* trad. Festugière, H.T., II, p. 134-138, Cornford, *ad. loc.*, p. 353-354, Goldschmidt, *Religion de Platon*, c. 7 : *Le culte spirituel*, en particulier : « Le sommaire du culte intérieur tient dans ces deux affirmations : l'âme doit prendre soin d'elle-même (*Apologie de Socrate*, 29e1-2; *Phédon*, 115b6) et : « Le Dieu l'a donné à chacun de nous comme un génie divin (*démon; Timée*, 90a) » (p. 94). *Cf.* L. Brisson, *Le même..., ad. loc.*

14. Sur les relations entre le bonheur et la « fortune », voir ci-dessous VIII 2, et le texte cité d'Aristoxène. – On notera dans ce dernier livre une reprise des discussions de ce premier chapitre de l'*Éthique à Eudème*

Il est donc évident que le bonheur apparaît[15] chez les hommes en vertu de toutes ces causes ou de certaines d'entre elles ou d'une seule (car tous les devenirs[16] relèvent sans doute de ces principes[17]); de fait aussi tous les actes issus de la connaissance discursive se laissent ramener à ceux qui sont issus de la science[18]. Par contre être heureux et vivre avec félicité et beauté[19] consisteraient principalement en trois éléments apparemment les plus souhaités : pour les uns, en effet, c'est la sagesse[20] qui est le plus grand bien, pour d'autres,

15. *Parousia* (14a26); on notera un emploi similaire et répété de ce terme dans *Protreptique*, fr. 14 (*bis*).

16. « Devenirs », productions ou « genèses », voir ci-dessus 14a15-16; « si c'est par nature que *deviennent* (γίγνονται) heureux... » – Les causes de la génération sont la nature, la divinité, l'activité humaine, le hasard : voir déjà chez Platon la longue discussion des *Lois*, livre X; Aristote *Physique* II 1, avec le commentaire de A. Mansion, *Introduction à la Physique aristotélicienne*[2], chap. 4, Wilpert, *Zwei aristotelische Frühschriften*, p. 62 *sq.* On pourra aussi lire *Métaphysique*, Z 7, 1032a12-30; *Protreptique*, fr. 11 (W., Ross); 49, p. 3-52, 16 P.; p. 50-56 Düring.

17. « Principes », au sens de « causes », voir *Métaphysique*, V, 1-2.

18. Il s'agit de ramener sous la rubrique « science » (probablement utilisée pour préparer la discussion avec Socrate) déjà indiquée avec quelque imprécision ci-dessus, 14a18, « les actes découlant de la connaissance » (« discursive » ou raison : διάνοια, par opposition à l'« habitude »); c'est cette dernière expression qui est courante, voir *Métaphysique*, Z 7, déjà cité et *Protreptique*, IX (équivalence entre *dianoia* et *technê*), *Physique*, II 5, 196b22, 197a2.

19. « Avec félicité » rend μακαρίως, terme sur lequel on trouvera une réserve plus bas, 3, 1214b10. À moins d'indication contraire, je traduis καλός et ses dérivés par « beau » (en anglais, D.J. Allan le rend par *fine, The Fine and the Good*, p. 63).

20. J'avais pensé traduire φρόνησις par *Connaissance*, *cf.* Bz., *Index* 831b4-5 : « φρόνησις latiore sensu syn λνῶσις, ἐπιστήμη » et les textes cités, en particulier *De la sensation* 1, 437a1-17, où on parle de « la *phronêsis* des

c'est la vertu, pour d'autres enfin, c'est le plaisir; et par rapport au bonheur, d'aucuns discutent de leur importance respective

intelligibles et des actes à poser» (a 2-3) et où apparaît une équivalence entre *phronêsis* et *nous* (a5 à comparer avec a11). Cette traduction permettrait de caractériser les trois vies par la connaissance («vie de pensée» Festugière, *Idéal...*, p. 282), l'action et le plaisir (4, 1215b1-5) et de réserver à σοφία le sens de *sagesse* qu'il a traditionnellement en français. – J'admets facilement qu'aucune solution de ce problème n'est définitivement bonne: il s'agit de trouver la moins mauvaise. La raison en est simple: le mot grec *Phronêsis* recouvre un champ sémantique qu'Aristote lui-même précisera plus loin, *Éthique à Eudème* V (*Éthique à Nicomaque* VI), et dont les nuances exigent deux mots en français: *prudence* et *sagesse*, ce dernier concept étant aussi rendu par *sophia*. (C'est un procédé habituel chez lui, par exemple *Éthique à Eudème* V 3, 1139b19-20, la distinction «scientifique» entre *science* (c. 3) et *art* (c. 4), fréquemment confondus; ces précisions sont souvent accompagnées d'un renvoi indiqué par ἐλέχθη, avec ou sans πρότερον, qu'on pourrait traduire par: «on a déjà *mentionné...*», *cf.* D.J. Allan dans *Class. Quar.*, n.s. 22 (1972), p. 81-85). – Il suffit de choisir l'un des sens pour se faire alléguer des textes qui présentent l'autre. C'est ainsi que le Père Gauthier qui choisit de traduire *phronêsis* par sagesse doit rendre *sophia* par *philosophie*; mais que fait-on de *philosophia*? – M.P. Aubenque garde la traduction déjà indiquée par Cicéron (*La prudence...*, p. 36, n. 2); *prudence*: mais peut-on opposer, dans ce passage de l'*Éthique à Eudème*, la vie vertueuse à la vie de prudence? – M.P. Ricœur nous a suggéré le vieux mot: *sapience* qui aurait l'avantage du *wisdom* anglais mais qui donnerait une allure de préciosité à un terme fort courant en grec. Enfin, à *connaissance* on peut objecter le dernier passage de l'*Éthique à Eudème* où apparaît *phronêsis* VIII 3, 49b14: Elle «commande», et donc elle a le sens défini en *Éthique à Eudème* V (*Éthique à Nicomaque* VI). – En revanche, le «*sage* ne doit pas obéir mais commander» (d'après *Métaphysique*, A2, 982a17-18, avec Ross, I, p. 121-122)! Dans le sens de *sagesse* on lira la note de J. Brunschwig: «Il apparaît dans ce passage que par φρόνησις, Aristote désigne quelque chose qui est évidemment un savoir, et problématiquement un bien. Ailleurs dans les *Topiques*, φρόνησις se présente au contraire comme quelque chose qui est évidemment une ἀρετή, et problématiquement un savoir (*cf.* 120a28-31 et 121b31-33). Le mot de *sagesse* paraît être le seul qui offre une

1214 b et affirment que l'un mieux que l'autre y contribue : pour les uns la sagesse est un plus grand bien que la vertu, pour les autres cette dernière est plus grande, pour d'autres enfin le plaisir l'emporte sur ces deux-là; et de l'avis des uns la vie heureuse est faite de tous ces éléments, selon les autres de deux d'entre eux, selon les autres d'un seul.

CHAPITRE 2
<Nature et conditions du bonheur>

La réflexion sur ces points nous amène donc à dire que tout être capable de vivre selon son propre dessein[21] doit[22] se fixer un but pour bien vivre : honneur, gloire, richesse ou

ambiguïté à peu près comparable » J. Brunschwig, *Aristote. Topiques*, 1, p. 163, note à III 6, 119b31.) – Sur cette question on pourra lire en dernier lieu C.J. Rowe, *The meaning of phronêsis* dans *Untersuchungen...*, p. 73-92 (repris dans *The Eudemian and Nicomachean Ethics*, p. 63-72), dont nous adoptons la suggestion : « L'*Éthique à Eudème* utilise un seul terme, *phronêsis*, qui recouvre la sagesse à la fois spéculative et pratique pour la bonne raison qu'il ne reconnaît aucune différence spécifique entre elles. La seule différence en est une qui porte sur la fin : la pensée pratique vise quelque chose d'extérieur à elle-même, la pensée spéculative, non » (p. 74, voir aussi p. 87). – Enfin on aurait préféré garder le mot grec, sans le traduire, suivant ainsi l'exemple de MM. Aubenque, Allan, Gigon dans Fondation Hardt, *Entretiens*, XI, *La politique d'Aristote* (1965) : P. Aubenque, *Théorie et pratique politique chez Aristote*, p. 97-114, Discussion p. 115-123.

21. Ce qui exclut les animaux et les esclaves, « qui n'ont part ni au bonheur ni à la vie selon le dessein propre », cf. *Politique*, III 9, 1280a33-34.

22. δεῖ, 14b7 avec Sp. et surtout Gigon, *Das Prooimion...*, p. 103.

culture[23] et, les yeux fixés sur lui, il posera tous ses actes (car ne pas ordonner sa vie à une fin est vraiment un signe de grande sottise); il faut donc avant tout déterminer d'abord en soi-même, sans précipitation et sans négligence, ce qui en nous constitue le bien vivre et ce sans quoi[24] les hommes ne sauraient y accéder: car ce sans quoi il n'est pas possible d'être en santé ne s'identifie pas à la santé: il en est de même pour beaucoup d'autres cas, de sorte que le bien vivre ne s'identifie pas davantage à ce sans quoi on ne peut bien vivre (de certaines de ces conditions les unes ne sont pas particulières à la santé ni à la vie mais communes à toutes choses, pour ainsi dire, aussi bien aux dispositions qu'aux actes: par exemple, sans respirer, sans être éveillés et sans avoir part au mouvement, nous n'aurions rien, ni bien ni mal; les autres sont davantage propres à chaque nature – et elles ne doivent pas nous échapper – car manger de la viande et marcher après les repas ne sont pas des conditions propres à la bonne constitution de la même manière que les conditions déjà citées). En effet, voici ce qui provoque l'incertitude au sujet du bonheur: en quoi consiste-t-il, d'où provient-il? Ce sans quoi on ne peut être heureux, aux yeux de certains, fait partie du bonheur.

23. « Culture » (παιδεῖα), par opposition au savoir spécialisé (τεχνή): voir Burnet, *The Ethics...*, p. XXXII-XXXIV avec les références: *Parties des Animaux* τεχνή 639a1, *Métaphysique*, Γ 3, 1005b3, 1006b6-11, *Politique*, III 11, 1282a1-7.

24. « Conditions indispensables » traduirait ὧν ἄνευ, la condition *sine qua non*.

CHAPITRE 3
<Opinions sur le bonheur>

Il est certes inutile d'examiner toutes les opinions qui portent sur ce que certaines gens tiennent au sujet du bonheur : il y a beaucoup d'idées en effet que se forgent les enfants, des malades et des fous et sur lesquelles aucun homme sain d'esprit ne voudrait se poser de problèmes, car ce n'est pas d'arguments qu'ils ont besoin mais pour les uns de temps pour grandir, et de correction médicale ou politique[25] pour les autres; en effet l'emploi des remèdes, au même titre que les verges, est une correction. Il est aussi inutile d'examiner
1215 a l'opinion de la foule (car elle parle au hasard sur presque tout et en particulier sur le bonheur[26]); il n'y a pas lieu en effet

25. Dans le même sens qu'ici, lire *Topiques*, I 11, 105a3-7 : « Il ne faut pas examiner n'importe quel problème ni n'importe quelle thèse, mais seulement ceux qui pourraient être un sujet d'embarras pour un interlocuteur qui mérite qu'on lui donne une réponse raisonnée, et non pas seulement qu'on le rabroue (κολάσεως), ou qu'on le renvoie à ses sens; de fait ceux qui demandent s'il faut ou non honorer les dieux… ne méritent que d'être rabroués » (trad. Br., I 18). – Sur les « corrections », voir II 1, 20a34-37, III 2, 30a38-b8; *Éthique à Nicomaque* X 10, 1179b4-1180a14 et particulièrement 1180a5-12 : « Certains pensent que le législateur a le devoir… d'imposer à ceux qui sont désobéissants et d'une nature trop ingrate des punitions et des châtiments et de rejeter totalement les incurables hors de la cité (…), l'homme pervers, qui n'aspire qu'au plaisir, sera châtié par une peine, comme une bête de somme » (Tr., p. 525).

26. Avec Rac., Dr., approuvés par von Fr., j'avais d'abord pensé adopter la conjecture de Fritsche qui s'appuie sur une note marginale de Pb (voir l'*appendice critique* de Sus.) : ταύτης, ἀλλὰ τὰς τῶν σοφῶν ἐπισκεπτέον μόνας, 1215a2. Elle présente toutefois deux difficultés : a) elle introduit les *sages*, dont on n'a aucunement parlé jusqu'à maintenant; b) elle rend très difficile l'explicative (« il n'y a pas lieu *en effet*… » a 2-3) qui, par-dessus les « sages »,

d'apporter un argument à des gens qui n'ont aucunement besoin d'argument mais d'expérience[27]; mais puisqu'il y a des apories propres à chaque sujet d'étude, il y en a évidemment aussi sur le genre de vie le meilleur, la vie la meilleure; il est donc bien d'examiner à fond ces opinions car les réfutations de ceux qui font des difficultés forment les démonstrations des arguments qu'on leur a opposés[28]. En outre il est utile que ne restent pas dans l'ombre de tels points, surtout ce qui est la visée de toute la recherche : qu'est-ce qui rend possible une participation à la vie bonne et belle (si c'est trop s'exposer à l'envie que de la dire bienheureuse[29]); et c'est utile aussi eu égard à notre espoir d'obtenir chaque catégorie de biens. Car si le bien vivre est un effet de la fortune ou de la nature, il échappera aux espoirs de beaucoup (il ne leur est pas accessible en effet par l'effort, et il ne dépend ni d'eux ni de leur labeur); mais s'il consiste dans telle qualité personnelle et les actions qui y sont conformes, le bien sera plus commun et plus

renvoie à la « foule ». Puisqu'on admet unanimement une correction, la plus simple et la plus logique est celle de Sus.

27. Je rends πάθος 15a3 par *expérience*, cf. *Phédon* 96a2; « Je vais te raconter mes propres expériences (τά γε ἐμὰ παθή), trad. Robin, Paris, Pichon, 1933, p. 147 (dans *La Pléiade*, Robin traduit : « mes impressions personnelles »). Excellente traduction chez H. Khodoss, p. 4 : « il est absurde d'apporter des raisons à qui ne demande pas à raisonner, mais à sentir », voir son commentaire p. 54-56. – Voir *Éthique à Nicomaque*, X 9, en particulier 1179b26-29.

28. Voir *du Ciel*, I 10, 279b5-8. – « Car réfuter les contradicteurs, c'est démontrer les thèses opposées aux leurs », H. Khodoss, p. 4.

29. Le terme « bienheureux » (μακάριος) semble réservé à la « félicité » divine ou « plus qu'humaine », ainsi que l'indique l'expression : « les îles des bienheureux »; voir ci-dessus 1, 1214a30, *Protreptique* cc. 8-9, et *Politique*, VII 15, 1334a30 : « les îles des bienheureux, au dire des poètes »; *Éthique à Nicomaque*, X 8, 1178b8-9 : « nous pensions que les dieux étaient bienheureux et heureux » (μακαρίους καὶ εὐδαίμονας).

divin: plus commun, car il sera possible à un plus grand nombre de le partager, plus divin, car le bonheur sera accessible à ceux qui se rendront eux-mêmes et leurs actions d'une certaine qualité[30].

CHAPITRE 4
<Le bonheur et les vies de connaissance, de vertu ou de plaisir>

On aura clarifié la plupart des points mis en doute et discutés si l'on définit bien ce qu'il faut penser de la nature du bonheur : est-ce une certaine qualité de l'âme seulement, selon l'opinion de certains sages et anciens[31] ou bien, en plus de la personne, faut-il que cette qualité affecte surtout ses actions ?

30. Le divin n'est-il pas lié à l'autarcie («ceux qui *se* rendront…»)? – Plutôt que le passage parallèle de *Éthique à Nicomaque*, I 10, 1099b15-18, voir *Politique*, VII I, 1323b23-26: «lui (Dieu) dont le bonheur et la félicité ne dépendent d'aucun des biens extérieurs mais qui est heureux en lui-même et par lui-même et parce qu'il est d'une qualité déterminée dans sa nature» (Tr., p. 469-470).

31. Un passage des *Topiques* précise le sens de cette expression: «Appliqué à une âme, il (le terme "bon") signifie qu'elle est *qualifiée d'une certaine manière* (τὸ ποιὰν εἶναι), qu'elle est tempérante ou courageuse ou juste», I 15, 107a7-8 (trad. Brunschwig I 26; voir aussi II 1, 1220a12, *Éthique à Nicomaque*, I 10, 1099b31, etc.). [CR]Mais qui sont ces sages et *aînés* (πρεσβυτέρων), et dans quel sens faut-il entendre ce dernier terme? Pour Bz., *Index* 632b24-25, il s'agit des anciens (« *i.e.* ἀρχαίων), sans autre justification. À la suite de Burnet, p. 3, n. 3, G.-J., II 66, Dr., *ad. loc.* y voient une référence à Speusippe et Xénocrate ainsi que le rapporte Clément d'Alexandrie, *Strom.*, II 22, 133, 4 : «Speusippe… dit que le bonheur est l'état intérieur parfait de ceux qui sont selon la nature, ou l'état des bons; que tous les hommes ont le désir de cette condition, mais que les bons visent (efficacement) l'absence de trouble. Et ce seraient les vertus qui procureraient le bonheur. 5. Xénocrate enseigne que le bonheur consiste dans la possession d'une vertu appropriée à chacun et des

On a déjà distingué différents genres de vie[32] : les uns ne mettent même pas en discussion une telle réussite mais ils

moyens qui sont à son service. 6. Ensuite comme pour dire en quoi (le bonheur) réside, il indique clairement l'âme ; sous quelles influences il se produit, les vertus ; quels sont ses composants, les belles actions, les bonnes habitudes et dispositions, les bons mouvements et les bonnes attitudes ; ce sans quoi il n'existe pas (ὡς δ' ὧν οὐκ ἄνευ), les conditions corporelles et les circonstances extérieures » (trad. Cl. Mondésert, Paris, Le Cerf, 1954, vol. 38, p. 134-135). Mais Burnet cite aussi le *Philèbe* 11d, où le bonheur apparaît comme une ἕξις (voir la discussion de ce passage dans Festugière, *Contemplation*...). On pourrait alors voir dans ces « aînés » Platon, plutôt que Speusippe et Xénocrate, qui sont des contemporains d'Aristote. Sans la rejeter, cette dernière identification paraît peu satisfaisante à O. Gigon, *Das Prooimion*..., p. 110, et avec raison : on voit mal Speusippe et Xénocrate qualifiés de *sages* qui sont des *aînés*, ou encore moins des *anciens*. Toutefois la référence à Xénocrate peut nous orienter vers une solution qui engloberait à la fois ce dernier, Platon et des Anciens comme Démocrite, Héraclite et les Pythagoriciens : pour Aristote, « on devrait dire heureux (*eudaimôn*) celui dont le démon est vertueux si l'on en croit Xénocrate, qui appelle heureux celui dont l'âme est vertueuse, parce que le démon de chacun est son âme » (voir ci-dessus, n. 12, et l'identification de la vie heureuse et de la vie vertueuse faite par Xénocrate, *Topiques*, VII 1, 152a5-10, 26-30). On a donc l'équivalence suivante : âme qualifiée d'une certaine manière = âme vertueuse = bon démon = bonheur. Aristote viserait donc ici Platon et la tradition pythagoricienne dont ce dernier présente l'aboutissement – avec Xénocrate (voir la n. 12) : il ne suffirait pas d'avoir un bon *démon*, une âme vertueuse pour être heureux mais il faudrait aussi agir en conformité avec cette qualité de l'âme. (On expliquerait peut-être ainsi pourquoi Aristote emploie l'imparfait pour parler d'Anaxagore (1215b12, 1216a15) et de Socrate (1216b3, 6, 9) et l'aoriste (1215a24) pour désigner ces sages *et* aînés dont la tradition était encore représentée de son temps ; au chapitre 8, il emploie le présent pour discuter les thèses des « Platoniciens »). – On peut regretter que les discussions sur l'authenticité et la chronologie de l'*Éthique à Eudème* n'offrent aucune aide pour l'interprétation de ce texte : s'il visait uniquement Speusippe et Xénocrate on verrait mal qu'il puisse être d'Aristote.

32. Sur l'origine pythagoricienne – plutôt que platonicienne, défendue à la suite de W. Jaeger par Festugière, « Les trois vies », *Études de Philosophie*, p. 118-119, G.-J., II 30 – voir les argumentations convergentes de R. Joly, *Le*

s'activent en fonction du nécessaire, par exemple ceux qui ont pour but les arts vulgaires, ainsi que le commerce et les arts serviles (j'appelle arts vulgaires ceux qu'on exerce seulement en vue de la réputation, arts serviles ceux qui sont sédentaires[33] et mercenaires, arts commerciaux, ce qui concerne les ventes au marché[34] et les petits négoces); d'un autre côté les biens dont on a affirmé qu'ils conduisent au bonheur sont au nombre de trois, ces biens également reconnus plus haut[35] comme les plus grands pour l'homme : la vertu, la sagesse et le plaisir; nous voyons aussi qu'il y a trois genres de vie que tous ceux qui en ont le pouvoir[36] choisissent de vivre : la vie politique,
1215 b la vie philosophique et la vie de jouissance. De ces vies, la vie philosophique veut porter[37] à la sagesse et à l'étude de la

thème philosophique des genres de vie dans l'Antiquité classique, Bruxelles, 1956 et Guthrie, *H.G.P.*, I, p. 164-166.

33. « À Sparte le travail manuel est méprisé parce qu'il oblige à une activité sédentaire et sans lumière », Dr., p. 165, qui renvoie à Xénophon, *Économique*, IV, 2-3, *République des Lac.*, I 3; mais comme le fait remarquer Kitto, *The Greeks* (Penguin Books, 1951), p. 240, la suite du texte donne les raisons de ce mépris : ces occupations sédentaires affaiblissent le corps qui, une fois efféminé, prive l'âme de toute force. Dans le même sens lire J.P. Vernant, *Mythe et Pensée...*, p. 202-203.

34. Texte corrompu; je lis πρὸς ὠνὰς ἀγοραίας, 1215a31, avec Fr., Sol., Rac.

35. 1214a30-33.

36. Voir une expression semblable : *Protreptique* 9, 52 P. (*fr.* 12 W., p. 51) : « ἐξουσίας γενομένης on choisirait de vivre dans les îles des bienheureux ».

37. βούλεται εἶναι : « tend vers », souhaite, désire : comme l'écrit Burnet, *Ethics*, p. 220, « c'est une manière platonicienne d'exprimer l'idéal que vise quelque chose, cf. *Phédon* 74d ».

vérité[38], la vie politique[39], aux belles actions, c'est-à-dire celles qui découlent de la vertu, et la vie de jouissance, aux plaisirs du corps; c'est pourquoi chacun appelle homme heureux des personnes différentes, comme on l'a dit plus haut[40].

À qui lui demandait qui était le plus heureux, Anaxagore de Clazomènes répondit: « Aucun de ceux à qui tu penses, mais quelqu'un qui te paraîtrait étrange »; il fit une telle réponse en constatant que son interlocuteur ne concevait pas la possibilité d'attribuer cette appellation à quiconque n'était ni grand, ni beau, ni riche; sans doute pensait-il que celui qui vit sans chagrin et avec pureté selon la justice[41]

38. περὶ φρόνησιν εἶναι καὶ τὴν θεωρίαν τὴν περὶ τὴν ἀλήθειαν, 1215b2. On serait tenté de traduire καί par, *c'est-à-dire*; voir n. 18 ci-dessus.

39. « politique » ou civique (πόλις) : c'est la vie du citoyen; voir *Politique*, VII 2, 1234a25 *sq*.

40. 14a30-b 5. – Voir ci-dessus, n. 20, la référence à D.J. Allan.

41. « qui vit sans peine et avec pureté selon la justice »: c'est la vie politique. « Vivre selon » (ζῆν πρός): « la préposition est utilisée pour la norme », Burnet, *ad Éthique à Nicomaque*, IV 3, 1124b31, p. 185, cf. *ibid.*, IV 1, 1121b10, *Rhétorique*, II 13, 1389b36; 14, 1390a34-35. L'expression revient à plusieurs reprises dans *Éthique à Eudème* VIII 3, 1249b7-10 (*infra*, p. 223). « Sans peine » (cf. *Rhétorique à Al.*, 1, 1420b12-13 : « la vie sans peine ») n'est pas nécessairement l'équivalent de « plaisant », voir ci-dessous 5, 1216a35-36; « avec pureté » (καθαρῶς) 1215b12 : sur cette notion voir le *Phédon*, *passim* où elle signifie, pour l'âme, sa séparation du corps et l'immatérialité de la forme (par exemple 65e-67d, 108c); on rencontre le substantif καθαρειότης dans *Éthique à Nicomaque*, X 5, 1175b36-76a3, 7, 1177a25-26 (avec le commentaire de G.-J., *ad. loc.*, p. 880).

ou qui a part à une connaissance divine[42] est, dans la mesure possible à un homme, bienheureux[43].

CHAPITRE 5
<Opinions sur les biens de la vie>

Il est bien d'autres sujets sur lesquels il est difficile d'arriver à un jugement correct mais, par dessus tout, celui que tout le monde croit facile et universellement connu : que préférer, de tout ce qu'offre la vie et dont la possession comblerait le désir? Beaucoup d'événements font rejeter la vie, par exemple les maladies, les souffrances extrêmes, les tourmentes; il est dès lors évident que si, dès l'origine, on nous avait donné le choix, il aurait été préférable, au moins pour ces motifs, de ne pas naître. En outre qu'est-ce que la vie qu'on vit

42. « Connaissance » traduit θεωρία : ce mot a beaucoup plus d'extension que le mot français « contemplation » qui a acquis et gardé une coloration mystique, et passive, qui laisse échapper une partie du champ sémantique de l'original grec : c'est ainsi qu'un Grec peut θεωρεῖν (*voir*) les Olympiques (cf. *Protreptique*, 9, 53 fr. 12 W., p. 51) alors qu'un Français ne saurait les « contempler ». Aussi Burnet, *Ethics*, p. 19 parle-t-il de *The life of the spectator*. On a donc, ainsi qu'on peut le voir par Bz., 328a4-329b24, les sens suivants : voir, observer, constater, examiner, étudier, connaître, contempler (« c'est à peine s'il serait exagérer de dire que ce [dernier] sens y est au contraire l'exception » [G.-J., II 852; d'ailleurs ce long exposé, *ibid.*, p. 848-866 sur la notion de contemplation chez les Grecs est à lire en entier avec, en particulier, les longues citations du P. Festugière]); ces remarques s'étendent à l'adjectif « théorétique ».

43. On retrouve ici (*cf.* ci-dessus n. 29), la réticence à appliquer à l'homme le qualificatif « bienheureux ». – On notera la présence des trois éléments du bonheur : le plaisir (sans peine), la vertu (la justice), la connaissance (la contemplation).

encore enfant ? Certes personne, dans son bon sens, ne souffrirait d'y retourner.

De plus, plusieurs événements qui ne comportent ni plaisir ni chagrin et d'autres qui comportent un plaisir mais qui n'est pas beau sont tels que la non-existence eût été préférable à la vie. En somme, si on rassemblait tout ce que fait et éprouve l'humanité sans que ce soit aucunement de plein gré (car ce n'est pas le but visé) et si on y ajoutait un temps infini, on ne choisirait pas davantage pour cela de vivre plutôt que de ne pas vivre. Mais en revanche, pour le seul plaisir de la nourriture ou de l'amour – une fois exclus les autres plaisirs, ceux que la connaissance, la vision ou tout autre sens procurent à l'homme – personne ne préférerait la vie, à moins d'être absolument servile. Pour qui ferait un tel choix, c'est évident, il n'y aurait aucune différence entre être né animal ou homme : par exemple,
le bœuf qu'en Égypte on vénère sous le nom d'Apis dispose de **1216 a**
plusieurs de ces biens plus que bien des monarques. On ne choisirait pas davantage de vivre pour le plaisir de dormir, car quelle différence y a-t-il entre dormir d'un sommeil ininterrompu depuis le premier jour jusqu'au dernier pendant mille ans ou un nombre indéterminé d'années, et vivre comme une plante ? De fait les plantes paraissent bien participer à la vie de cette façon, comme aussi les bébés : ceux-ci depuis leur première conception dans le sein maternel passent tout leur temps à croître[44] mais aussi à dormir. Ces considérations montrent clairement que la nature du bonheur et du bien dans la vie échappe à l'attention des hommes.

44. Voir la traduction de Fritsche : *crescunt quidem*, qui rend πεφυκότα μέν, 1216a8, et *Génération des Animaux*, 753b28 *sq.*, cité par Dr.

Maintenant on raconte qu'Anaxagore[45] répondit à qui lui développait de telles difficultés et lui demandait pour quelle raison on choisirait de naître plutôt que ne pas naître : « pour connaître[46] dit-il, le ciel et l'ordre de l'univers entier ». Pour lui donc c'était en vue d'une certaine science[47] qu'était précieux le choix de la vie. Mais ceux qui estiment heureux Sardanapale ou Smindyride le Sybarite[48] ou tel autre de ceux qui mènent la vie de jouissance semblent tous placer le bonheur dans le plaisir. En revanche d'autres ne choisiraient ni une sagesse quelconque ni les plaisirs du corps de préférence aux actions vertueuses ; à tout le moins quelques-uns les choisiraient-ils non seulement en vue de la gloire mais quand bien même ils n'en devraient tirer aucun renom. Cependant la plupart des hommes politiques ne méritent sans doute pas cette appellation, car ils ne sont pas vraiment des politiques : le politique est celui qui choisit les belles actions pour elles-mêmes alors que la plupart des hommes embrassent cette vie pour l'argent et le profit.

Ces propos montrent que de l'aveu unanime le bonheur se trouve dans trois genres de vies : la vie politique, la vie philosophique et la vie de jouissance ; la nature du plaisir corporel et de la jouissance physique, sa qualité et ses sources ne sont pas

45. Voir ci-dessus 15b6-14 et *Protreptique*, 9, 51, 11-15 Pist. (fr. 11 W., p. 49).

46. θεωρῆσαι, 1216a13, voir ci-dessus n. 42.

47. On notera les équivalences ; « contempler », l. 13, repris, l. 15, par « une certaine science » et suivi, l. 19, par « une certaine sagesse » (*phronêsis*).

48. Sur Sardanapale, voir *Éthique à Nicomaque*, I 3, 1095b22 (avec le commentaire de G.-J., II, p. 31 : il s'agirait d'Assurbanipal, roi de Ninive, 667-647 avant J.-C.), *Protreptique*, fr. 16, W., *Politique*, V 10, 1312a1-4 (indiqué par Dr.). – Sur Smindyride, voir Hérodote, VI 127.

obscures, de sorte qu'il ne faut pas chercher leur nature mais s'ils conduisent de quelque manière ou non au bonheur et sous quelle forme; et dans l'hypothèse où certains plaisirs seraient liés au bien vivre, sont-ce les précédents ou bien faut-il y avoir part d'une autre manière, tandis qu'il y aurait des plaisirs différents grâce auxquels il est permis de penser avec raison que l'homme heureux vit agréablement et non seulement sans chagrin[49].

Mais on examinera ces questions plus loin[50]. Considérons d'abord la vertu et la sagesse; quelle est leur nature? sont-elles

49. Voir ci-dessus 1215b12. – Aristote évoque donc la possibilité que d'autres plaisirs que les plaisirs corporels puissent contribuer directement au bonheur, par exemple, « ceux que le connaître ou le voir etc. fournissent à l'homme », ci-dessus 1215b32-34, et qui justifieraient qu'on choisisse de vivre. – Sur la différence entre vivre « sans peine » et vivre « avec plaisir » ou « agréablement », et la polémique entre Platon, Eudoxe et Speusippe, voir la discussion du *Philèbe*, 42c-46b, Festugière, *Aristote. Le plaisir, Éthique à Nicomaque*, VII 12-14 avec le *Commentaire* de G.-J., II, en particulier p. 800-804. – Sur εὐλόγως : « avec raison », voir Le Blond, *op. cit.*, p. 126.

50. Sus., *Praefatio*, XVII renvoie à *Éthique à Nicomaque*, VII (*Éthique à Eudème* VI) 14, 1153b7-25 (tout en soulignant avec Spengel cité en note, que ce texte ne répond pas entièrement à la promesse du passage de *Éthique à Eudème*); même renvoi chez Sol., Rac. (et déjà chez Fr., *ad. loc.*). Cette référence pose le problème des trois livres communs : *Éthique à Nicomaque* V = *Éthique à Eudème* IV, *Éthique à Nicomaque* VI = *Éthique à Eudème* V, *Éthique à Nicomaque* VII = *Éthique à Eudème* VI, dont on sait aujourd'hui, grâce à l'admirable article de D. Harlfinger sur *L'histoire de la tradition de l'Éthique à Eudème*, dans *Untersuchungen...*, p. 1-50, qu'ils se retrouvent recopiés au complet dans onze Ms de l'*Éthique à Eudème* et que la controverse sur leur appartenance à *Éthique à Nicomaque* ou à *Éthique à Eudème* remonte au moins à l'époque d'Aspasius (voir les remarques inédites de P. Moraux citées *ibid.*, p. 45-46). Si on retient le rappel, fait par Dr., p. 178, de l'imprécision fréquente des renvois d'Aristote à ses propres œuvres, on ne verra pas, dans l'argumen-

aussi des parties de la vie bonne ou par elles-mêmes ou par
1216 b les actions qui en découlent, puisqu'elles sont rattachées au bonheur, sinon par tous les hommes, du moins par tous ceux qui sont dignes d'estime ?

Socrate l'Ancien[51] pensait que la fin était de connaître la vertu et il s'était mis en quête de savoir ce qu'est la justice et ce qu'est le courage et chacune des parties de la vertu[52]; certes il avait raison de procéder ainsi, car il pensait que toutes les vertus sont des sciences, de sorte que connaître la justice et être juste coïncidaient; au moment même où nous avons fini d'apprendre la géométrie et l'architecture, nous sommes architectes et géomètres; pour cette raison il cherchait la nature de la vertu mais non son mode de production et ses sources. Mais ceci vaut pour les sciences théorétiques (en effet rien d'autre n'existe pour l'astronomie, ou la science de la nature ou la géométrie que de connaître et d'étudier[53] la nature des objets de ces sciences; certes rien n'empêche que, par accident, elles ne nous soient utiles dans beaucoup de nécessités[54]); par contre la fin des sciences « poétiques »[55] est autre que la

tation de Dr. contre l'identification proposée plus haut, des raisons suffisantes de la rejeter.

51. L'Ancien, le maître de Platon, par opposition à Socrate le jeune, voir *Métaphysique*, Z 11, 1036a25 avec la note de Tricot, II 414, T.H. Deman, *Le Témoignage d'Aristote sur Socrate*, p. 85-89.

52. La vertu « totale » et ses parties : le problème reviendra plus loin avec la *kalogathie*, voir VIII 3, 1248b8 *sq.*, aussi Platon, *Protreptique* 329c *sq.* et *alibi.*

53. *Étudier* = contempler (θεωρεῖν), voir n. 45, ci-dessus.

54. Sur l'utilité de la science ou « sagesse » théorétique, voir *Protreptique fr.* 13 W. (10, 54, 10 *sq.* P.).

55. Ou « productives ». – On notera qu'Aristote présente ici sous le terme de science « poétique », et la médecine qui l'est véritablement au sens de *technê*, art, tel que défini en *Éthique à Nicomaque* VI (*Éthique à Eudème* V) 4, et la science politique qui est une science « pratique », voir *ibid.*, et *Métaphysique*, E

science et la connaissance, par exemple, la santé est différente de la médecine, la bonne législation ou autre chose similaire diffère de la politique. Il est donc beau aussi de connaître chacune des belles choses; néanmoins, ce n'est pas de connaître la nature de la vertu qui est le plus précieux mais de savoir ses sources. En effet ce n'est pas savoir ce qu'est le courage que nous désirons mais être courageux, ni ce qu'est la justice mais être justes, tout comme nous préférons être en santé plutôt que de connaître la nature de la santé et avoir une bonne condition physique plutôt que de connaître la nature d'une bonne condition physique.

CHAPITRE 6
<La méthode>

Sur toutes ces questions, il faut tenter d'emporter la conviction par des arguments, en se servant des faits perçus comme de preuves[56] et de modèles[57]. L'idéal en effet serait

1, α 1, 993b19-23, et ci-dessus, 14a9-14 avec la note 8. – Aristote n'emploie pas l'expression « science pratique » dans les livres I-III, VII-VIII de l'*Éthique à Eudème* ; sur la distinction entre « agir » et « faire » voir *Éthique à Nicomaque* VI (*Éthique à Eudème* V) 4, 1139b36-40a23.

56. « preuves » ou « témoins » (témoignages ?), voir aussi II 1, 1219a40, *Politique*, VIII 5, 1340b6-7, *Du Ciel*, I 3, 270b4-5. Sur le sens de φαινόμενα, « faits perçus » ou « opinions communes », dans ce passage, on trouve déjà l'essentiel dans Fr., *ad. loc.*, p. 14 : « Hoc verbo quamquam saepe res ac veritas ratiocinationibus contraria significatur (Bon. Meta. comm., p. 96) malo tamen hoc loco accipi de iis quae vulgo hominibus, sensu quodam, non rationibus ductis, videntur ». Pour une discussion plus poussée et s'étendant aux secteurs autres que l'Éthique, où la signification « faits observés » se rencontre, voir G.E.L. Owen dans *Aristote et les problèmes de méthode* (1961), p. 83-103 (surtout p. 85), avec la mise au point de P. Aubenque, *ibid.*, p. 13.

57. On notera la coloration platonicienne de ce terme.

d'obtenir un accord unanime et clair avec nos futurs propos, sinon, un accord relativement unanime que devrait provoquer un changement progressif : tout homme a quelque chose de particulier à apporter à la vérité, apport qu'il est nécessaire d'utiliser comme points de départ de certaines démonstrations sur ces questions ; car en partant de ce qu'on dit avec vérité mais sans clarté, et en avançant, la clarté se fera si on prend à chaque étape des affirmations plus connues à la place des affirmations confuses habituelles[58]. Et les arguments diffèrent dans chaque voie de recherche, ceux qui sont exprimés philosophiquement et ceux qui ne le sont pas ; c'est pourquoi, même dans le domaine politique, il ne faut pas croire superflue une étude telle[59] qu'elle manifeste non seulement le « ce qu'est »[60] (d'une chose) mais aussi le « ce à cause de quoi » (elle est), car c'est agir philosophiquement que de procéder ainsi pour chaque voie de recherche. Néanmoins cela exige beaucoup de
1217 a circonspection ; certaines personnes, en effet, sous prétexte qu'on reconnaît un philosophe à ce qu'il ne dit rien au hasard mais toujours avec argument à l'appui, avancent souvent à leur insu des arguments étrangers au sujet traité et vides de sens. Elles agissent ainsi tantôt par ignorance, tantôt par vantardise, grâce à quoi il arrive à des personnes d'expérience et susceptibles d'agir d'être trompées par ces gens qui n'ont ni ne

58. Voir ci-dessous, 17a18-21, II 1, 1220a15-22, *Ph.* I 1.

59. *Theoria*, contemplation (?), b38.

60. Malgré l'opposition de Dr., la correction de Margueritte, τὸ ὅτι au lieu de τὸ τί Ms, Sus., demeure fort alléchante (*Revue d'histoire de la Philosophie*, 1930, p. 96-97), voir entre autres textes *Métaphysique*, A 1. – On notera avec Dr. que la cause dont on parle ici inclut la cause finale (le bien) et la cause « efficiente » ou motrice.

peuvent avoir une pensée architectonique[61] ou pratique; ces personnes subissent une telle séduction par suite de leur inculture[62] : l'inculture se traduit, en chacun des cas, par une incapacité à distinguer les arguments propres au sujet de ceux qui lui sont étrangers; et il est bon de juger séparément l'argumentation en faveur de la cause et le fait démontré, pour la raison indiquée à l'instant[63], à savoir qu'il ne faut pas traiter de toutes choses au moyen d'arguments, mais qu'il est souvent mieux de se servir des opinions reconnues[64], (bien sûr,

61. G.-J. traduisent « architectoniques » par « ordonnatrices », *Éthique à Nicomaque* I 1, 1094a14; sur l'origine platonicienne de ce terme et sa signification voir Burnet, *Ethics* XXIV-XXV, Tricot, p. 33, n. 3 : *cf.* Platon, *Pol.*, 259e, où l'« architecte » n'est pas lui-même *ouvrier*, mais *chef d'ouvriers*. Sur la distinction entre les sciences architectoniques et les sciences subordonnées, cf. *Physique*, II 2, 194a36, et surtout *Métaphysique*, A 1, 981a30 *sq.*; Δ 1, 1013a14. Dr. renvoie aussi à *Politique*, VII 3, 1325b23.

62. « Inculture » = ἀπαιδευσία : le mot *Paideia* et son contraire ont un sens plus large que le mot français « éducation » : voir, par exemple, le début de *République*, VII, où l'image de la caverne est présentée comme une illustration de la *paideia*, Burnet, *Ethics* XXXI-XXXIV, Marrou, *Histoire de l'éducation dans l'Antiquité*^{6} (1965); voici les principaux textes d'Aristote : *Partie des Animaux*, I 1, 639a1-15, *Politique*, III 11, 1282a1-7, *Métaphysique*, Γ 3, 1005b3-4, 1006a5-7. Faut-il identifier cette culture à la connaissance des *Analytiques* (Giphanius, Burnet, Dirlmeier) ou de la Dialectique? Voir P. Aubenque, *Science, culture et dialectique chez Aristote*, Actes du Congrès de Lyon (Association G. Budé), Paris 1960, p. 144-149.

63. Ci-dessus 16b26-35.

64. Sur les « opinions reconnues », voir ci-dessus n. 56. « Il y a, en somme, deux moyens d'éviter de se laisser tromper par les pseudophilosophes : le premier très général, consiste à posséder la παιδεία qui permet de juger si un discours convient ou non à son objet; mais on peut aussi y ajouter une recommandation plus précise et qui vaut plus particulièrement lorsqu'il s'agit de problèmes éthiques : c'est de juger séparément le raisonnement qui porte sur la cause et le fait qui est le point de départ de cette démonstration; et cela pour

lorsqu'on ne peut réfuter un argument on est forcé d'y croire) et aussi parce que souvent ce qui semble avoir été prouvé par un argument est vrai, mais certes pas pour cette raison que présente l'argument : en effet il est possible de démontrer le vrai par le faux ; c'est évident d'après les *Analytiques*[65].

CHAPITRE 7
<L'objet de la recherche : le bonheur humain>

Après cette introduction[66], commençons par le commencement qui, comme on l'a dit, n'est pas clairement exprimé, en cherchant ensuite[67] à tirer au clair et à trouver ce qu'est le bonheur. On s'accorde en somme pour reconnaître qu'il est le plus grand et le meilleur[68] des biens humains ; « humain », disons-nous, car il pourrait peut-être exister un bonheur

deux raisons : 1) parce que, dans le domaine de l'éthique, l'expérience commune, les φαινόμενα, sont importants, et non seulement les raisonnements ; 2) pour une raison plus générale et logique : le fait peut être vrai tandis que la cause ne serait pas celle qu'indique le raisonnement ; ainsi on ne doit pas se laisser entraîner à les juger faux ou vrais solidairement, alors que l'un peut être vrai et l'autre faux (*cf.* 1217a13-14 : νῦν δέ…) » H. Khodoss, p. 87-88.

65. Voir *Premiers Analytiques*, II 2, 53b7 *sq.*, *Seconds Analytiques*, I 32, 88a20. – « L'exemple le plus simple d'Aristote est ce syllogisme : Un homme est une pierre, or une pierre est un animal, donc un homme est un animal », Rackham *ad. loc.*, p. 221. – Sur ce passage (17a10-17) voir H. Khodoss, p. 87-88, citée à la note précédente.

66. On notera le souci pédagogique d'Aristote : bien présenter le sujet.

67. ἔπειτα Rassow, Sol., Rac., ἐπὶ τό Ms défendu par Dr., ἐπὶ τὸ σαφῶς <προίοντες> Burnet.

68. « Le plus grand » 1217a21, voir ci-dessus 1214a32, 1215a34, *Politique*, III 12, 1282b15, et se rappeler le μέγιστον μάθημα de la *République*, VI 504b4 ; « le meilleur des biens », voir ci-dessous 19a30.

appartenant à quelque être supérieur, par exemple à une divinité[69]; en effet, parmi les autres vivants, inférieurs aux hommes par nature, aucun n'a part à cette appellation, (car il n'y a pas de cheval *heureux*, ni d'oiseau, ni de poisson, ni aucun autre être), puisque nul ne participe, en accord avec le mot et dans sa nature, à quelque chose de divin[70]; mais c'est

69. Voir *Éthique à Nicomaque*, X 8, 1178b7-32, surtout 21-32 : « Par conséquent, l'activité de Dieu, qui en félicité surpasse toutes les autres, etc. » (Tr., p. 518-519).

70. Voir *Éthique à Nicomaque* cité note précédente et VII (*Éthique à Eudème* VI) 14, 1153b7-36 (Tr., p. 372-374), surtout la l. 33 : « tous les êtres ont naturellement en eux quelque chose de divin ». Ce difficile passage est clarifié par l'excellent commentaire de H. Khodoss (p. 90-91) : « Dirlmeier et Gigon me paraissent n'avoir vu ni l'un ni l'autre le sens de ce passage : ὃ μὴ κτλ. oppose les animaux à d'autres êtres qui, eux, participent d'une nature divine ; selon Dirlmeier, ces derniers sont le ciel et les astres, et une ἐπωνυμία qu'on leur attribue, l'αἰών indique bien leur divinité (ἀεὶ εἶναι : *De Caelo*, 279a20-28) et le nom de l'*éther* l'indique également (*ibid.*, 270b16-24); mais la construction de la phrase (οὐδ' ἄλλο οὐθὲν, ὃ μὴ...) va contre cette interprétation : elle indique que sont compris dans ce qui participe au divin tous les êtres à qui on attribue le terme εὐδαίμων, *y compris l'homme*. Quant à Gigon, je ne vois pas comment il peut dire que la participation de l'homme au divin se manifeste dans son ἐπωνυμία (*Die Sokratesdoxographie bei Aristoteles*, p. 202). Le seul moyen de comprendre cette phrase est, à mon sens, d'entendre par ἐπωνυμία non pas le nom des êtres dont il est question, mais le mot εὐδαίμων lui-même. Cela signifie que le terme εὐδαίμων indique par lui-même qu'il ne faut pas l'attribuer à ce qui ne possède pas une part divine dans sa nature. Il s'agit simplement d'un jeu étymologique sur εὐ - δαίμων, qu'on retrouve ailleurs : cf. *Topiques* II 16, 112a36-38, où il est attribué à Xénocrate : on doit appeler εὐδαίμων celui dont le δαίμων est vertueux (le δαίμων étant dans ce cas identifié à l'âme) ; *cf.* aussi Démocrite B 171 Diels : l'εὐδαιμονίη ne consiste pas dans les biens extérieurs : ψυχὴ οἰκήτηριον δαίμονος. On peut aussi rapprocher un texte de l'*Éthique à Eudème* même, VIII 2, 1247a25-27, qui se place dans l'hypothèse où l'εὐδαιμονία est identifiée à l'εὐτυχία : on dirait alors que, de même qu'un navire mal construit navigue souvent mieux, non par

selon quelqu'autre mode de participation aux biens que tel d'entre eux vit mieux et l'autre, mal.

Mais il faudra examiner plus tard[71] s'il en est ainsi. Disons pour l'instant que, parmi les biens, les uns sont objets de l'action humaine[72], les autres, non; et nous parlons ainsi parce que certains êtres ne participent en rien au mouvement ni, par conséquent, aux biens[73], et ce sont sans doute les meilleurs par

lui-même, mais parce qu'il a un bon pilote, ainsi l'εὐτυχής a un δαίμων qui est un bon pilote (le δαίμων étant ici une divinité qui intervient de l'extérieur, et non l'âme elle-même comme dans la thèse xénocratienne rapportée dans les *Topiques*) »; voir ci-dessous, p. 211, où apparaît l'équivalence entre les termes « dieu » et « démon », 47a28.

71. « Plus loin » : Fr. renvoie de nouveau à *Éthique à Nicomaque* VII (*Éthique à Eudème* VI) 14, 1153b7-25; Sol., Rac., Dr. rejettent toute identification. Mais *cf.* VIII 2, 48a25-27 où on affirme l'existence d'un « être divin en nous » qui ressemble au δαίμων du *Timée*, ci-dessus n. 13. – À la ligne suivante, a31 je lis λέγωμεν avec Z (λέγομεν Sus.); voir Bz., *Index* 425a3-5 et *infra* n. 86.

72. « Objets d'action », voir Burnet, *Ethics*, p. 8 : « Par τὰ πρακτά Aristote veut signifier les objets de la πρᾶξις, les choses que nous faisons, tout comme par τὰ αἰσθητά il veut signifier les choses que nous percevons par les sens »; on aimerait traduire par « faisable » (comme M. Dufour, *Rhétorique* I, p. 86, n. 1) ou « praticable »; « réalisable » rend aussi le sens.

73. Texte de prime abord difficile : διότι ἔνια τῶν ὄντων οὐθὲν μετέχει κινήσεως, ὥστ' οὐδὲ τῶν ἀγαθῶν, 1217a32-33. Sol. et Rac. font dépendre τῶν ἀγαθῶν de οὐθέν et traduisent : « and this we may say because some things – and therefore also some good things – are incapable of change… » (Sol., *idem* pour le sens chez Rac.). La difficulté, déjà sentie par Rassow qui corrigeait τῶν ἀγαθῶν en πράξεως, approuvé par Allan, *The Fine…*, p. 65, vient de l'affirmation que les êtres qui ne participent pas du mouvement (les dieux) ne participent pas aux biens. Or comme l'écrit Aristote, *Du ciel*, II 12, 292b5-6 : « L'être qui est dans le meilleur état possible n'a pas besoin d'action : *il est lui-même la fin* alors que l'action comprend toujours deux éléments : la fin et les moyens en vue de la fin ». – Mêmes traduction et interprétation chez Fritsche et Dirlmeier; le texte qui explique le plus clairement le refus d'Aristote de reconnaître que le bien, sauf comme καλόν, existe dans les êtres immobiles, se trouve

nature. Et certains biens sont objets d'une action mais de l'action d'êtres qui nous sont supérieurs. Mais puisqu'on parle d'« objet d'action » en deux sens (car la fin pour laquelle nous agissons et ce que nous faisons pour cette fin participent à l'action, par exemple, nous plaçons parmi les objets de l'action et la santé et la richesse et aussi ce que nous faisons[74] en vue de ces fins : les activités saines et celles qui feront gagner de l'argent), il nous faut évidemment poser que le bonheur est ce qu'il y a de meilleur dans ce qui est faisable pour l'homme.

CHAPITRE 8[75]

<Le bien le meilleur : idée du bien, bien commun ou fin de l'action humaine ?>

Il faut dès lors examiner ce qu'est le meilleur[76] et en 1217 b
combien de sens il se dit.

Or il semble y avoir à ce sujet trois opinions principales[77] : on dit en effet que le bien lui-même est le meilleur mais que le

à *Métaphysique*, B 2, 996a21-b1. – On notera dans ce court chapitre (23 lignes de Bekker) l'utilisation répétée du vocabulaire de la participation (5 fois).

74. Distinction entre la fin et les moyens, le bonheur formant la fin de l'activité humaine.

75. Pour ce chapitre nous renvoyons aux articles de Allan, Berti, Brunschwig, Verbeke signalés dans la bibliographie.

76. Je traduis τὸ ἄριστον, ou ἄριστον par « le meilleur » ou « le bien le meilleur », ἀγαθόν par « bien » ou « bon » selon les contextes, αὐτὸ τὸ ἀγαθόν par « le bien lui-même », voir ci-dessous.

77. Quelles sont ces trois opinions ? – Solomon, *ad. loc.*, renvoie à 1218b7-11 : le bien lui-même serait ou l'idée de bien, ou le bien commun ou la fin. Dr., p. 194 note la transformation du style qui devient technique, scolaire et sans souci d'éviter le hiatus comme dans les chapitres précédents.

bien lui-même[78] est ce à quoi il appartient d'être le premier[79] bien ainsi que d'être, par sa présence[80], la cause de la bonté des autres êtres. Ces caractéristiques appartiendraient l'une et l'autre à l'idée du bien; par l'une et l'autre, j'entends d'être le premier des biens et la cause, par sa présence, de la bonté des autres êtres : c'est surtout d'elle en effet qu'on dirait en toute vérité qu'elle est le bien (car c'est par participation et similitude à elle[81] que les autres êtres sont bons) et qu'elle est le premier des biens : car, ce dont il y a participation une fois détruit, serait détruit aussi ce qui participe à l'idée et qui reçoit son nom de cette participation[82]; et ce qui serait premier

78. On ne saurait mieux préciser cette expression qu'en citant *Phédon* 74a : « Nous disons, n'est-ce pas, qu'il y a quelque chose qui est égal; je n'entends pas un bout de bois égal à un bout de bois, …, rien d'autre non plus de ce qui est analogue, mais en dehors de tout cela quelque chose de distinct, l'Égal *qui n'est rien qu'égal* (αὐτὸ τὸ ἴσον) » (trad. Robin I, p. 789); voir aussi *République* VI, 507b, *Métaphysique*, E 4, 1028a3-4 : « il faut chercher, de l'être *lui-même* les causes et les principes en tant qu'être »; *Physique*, II 3, 195a25-26 : « qu'il soit indifférent de parler du bien *lui-même* ou du bien apparent (αὐτὸ ἀγαθὸν ἢ φαινόμενον ἀγαθόν) »; voir n. 96 *infra*; J. Brunschwig, *Éthique à Eudème* I 8 *et le* π. ἀγαθοῦ, p. 198, n. 4 : « J'évite à dessein la traduction « le bien en soi » qui évoque automatiquement l'idée platonicienne ».

79. « Nous ne connaissons pas, à partir des textes platoniciens, cette thèse que l'idée est ce qui est premier », Dr., p. 194; mais la pensée s'y trouve : tous les êtres tirent du Bien leur être et leur bonté, il leur est donc antérieur, sur le plan ontologique et, en conséquence, il est premier, cf. *République*, 509b, et le πρῶτον φίλον du *Lysis*, 219c.

80. Voir *Phédon*, 100d5.

81. On notera le vocabulaire platonicien, voir en particulier *Parménide*, 132d3, et D.J. Allan, *Aristotle and the Parmenides*, dans *Aristotle and Plato*, Göteborg, 1960.

82. Sur cette affirmation voir *Métaphysique*, Δ 11, 1019a204, *Protreptique fr.* 5, 38, 3-14 P. (p. 32 Ross; voir notre traduction avec notes de ce passage dans V. Décarie, *L'objet…*, p. 17-18), *de Bono*, fr. 2 (p. 113 Ross); la longue note de

serait dans une telle situation par rapport aux êtres postérieurs, si bien que le bien lui-même serait l'idée de bien, et de fait elle serait séparée de ce qui en participe, à l'instar des autres idées[83].

Or examiner à fond cette opinion relève nécessairement d'une étude différente et qui ferait nécessairement une beaucoup plus grande part à la dialectique[84] car il n'est pas d'autre science dont relèvent les arguments à la fois destructeurs et communs[85]. Mais s'il faut en parler brièvement, disons[86] en premier lieu qu'affirmer l'existence d'une idée non seulement du bien mais de quoi que ce soit, c'est parler

Robin demeure toujours très utile, *Théorie platonicienne...*, p. 612-627 (sur la relation d'Antérieur et de Postérieur dans la philosophie d'Aristote).

83. La disparition du premier des biens entraîne celle des biens qui y participent mais – et c'est la conclusion logique de l'affirmation précédente – l'idée du bien en est séparée et indépendante. Sur « séparée », voir *Physique*, II 2, *Métaphysique*, M 4, 1078b30-36 et ailleurs : c'est l'une des caractéristiques de la forme platonicienne, d'après Aristote.

84. Sur « logique » cf. *Métaphysique*, M 5, 1080a9; pour Waitz, *Organon* II, 354, « logique signifie à peu près la même chose que dialectique ». Il s'agit ici, comme l'indiquent les termes de l'explicative qui suit, de la dialectique, et non de la métaphysique, comme le voudrait Bz., 101b16.

85. *Sc.* « que la logique », Sol., « que la dialectique », Dr. – On remarquera que même si Aristote renvoie à une autre science, par exemple la dialectique, le soin de discuter des arguments qui détruisent les principes, il y consacre une discussion importante, dans la *Physique*, I cc 2-4 et ici. Voir *Physique*, I 2, 185a 1-10 surtout les lignes 1-4 : « de même que le géomètre n'a plus d'argument contre *celui qui supprime (c'est-à-dire détruit) ses principes*, mais que ceci relève d'une autre science ou d'une science commune à toutes, – de même en est-il de celui qui étudie les principes... » ; voir aussi *Physique*, VIII 3, 253b2-6, *Seconds Analytiques*, I 12, 77a36-b6.

86. Je lis λέγωμεν, 1217b20 avec les Ms C L, λέγομεν P, Sus., *cf.* l'apparat des variantes dans Harlfinger, p. 32 et Bz. 425a3-5.

d'une manière dialectique et vide[87] : ce point a été examiné de nombreuses manières tant dans les discours exotériques que dans ceux qui relèvent de la philosophie[88].

Ensuite, s'il faut à toute force qu'il y ait des idées et une idée du bien, il se pourrait que celle-ci ne soit même pas utile aux actions[89].

87. Sur les termes « dialectique (litt. « logique ») et vide », on pourra voir ici même 6, 16b40-17a4 : « arguments étrangers au sujet traité et vides » ; *Métaphysique*, A 9, 991a20-22 : « affirmer que les idées sont des modèles et que les autres (êtres) y participent, c'est parler dans le vide et faire des métaphores poétiques » ; *Métaphysique*, A 9, 992a28, Z 4, 1029b13, Λ 1, 1069a26-28, M 4, 1089b25, *De l'âme*, I 1, 403a24-b16, *Génération des Animaux*, II 8, 748a8 ; « Si les philosophes modernes (*sc.* les Platoniciens) ont donné aux genres, qui sont des universaux, le rôle de principes et de substances, c'est parce qu'ils procèdent dans leurs recherches λογικῶς, c'est-à-dire d'une façon abstraite et non réelle, en considérant non ce qu'il y a de propre et de spécifique dans les essences, mais seulement les généralités qu'elles enveloppent, suivant une méthode dialectique et non démonstrative », L. Robin, *Théorie platonicienne...*, n. 22, p. 26. Voir aussi P. Aubenque, « Sur la définition aristotélicienne de la colère », *Revue philosophique*, 1957, p. 300-317, *La dialectique chez Aristote*, dans *L'Attualità della problematica aristotelica* (Padoue, 1970), p. 9-31.

88. Sur les discours « exotériques », on peut renvoyer à Ross, *Aristotle's Metaphysics* II, p. 408-410, Dirlmeier, *Physik* IV, 10 (où tous les textes sont rassemblés). L'opposition entre « exotériques » et « philosophiques » invite à voir dans ces « discours » des œuvres destinées au public (*popular*, comme traduit Solomon) (Ross), mais surtout, une manière de traiter ces problèmes qui relève de la dialectique et de l'opinion, par opposition à celle qui relève de la philosophie (Dr.). – Sur les discours « selon la philosophie » *cf.* Bz., Index, 99b 33-34 : « non titulum libri alicuius significari, sed disputationis genus ac rationem apparet » (et les références), *ibid.*, 104b54-105a25, 821a8. Voir tout particulièrement *Politique*, III 12, 1282b19 l'opinion commune qui s'accorde avec « les discours selon la philosophie où on a traité des questions morales ».

89. « La vie bonne » = le bonheur (12216a39-b31) ; on se rappellera la conclusion du c. 7 : « il est évident qu'il faut poser le bonheur comme le bien le meilleur de ce qui peut être *fait par l'homme* » : c'est ce qu'on a reconnu au

Car le bien se dit selon des acceptions multiples et aussi nombreuses que celles de l'être[90]; en effet, selon une distinction faite ailleurs[91], ce dernier signifie la quiddité, la qualité, la quantité, le temps et, en outre, il se retrouve tantôt dans le fait d'être mû, tantôt dans celui de mouvoir; et le bien existe dans chacune de ces catégories : dans la substance, c'est l'intellect et le dieu[92], dans la qualité le juste, dans la quantité la mesure, dans le temps le moment propice, l'enseignant et l'enseigné pour le mouvement. Cela étant, tout comme l'être n'est pas quelque chose d'un en dehors[93] de ce qu'on vient de mentionner, ainsi en est-il pour le bien; et il n'y a de science unique ni de l'être ni du bien[94]. Mais même ce qu'on dit bon selon la

départ : le bien le meilleur doit donc être « utile ». – L'argumentation se développera en trois étapes : 1) l'idée du bien n'existe pas : 1217b35-18a32; 2) elle est inutile dans la vie humaine : 1218a33-38; 3) le bien « commun » n'est pas le bien lui-même et il n'est pas objet d'action humaine : 1218a38-b4.

90. Sur la polyvalence du bien, voir *Topiques*, I 15, 107a3-12 et Robin, *Théorie platonicienne...*, p. 131-133. – Pour la suite de ce morceau j'utiliserai ma traduction annotée : V. Décarie, *L'Objet...*, p. 60-64, à laquelle je me permets de renvoyer le lecteur.

91. Référence imprécise *cf.* Bz., 101b13-15, Dr., *ad. loc.*, 199-200; voir *Topiques*, I 9, *Métaphysique*, V 7 (que favorisent E. Berti, art. cit., p. 161, n. 13, A. von Fragstein. *Studien...*, p. 34) et les commentaires.

92. L'intellect et la divinité sont bons, à titre de fins vers lesquelles on tend : pour l'intellect, voir VIII 2, 1248a28-30 ci-dessous, pour la divinité, voir VIII 3 et *Métaphysique*, XII 7, 1072a26-b4, et le chapitre 10. Notant l'absence de verbe et pour éviter la difficulté soulevée par Cherniss et reprise par Owen, D.J. Allan suggère de sous-entendre : « is on their assumptions » (p. 286) : de sorte que, *de leur point de vue*, il relève...

93. A 1217b34; παρά avec Victorius (cf. *Métaphysique*, I 2, 1053b18 et *Politique*, III 6, 1278b20), περί Ms, Sus. : à III 5, 1232b25, Sus. adopte le παρά de Victorius contre le περί des Ms, (*ibid.* Dr.).

94. Sur le problème qu'a soulevé cette affirmation, voir en dernier lieu E. Berti, *Multiplicité et unité du bien selon Éthique à Eudème* I 8, dans *Untersuchungen...*, p. 157-184, qui discute – et rejette – la position de G.E.L. Owen,

même catégorie ne relève pas d'une science unique, ainsi du moment propice ou de la mesure : des sciences différentes

Logic and Metaphysics..., p. 164-1-2, à laquelle s'était déjà opposé D.J. Allan, *Aristotle's Criticism...*, p. 285-286. (Dans le même sens, et contre Cherniss, G. Verbeke, art. cit., n. 59; d'ailleurs E. Berti avait déjà pris position contre l'un et l'autre et avait marqué son accord avec mon interprétation : *L'unità del sapere in Aristotele*, Padoue, 1965, p. 50, n. 4.) On me permettra de reproduire ici le commentaire que j'avais consacré à cette question, soulevée par H. Cherniss (antérieurement à la parution de l'article d'Owen. – J'ai d'ailleurs l'intention de reprendre ailleurs une discussion approfondie de ce problème) : « ... ὥσπερ οὖν οὐδὲ τὸ ὂν ἕν τι ἐστι παρὰ (Victorius; cf. *Métaphysique*, I 2, 1053b8 et *Politique*, III 6, 1278b20; περὶ Susemihl) τὰ εἰρημένα, οὕτως οὐδὲ τὸ ἀγαθόν, οὐδὲ ἐπιστήμη ἐστι μία οὔτε τοῦ ὄντος οὔτε τοῦ ἀγαθοῦ, 1217b33-35 ». Cette affirmation semble étonnante, *cf.* A. Von Mentzigen, *op. cit.*, p. 48, n. 43 et surtout H.H. Cherniss I, p. 237, n. 143 : « The *Eudemian Ethics*, ..., like the *Nicomachean* uses the argument from the ἐπιστήμη to disprove the existence of an idea of good but goes beyond the *Nicomachean* by explicitly denying at the same time the existence of a single science of being (1217b34-35). Although this is no more than the logical conclusion from the statement, τὸ ἀγαθὸν ἰσαχῶς λέγεται τῷ ὄντι, and the argument based on it (*Éthique à Nicomaque* 1096a23-29, *Éthique à Eudème* 1217b25-34), Aristotle does not draw it in the *Nicomachean Ethics*; nor could he, for it flatly contradicts his constant and settled doctrine that there *is* somehow a single science of « being » (cf. *Métaphysique*, 1003a21-32, 1026a23-32, 1060b31-1061b17, 1064b6-14). This passage of the *Eudemian Ethics* requires some explanation, which – so far as I can find – it has not received, from those scholars who treat that work as genuine (...) ». [CR] Pour résoudre cette difficulté, voici ce qu'on peut remarquer : 1) L'affirmation d'une *science de l'être* ne se rencontre pas chez Aristote : les passages allégués par M. Cherniss se trouvent dans les livres Γ et E de la Métaphysique, de même que dans les passages parallèles de *K*; Aristote y parle d'une science de l'être, *en tant qu'être* (on aura noté le « *somehow* » de M. Cherniss) par opposition aux sciences particulières qui étudient un certain être, *cf.* surtout E 1, 1025b3-18. 2) Ce qui permet à Aristote de fonder une science de l'être, c'est l'application à ce dernier de la théorie des relations πρὸς ἕν, ce qui donne à son objet l'unité suffisante, nécessaire à une science (voir *Métaphysique*, Γ 2, 1003b, 2-15 : il y a une science non seulement de ce qui

considèrent[95] des moments propices différents et des mesures différentes, par exemple, pour la nourriture c'est la médecine et la gymnastique qui considèrent le moment propice et la mesure, alors que pour les actions guerrières, c'est la stratégie, et ainsi de suite pour d'autres actions, de sorte qu'il relèverait

se dit selon un terme unique (καθ' ἕν) mais aussi par rapport à un terme (πρὸς ἕν)); or Aristote n'applique pas *ici* cette doctrine (quoiqu'il le fasse plus bas aux espèces de l'amitié, *cf.* H 2, 1236a16-30; nous y reviendrons) : il semble tellement occupé à combattre l'unité platonicienne du bien et à souligner son homonymie qu'il néglige cette unité relative, mais réelle. 3) M. Cherniss remarque très justement que la même conclusion est implicite dans l'argument de l'*Éthique à Nicomaque*, – ce qui semble ne provoquer aucun doute sur l'authenticité de cet ouvrage ! – 4) On notera que les prémisses de l'*Éthique à Eudème* (la multiplicité des sens de l'être et l'impossibilité d'une *idée* qui en découle) ne suppriment pas toute possibilité d'une science de l'être : lorsque Aristote présente une science de l'être, *en tant qu'être*, il ne les modifie aucunement. On interprétera donc cette négation d'une science de l'être tout comme le passage des *Topiques*, VI 12, 149b4-23, étudié ci-dessus, p. 46; nous en donnons de nouveau la conclusion : « J'ajoute qu'il est impossible qu'une telle définition (*sc.* par accident) soit propre au terme donné, car non seulement la Médecine, mais encore la plupart des autres sciences sont dites relativement à l'être, de sorte que chacune d'elles sera science de l'être. On voit ainsi qu'une telle définition (*sc.* science de l'être) n'est définition d'*aucune* science : car il faut que la définition soit propre et non commune » (*cf.* aussi *Éthique à Nicomaque*, VI 7, 1141a32). – Cette interprétation est tout à fait conforme à *Métaphysique*, Γ 1 et *E* 1, dont on se rappellera tout particulièrement l'affirmation initiale : « On cherche les principes et les causes des êtres, *mais il est évident que c'est en tant qu'êtres* » (1025b3-4). *L'Objet de la Métaphysique...*, 1961 (terminé en 1958), p. 60, n. 8.

95. On pourrait aussi bien rendre par « en tant que » les différents aspects sous lesquels chaque science ou discipline « considère » son objet. Pour une application à l'homme, voir *Métaphysique*, M 3, 1078a21-31; *Physique*, II 2. – Sur le « moment opportun » (καιρός), voir P. Aubenque, *La Prudence...*, p. 95-105.

1218 a encore moins d'une science unique de considérer le bien, en tout cas *lui-même*[96].

En outre dans les réalités où il y a antériorité et postériorité, il n'y a rien de commun en dehors de celles-ci, et qui soit séparé : car il y aurait une réalité plus première[97] que la première. En effet ce qui est commun et séparé est premier puisque la destruction de ce qui est commun entraîne celle du premier terme, par exemple si le double est le premier des multiples, il est inadmissible que le « multiple », prédicat commun, soit séparé, car il y aurait quelque chose de plus premier que le double[98], ou[99] il arrive que le commun soit l'idée, c'est-à-dire si on faisait du commun une réalité séparée : car si la justice est un bien, et le courage aussi, affirment-ils, existe dès lors un quelconque bien lui-même. Le mot « lui-même » est donc ajouté à la définition commune. Mais que serait-ce sinon quelque chose d'éternel et de séparé ? Cependant ce qui est blanc plusieurs jours n'est en rien plus blanc que ce qui ne l'est qu'un seul; de sorte que le bien commun n'est

96. Nous avons tenté de rendre la nuance qu'exprime le γε, 1218a1.

97. « Plus première » rend πρότερον, 1218a3, et ailleurs.

98. Sur ce principe accepté par Aristote, voir *Éthique à Nicomaque*, I 4, 1096a17-23, *Métaphysique*, B 3, 999a6-10 (application aux nombres et aux figures), *Politique*, III 1, 1275a34-38 (les constitutions), *De l'âme*, II 3 (les définitions des âmes).

99. Le texte est difficile (1218a8), et devient plus intelligible grâce à la légère modification de la leçon unanime des Ms εἰ en ἢ, suggérée par Allan : Aristote veut montrer qu'il n'y a pas lieu, même en l'absence d'antériorité et de postériorité, de transformer le prédicat commun en forme « séparée » (voir Allan, *Aristotle's Criticism...*, p. 283-284 qui suggère de corriger εἰ en ἢ et de mettre une virgule après ἀνδρεία ligne 10).

certes pas identique à l'idée, puisqu'il existe comme commun à tout[100].

On[101] doit en outre inverser la méthode de ceux qui actuellement s'attachent à montrer le bien lui-même, car actuellement ils prennent comme points de départ des êtres dont on n'admet pas communément qu'ils possèdent le bien pour montrer que des biens communément admis sont bons : à partir des nombres, que la justice et la santé sont bonnes, car elles représentent des structures d'ordre et des nombres, leur idée étant que[102] le bien appartient aux nombres et aux unités, puisque l'Un est le bien lui-même. Au contraire il faut partir de ce qui est reconnu comme bien, par exemple la santé, la force, la modération[103], pour conclure que le beau existe davantage dans les êtres immuables, car les premières sont toutes ordre et

100. Texte des Ms, sans addition (Sol., Cherniss I 203). « Mais certes le fait d'être éternel n'ajoutera rien à la bonté, si toutefois n'est pas plus blanc ce qui l'est longtemps que ce qui ne l'est qu'un jour », *Éthique à Nicomaque*, I 4, 1096b3-5 ; aussi le bien « commun » n'est-il pas séparé.

101. Sur ce passage (18a15-32) et ses rapports avec le *De Bono*, voir l'analyse de J. Brunschwig dans *Untersuchungen...*, p. 197-222 qu'il faudrait citer en entier; on lira aussi avec profit *Métaphysique*, N 4, 1091a29-b30 (« ce que nous voulons appeler *le bien lui-même* et le *bien le meilleur* », a32-33 : il ne s'agit pas de comprendre, sous le *nous*, les Platoniciens, ainsi que le veut Jaeger, *app. crit.*, *cf.* a34, 37, b13, Λ 10, 1075a11-25 et Cherniss, I, Ap. 2, et le fragment d'Aristoxène cité dans notre ouvrage, p. 62, n. 2). Voici la conclusion de J. Brunschwig : « L'ensemble de notre documentation s'organise donc, semble-t-il, avec assez de cohérence pour que l'on puisse proposer de conclure que notre texte de l'*Éthique à Eudème* vise la théorie platonicienne des principes, telle qu'elle était exposée dans le *De Bono*, et que les critiques qu'il adresse à cette théorie figuraient dans l'ouvrage qu'Aristote avait écrit sous ce titre ».

102. Trad. Brunschwig, pour ὡς, 1218a19 (p. 201).

103. La *sophrosynè*, 1218a22.

repos; à plus forte raison donc, les seconds car ces qualités leur appartiennent de préférence.

C'est aussi une démonstration dangereusement métaphorique [104] qui veut que l'un soit le bien lui-même parce que les nombres tendent vers lui: on n'explique pas clairement comment ils y tendent mais on l'affirme trop simplement; et d'ailleurs qui comprendrait que le désir puisse appartenir à des non-vivants? – Il faut traiter à fond ce problème et ne rien accepter sans raison de ce qu'il n'est pas facile de croire, même avec une raison.

Quant à dire que tous les êtres tendent vers un seul bien, ce n'est pas vrai : car chacun d'eux désire son bien propre, l'œil, la vision, le corps, la santé et ainsi de suite [105].

L'inexistence d'un certain bien lui-même se pose par suite de difficultés de ce genre, et aussi son inutilité pour la politique qui a un bien propre, comme les autres sciences, par exemple, la gymnastique a la bonne condition [106].

En outre [107], il y a aussi ce qui est écrit dans le discours : ou la forme même du bien n'est utile à aucune des sciences ou elle

104. Sur l'adjectif, *parabolos*, 18a24, voir Dr., 208 et J. Brunschwig, art. cit., n. 19.

105. Voir toutefois *Métaphysique*, A 2, 982b5-7, Λ 10, 1075a12-24. Aristote nie qu'il n'y ait qu'un seul bien, mais non pas que les biens particuliers puissent tendre vers un bien suprême, principe de l'univers (voir aussi VIII 3, ci-dessous).

106. Nous comprenons ce texte comme Rackham : Aristote ne peut nier l'existence du « bien lui-même » alors qu'il affirmera quelques lignes plus loin (18b9-12) que c'est la fin, le meilleur parmi les biens accessibles à l'homme et qui relève de la politique assimilée ici à la morale.

107. Ce passage (1218a36-38 à interpréter avec *Éthique à Nicomaque*, I 4, 1096b35-1097a13) est mis entre crochets droits par Sus. et Sol.; Rac. et Dr. le gardent. – S'agit-il d'une référence à ce qui précède (« Le discours semble être

l'est également à toutes; en outre, elle n'est pas faisable. De même, le bien commun lui non plus n'est pas le bien lui-même, car il va se retrouver même dans un bien infime, et il n'est pas 1218 b
réalisable : la médecine ne cherche pas à procurer n'importe quel bien, mais la santé, et il en est ainsi pour chaque art. Mais le bien a plusieurs aspects, et l'un est beauté; l'un d'eux est faisable alors que l'autre ne l'est pas : est faisable ce bien en vue de quoi on agit, ne l'est pas celui qui existe dans les êtres immobiles[108].

Il est donc évident que ce bien lui-même que nous cherchons n'est ni l'idée de bien ni le bien commun : la première est immobile et irréalisable, le second est mobile mais irréalisable aussi. Mais ce en vue de quoi on poursuit quelque chose est, à titre de fin, le meilleur, cause des biens qui en dépendent et premier de tous les biens[109]. En conséquence voici quel serait le bien lui-même : la fin de ce qui est faisable

la discussion de l'Idée du Bien en 1217b16-18a32; 1217b19-25 est particulièrement indiqué » Sol., *ad. loc.*), ou plutôt à un ouvrage déjà « publié », le *De Philosophia* (Jaeger), le *De Bono*, le *de Ideis* ou les *Divisions* (Dr., p. 209-211) ? – On notera toutefois l'emploi de εἶδος au lieu de ἰδέα, pour désigner l'idée du bien, emploi unique dans *Éthique à Eudème*.

108. « C'est-à-dire le bien chez les êtres immobiles », *cf.* 1217a30, 1218a 22, b7, Sol.; on peut ajouter pour cette distinction, *Métaphysique*, M 3, 1078a 31-32, avec Allan, dans *Untersuchungen...*, p. 67, qui suggère (p. 66) d'introduire εἴπερ avant τὸ οὗ ἕνεκα b6 et traduit : « mais un bien tel (que celui que proposent les Platoniciens) est à la portée de l'action, si c'est une cause finale. Ce n'est pas toutefois cette sorte de cause finale qu'on trouve chez les êtres immobiles ». – La raison de cette distinction entre le bien et le beau apparaît clairement dans le passage cité de la *Métaphysique* auquel il faut ajouter B 2, 996a20-b1.

109. Les deux caractéristiques indiquées au début du chapitre, voir 1217b 3-5, avec les notes : on remarquera qu'Aristote reprend à son propre compte la notion de « bien lui-même » ; voir aussi *Métaphysique*, B 2, 996a28.

par l'homme. Mais ce bien relève de la science maîtresse de toutes sciences, qui est politique, économie (domestique), sagesse : ces dispositions se distinguent des autres par cette suprématie; si elles diffèrent les unes des autres, il faudra en parler plus tard[110]. Que la fin soit cause de ce qui dépend d'elle, c'est ce que montre l'enseignement[111] car, une fois définie la fin, on montre pour le reste que chacune de ces choses est bonne car la fin poursuivie en est la cause; par exemple, puisqu'être en santé c'est ceci[112], ce qui procure la santé doit être tel : ce qui est sain cause la santé comme cause motrice et est alors[113] la cause de l'existence de la santé mais non du fait qu'elle est un bien.

De plus personne ne démontre que la santé est un bien à moins d'être sophiste et non pas médecin, – car ils usent

110. Voir sur *phronêsis*, n. 18, ci-dessus, sur 1214a32. La référence est à *Éthique à Eudème* V (*Éthique à Nicomaque* VI) 8, 1141b23-42a11 : « La politique et la sagesse (pratique : *phronêsis*) sont une seule et même disposition, bien que leur essence ne soit cependant pas la même (...). Dans l'opinion commune, la sagesse (pratique) aussi est prise surtout sous la forme où elle ne concerne que la personne privée, c'est-à-dire un individu; et cette forme particulière reçoit le nom général de sagesse (pratique). Des autres espèces l'une est appelée économie domestique... » (trad. Tricot, p. 293-294 modifiée). On voit qu'il s'agit de trois aspects de cette même « science », la politique, et c'est parce qu'elle est la science maîtresse qu'elle se distingue des autres dispositions (Dr., p. 214-215, avec référence à *Politique* III 12, 1274b14).

111. Voir *Métaphysique*, A 2, 982a28-b7, où on donne comme caractéristique populaire de la sagesse qu'elle peut enseigner et où le sage doit commander puisqu'il connaît « ce pour quoi il faut agir, c'est-à-dire le bien de chacun, et en général, le bien le meilleur dans la nature entière ».

112. Voir II 11, 1227b25-32.

113. La correction καίτοι (Ross) ne paraît pas nécessaire, voir καὶ τότε dans *Protreptique*, fr. 14, p. 49 *medio*, Ross.

d'arguments étrangers au sujet pour faire leurs sophismes ; on ne le fait pas davantage pour aucun autre principe [114].

Ce qui, comme fin, est bon pour l'homme et la meilleure des choses faisables, il nous faut examiner en combien de sens c'est le meilleur de tous les biens, puisque c'est le meilleur, en prenant ensuite un nouveau point de départ [115].

114. C'est un principe fondamental de l'épistémologie aristotélicienne, voir II 10, surtout 1226a7-17, b10-13, 1227a6-30; les *Seconds Analytiques*, *passim*; *Physique*, I 2, 185a1 *sq.*, VIII 3, 253b2-6.

115. Avec Berti, p. 181, n. 73, je garde le ποσαχῶς des Ms, contre le πῶς suggéré par Dr. : « il est vrai que la fin suprême est un bien en un seul sens, à savoir au sens primaire, mais elle est la fin des autres biens en des sens divers, puisque divers sont les rapports qu'ils entretiennent avec la fin suprême ». – Je serais enclin à voir ici, tout particulièrement, une référence, qui sert de transition, aux trois biens de l'âme, reconnus à des degrés divers comme fins, qu'évoquent les premières lignes du livre II (18b31-35) : la sagesse, la vertu, le plaisir, et dont Aristote rappelait au chap. 1 de l'*Éthique à Eudème*, I (14a30-b5) qu'on les identifiait, à tour de rôle ou ensemble, au bonheur, c'est-à-dire au plus grand bien (– ou au bien le meilleur, 14a7-8).

LIVRE II

CHAPITRE 1[1]

<Le bonheur, la nature de l'homme, les vertus intellectuelle et morale>

Après cela il nous faut prendre un autre point de départ[2] pour parler de la suite. Tous les biens en somme sont ou extérieurs ou intérieurs à l'âme, ces derniers étant préférables,

1. Principales articulations des livres II-III *cf.* Sol. et surtout Dr., p. 218, dont nous reproduisons le schéma :

1) Développement de la définition du bonheur : II 1, 1218b31-19b26;
2) Psychologie, division des vertus : II 1, 1219b26-20a13;
3) La vertu éthique : II 1, 1220a12-III 7, 1234b14;
4) Description de la nature de la vertu éthique : II 1, 1220a13-II 5, 1222b14;
5) Analyse du comportement humain (Volonté, décision), définition définitive : II 6, 1222b15-II 11, 1228a19;
6) Les vertus éthiques particulières : III 1-7.

2. Ce nouveau point de départ, ἀρχή, est fourni par la « psychologie » aristotélicienne. – Sur ce chapitre 1 on lira avec intérêt l'étude de J. Moreau, *Telos et aretê d'après* Éthique à Eudème *II 1, et la tradition platonicienne* dans *Untersuchungen...*, p. 223-229.

selon la division que nous faisons aussi dans les discours exotériques[3].

En effet la sagesse[4], la vertu et le plaisir sont dans l'âme; et on les reconnaît universellement, l'un ou l'autre, ou les trois ensemble, comme la fin. Or, dans l'âme, il y a d'une part des « habitus » ou puissances, d'autre part des actes et des mouvements[5].

Posons[6] donc ces distinctions comme points de départ et, en outre, que la vertu est la meilleure disposition, ou le meilleur « habitus »[7], ou la meilleure puissance de tout ce qui a quelque
1219 a usage ou fonction[8]. C'est évident par induction[9] car, en tout

3. « Les discours exotériques », *cf.* ci-dessus, n. 88.

4. *Phronêsis* : sagesse théorique ou pratique; voir la même énumération ci-dessus I 1, 1214a33. – Selon les contextes, il a l'un ou l'autre sens : voir la longue note à 1, 14a31-32, ci-dessus – et la remarque de D.J. Allan dans *Gnomon*, p. 140 : « *Phronêsis*, ici (sc. 1216a28-b25), est donc la sagesse contemplative; mais ailleurs dans l'*Éthique à Eudème*, même en ne tenant pas compte des livres communs, *phronêsis* est utilisé dans le sens de prudence ou sagesse pratique (1218b14 et livre 8, 2) ».

5. Aristote oppose ici ce qui est en puissance à ce qui est en acte. *Dispositions* (ἕξεις) voir *Métaphysique*, Δ 20. – *Puissances* (δύναμεις), *ibid.*, c. 12. – *Actes* (ἐνέργειαι) *ibid.*, livre Θ (IX), 1-9. – *Mouvement* (κίνησις), qui est un acte imparfait, *Physique*, III, *Métaphysique*, Θ 6.

6. Nous renvoyons une fois pour toutes à l'admirable article de D.J. Allan, *Quasi-mathematical Method in the Eudemian Ethics*, qui souligne l'emploi fréquent de ὑποκείσθω, p. 309.

7. Nous rendons ici ἕξις par *habitus*, pour le distinguer du mot précédent : « disposition »; d'après les *Catégories*, 8b25-9a13 l'*habitus* est une disposition *ferme* et stable, par exemple la vertu. Mais Aristote ne s'en tient pas toujours à cette distinction. Voir aussi *Éthique à Nicomaque*, Tricot, p. 65, 2.

8. Comme le remarque D.J. Allan, *Individual and State*, p. 87 ἔργον a le double sens de « fonction » et de « produit » (avec référence à ce chapitre) – et déjà Joachim p. 48-51; J. Moreau, art. cit., traduit par *ouvrage* ou *fonction*, p. 225-226.

domaine, c'est ce que nous posons : par exemple, un manteau, il a une vertu, puisqu'il a une certaine fonction et un certain usage, et le meilleur état[10] du manteau est sa vertu ; et il en est de même pour un bateau, pour une maison, pour le reste et, en conséquence aussi, pour l'âme : il y a une fonction de l'âme. Admettons aussi qu'au meilleur *habitus* appartienne la meilleure fonction ; et les dispositions auront entre elles la même relation que les fonctions qui en découlent. Et la fonction de chaque chose est sa fin[11]. Dès lors il s'ensuit clairement que la fonction est supérieure à la disposition, puisque la fin est le meilleur comme fin ; en effet on a posé comme principe que le bien le meilleur et dernier est fin, ce en vue de quoi tout le reste existe. Il est donc évident que la fonction est supérieure à l'*habitus* et à la disposition.

Mais « œuvre »[12] se dit en deux acceptions : dans certains cas, en effet, l'œuvre est autre chose que l'usage (par exemple, celle de l'architecture est la maison et non l'action de construire, et celle de la médecine est la santé et non l'action de soigner ou de guérir) ; dans d'autres cas, l'usage est l'œuvre (par exemple, pour la vision, l'action de voir et, pour la science mathématique, la connaissance) : aussi, dans ces cas où l'usage est l'œuvre[13], l'usage est-il nécessairement supérieur à la disposition.

9. Cet appel à l'induction, absent de l'*Éthique à Nicomaque*, revient dans les passages suivants : II 1, 1220a28 ; 3, 1220b30 ; VIII 3, 48b26 (Dr., p. 222).

10. Ou *habitus* (ἕξις, 19a3).

11. Voir *Métaphysique*, Θ 8, 1050a21-22.

12. Ou « fonction », voir ci-dessus note 8.

13. Voir ci-dessus I 5, 1216b3-25, surtout 1216b16-19. Sur cette distinction qui a donné naissance, plus tard, aux termes d'action « transiente » et d'action « immanente », voir *Métaphysique*, Θ 8, 1050a23-b2 (Tr., p. 512-514) et 6, 1048b18-36 (Tr., p. 501-503) et le commentaire de Ross, *ad. loc.*

Ces distinctions ainsi faites, nous disons que l'œuvre de la chose est aussi celle de la vertu mais non de la même façon : par exemple, pour l'art du cordonnier et l'exercice de cet art, c'est la chaussure ; si maintenant il y a une vertu de l'art du cordonnier et du bon cordonnier, l'œuvre en est une bonne chaussure. Et il en est ainsi pour les autres cas.

En outre, admettons que l'œuvre de l'âme est de faire vivre, et que l'œuvre de la vie[14] c'est de s'en servir et d'être éveillé (car le sommeil est une certaine inaction et un repos) : l'œuvre de l'âme et de sa vertu étant nécessairement une et identique, l'œuvre de sa vertu sera donc la vie vertueuse. C'est donc elle qui est le bien complet, lequel précisément était à nos yeux[15] le bonheur.

Les prémisses déjà posées le montrent clairement : le bonheur y était[16] le plus grand bien, les fins intérieures à l'âme étaient les biens les meilleurs, ce qui est dans l'âme[16a] étant ou disposition ou acte ; puisque l'acte est supérieur à la disposition

14. Texte des Ms, Sus. : τοῦ δέ, 19a24 ; la correction de Cook-Wilson, acceptée par Sol., Rac., (τοῦτο), à laquelle incline Dr., a le défaut, à nos yeux, d'identifier la vie à la vie en acte ; voir aussi *Protreptique*, c. 11, 56, 13-59, 18 Pist. (fr. 14, W. et Ross, p. 49-51, Düring) : « Vivre se dit, à ce qu'il semble, de deux manières : en acte et en puissance » ; c'est tout ce chapitre qu'il faudrait citer.

15. Ci-dessus I 8, 1218b7-12 (p. 19). On notera à plusieurs reprises, l'emploi de « était » (« à nos yeux » B. St.-Hilaire), pour renvoyer à un passage antérieur.

16. Voir 1218b7-12, 32-36 ; 17a21 *sq.* (Sol.) : les fins qui sont les plus grands biens intérieurs à l'âme : *phronêsis*, vertu, plaisir.

16a. Dr., 226 et la tradition Π^1, lisent αὔτη (1219a30), sans indication de lacune ; pour Rowe, p. 25, 4, « ce n'est pas une solution valable » ; Von Fr., p. 57 défend le texte de Bk., mais la référence à 1218b35-36 invite à lire τὰ ἐν αὐτῇ avec Sus., apparat critique.

et le meilleur acte, au meilleur *habitus*[17], et que la vertu est le meilleur *habitus*, un acte de la vertu de l'âme[17a] est ce qu'il y a de meilleur.

Or le bonheur aussi était[18] le meilleur; le bonheur est donc l'acte d'une âme bonne. Et puisque le bonheur était[19] quelque chose de parfait, et qu'il y a une vie parfaite et une vie imparfaite, et qu'il en est de même pour la vertu (car l'une est totale, l'autre partielle) et que l'acte des choses imparfaites est imparfait, le bonheur devrait être un acte d'une vie parfaite conforme à une vertu parfaite[20].

Et nos affirmations sur le genre et la définition du bonheur
sont correctes: nous en avons pour témoins[21] les opinions **1219 b**
communes à nous tous. Car bien agir et bien vivre, c'est la même chose qu'être heureux, et chacun de ces termes, vie

17. Ou bien, avec Dr., p. 226, qui ne sous-entend pas « supérieur » (βέλτιον) de la ligne précédente, 1219a31 : « que le meilleur acte appartient au meilleur *habitus* »; *idem* chez B. St.-Hilaire, p. 243.

17a. Nous rattachons « de l'âme » à vertu (Sol., Dr.) plutôt qu'à « bien suprême » (Rac.) par référence à 1219b35 : « le bonheur est donc l'acte de l'âme bonne ».

18. Voir 1217a21 *sq.*, 39 *sq.*, Sol.; Dr. renvoie à 1219a8-11.

19. Voir 1218b7-12. – Dans ce morceau 1219a28-39, le ἦν de l'original, a28, 29, 34, 35 a été rendu par était (à nos yeux) qui signifie « j'ai dit, j'ai affirmé » : cet usage de l'imparfait est classique chez Aristote (et déjà chez Platon, *cf.* Jowett-Campbell, *Plato's* Republic, II, p. 173).

20. La vertu « totale » est la vertu « parfaite »; voir 1219b21, 1220a3 et surtout 1248b8-12 (G.-J., Dr., *Éthique à Nicomaque* 469). On nous permettra de renvoyer à notre article, *Vertu totale et* kalokagathia *dans l'*Éthique à Eudème, dans *Sens et existence*, en hommage à Paul Ricœur (Paris, Seuil, 1975), p. 60-76.

21. Sur ces « témoins » ou « preuves », éléments essentiels de la méthode, voir I 6.

comme action[22], exprime un usage et un acte; même la vie active, en effet, implique un usage, car, si le forgeron fait le mors, le cavalier en use. Et il n'y a de bonheur ni pour un seul jour, ni pour les enfants, ni pour un quelconque âge de la vie[23] : c'est pourquoi le mot de Solon[24] est juste, qu'il ne faut pas « béatifier » quelqu'un de son vivant mais seulement lorsqu'il atteint la fin de sa vie car rien d'imparfait n'est heureux, puisqu'il n'est pas entier.

En outre, on loue[25] la vertu pour ses actes et les panégyriques portent sur les actes (ce sont les vainqueurs qu'on couronne, non ceux qui sont capables de vaincre mais n'ont pas vaincu), et on juge de la qualité de quelqu'un sur ses actes.

En outre, pourquoi le bonheur n'est-il pas objet de louanges ? C'est que le reste existe en vue de lui[26], ou bien en s'y rapportant, ou bien en en constituant des parties[27]. C'est pourquoi la « béatification », la louange et le panégyrique sont différents : en effet le panégyrique parle d'une action parti-

22. C'est-à-dire, en paraphrasant avec B. St.-Hilaire, p. 243 : « la vie pratique » (1219b3), ce qui souligne mieux le lien avec l'explication qui suit.

23. Qui soit privilégié. – Sur les trois âges de la vie, voir *Rhétorique*, II 12-14.

24. Voir Hérodote, I 32-33.

25. Sur l'éloge (ἔπαινος), le panégyrique (ἐγκώμιον), voir *Rhétorique*, I 9, 1367b26-33; le meilleur commentaire de ce passage (b8-16) se trouve dans *Éthique à Nicomaque*, I 12, 1101b10-34 (Tr., p 77-79) : l'éloge a une valeur *relative* alors que l'honneur (τιμή) a une valeur absolue. – Voir aussi ci-dessous II 11, 28a5 *sq.* et Goldschmidt, *Questions platoniciennes*, p. 158.

26. Trad. de Fr.; on peut aussi comprendre : ...sont louées grâce à lui, avec Dr.

27. À titre de causes ou de parties constituantes.

culière, la louange porte sur le caractère en général tandis que la « béatification » porte sur la fin[28].

Ainsi s'éclaire l'aporie qu'on soulève quelquefois : pourquoi les honnêtes gens ne sont-ils en rien meilleurs que les gens vils pendant la moitié de leur vie ? En effet ils sont tous semblables dans le sommeil. La cause en est que le sommeil est une inaction de l'âme et non un acte. C'est pourquoi, s'il existe quelqu'autre partie de l'âme – par exemple la partie nutritive – sa vertu n'est pas une partie de la vertu totale, pas plus que ne l'est celle du corps[29] : en effet, pendant le sommeil, la partie nutritive s'active davantage tandis que les parties sensitive et appétitive sont imparfaites dans le sommeil[30]. Par ailleurs, selon qu'elles participent en quelque façon du mouvement, les imaginations des honnêtes gens sont supérieures pourvu qu'ils ne souffrent pas de maladie ou qu'ils ne soient pas mutilés.

Après ceci[31], il faut faire porter l'examen sur l'âme : en effet, la vertu appartient à l'âme, non par accident. Et puisque nous cherchons la vertu humaine, admettons au départ qu'il y a deux parties de l'âme qui participent à la raison[32], non pas

28. Au sens de « plénitude », « totalité ».

29. Voir *Éthique à Nicomaque*, VI 12, 1144a9-11 ; « Une vertu donc, est une « partie de la *vertu totale* » si, et seulement si, c'est une vertu formée par l'habitude à partir d'une *puissance des contraires*. De nouveau nous avons une évidence que le contenu d'une partie du livre 6 est eudémien » D.J. Allan, dans *Gnomon*, p. 38, 148.

30. Sur les « parties » de l'âme, voir *De l'âme*, III, 9, 432a22 *sq.*

31. On notera cette expression (μετὰ ταῦτα, 1219b26, 1220a13 équivalente des ἔτι qui précèdent) que l'on retrouve dans la partie la plus elliptique de *Métaphysique*, Λ (cc. 2-5).

32. « Raison » traduit λόγος. Sur ce terme, voir l'exposé très complet de Dr. *Nikomachische Ethik*, p. 298-304 (Platon), 440-441, 472 ; aussi G.-J., II, p. 146-149. Sur les difficultés de traduction de *logos*, on lira la remarque de

toutes deux de la même manière cependant mais l'une, parce qu'il lui est naturel de commander et l'autre, d'obéir et d'écouter. Si maintenant il existe quelque chose d'irrationnel d'une autre manière, laissons de côté cette partie[33]. Peu importe que l'âme soit divisible ou indivisible, elle n'en a pas moins des puissances différentes, celles-là mêmes que nous avons mentionnées ; de même dans une courbe, le concave et le convexe sont inséparables, et le droit et le blanc aussi, bien que le droit ne soit pas blanc, mais ils sont identiques par accident et non par essence[34]. On a fait abstraction de l'existence possible d'une autre partie de l'âme : par exemple, la partie végétative. En effet, les parties énumérées[35] sont propres à l'âme humaine ; conséquemment, les vertus de nutrition ct de

W.D. Ross dans la note dont il a fait précéder la traduction de *M.M.*, *Éthique à Eudème* et *De virt. et vitiis*, vol. IX de l'*Oxford Translation* : « Mr. Stock et Mr. Solomon ont, la plupart du temps, rendu λόγος de la manière traditionnelle, par "raison". Personnellement je doute que cette traduction puisse être jamais exigée, mais le choix définitif dans ces questions appartient aux traducteurs ». Nous préférerions pouvoir transcrire *logos* et permettre au lecteur, *innocent of Greek*, de se former une idée de la polyvalence du terme. On notera ici l'un des rares passages où Aristote affirme que deux parties de l'âme participent de la raison, et ne les présente pas d'entrée de jeu, comme « rationnelle » et « irrationnelle » ; voir aussi *Éthique à Nicomaque*, I 13, 1102-a26-1103a3, particulièrement 1103a1-3.

33. Voir ci-dessous 1249b10, *Éthique à Nicomaque*, I 13, 1102b13-15, *Politique*, I 5, 1254a34.

34. οὐσίᾳ τὸ αὐτό, Bz., approuvé par Sol., Rac., Dr. Distinction classique chez Aristote, voir *Métaphysique*, Z 4-6. – Aristote ne veut pas se prononcer ici sur le problème de la divisibilité ou l'indivisibilité de l'âme : il lui suffit qu'on lui concède l'existence de puissances ou facultés distinctes.

35. C'est-à-dire, « celles qui participent à la raison », 1219b28.

croissance[36] ne sont pas propres à l'homme car il est nécessaire, si c'est en tant qu'homme, qu'il possède raisonnement, commandement et action, et le raisonnement commande non 1220 a
pas au raisonnement, mais au désir et aux passions ; l'homme possède donc nécessairement ces parties. Et de même que la bonne condition physique se compose des vertus particulières, de même en est-il, en tant que fin[37], de la vertu de l'âme.

Mais il y a deux espèces de vertus : l'éthique et la dianoétique (en effet nous louons non seulement les justes, mais les intelligents et les sages ; on avait admis[38] en effet que ce qui est digne de louange, c'est la vertu ou l'œuvre[39]), ce ne sont pas toutefois des activités mais des sources d'activités.

36. Nous ne pouvons garder le texte des Ms : ὀρεκτικοῦ, 1219b39 (*ibid.*, Walzer, *Aristotelis Dialogorum Fragmenta*, p. 35, n. 3), que défend Dr., p. 233-234 ; le passage parallèle de *Éthique à Nicomaque*, I 13, 1102a32 va aussi dans le sens de la correction de Bz. (acceptée par Sus., Sol., Rac.) : αὐξητικοῦ, tirée de *Éthique à Nicomaque*, 1098a1 ; les parties propres à l'âme humaine se divisent en deux : celle qui commande, ici le raisonnement, et celle à qui la première commande, ici le désir ; on ne peut donc pas dire que la vertu du désir n'est pas propre à l'homme.

37. La vertu de l'âme se compose de l'ensemble des vertus particulières ; voir ci-dessus sur la vertu totale, n. 20, p. 82 et *Éthique à Nicomaque* VI (*Éthique à Eudème* V) 13, 1144a4-6 et b30-45a9 (Tr., p. 308 et 313). – Sur la vertu de l'âme, en tant qu'elle est fin, donc désirable pour elle-même, voir VII 8, 1248b18-21. On serait tenté de comprendre ᾗ τέλος dans le sens de la deuxième suggestion de Dr., p. 234 : « la vertu de l'âme, *cui* perfectio est ».

38. Voir 1218a37 *sq.*, 1219b8 *sq.*, 15 *sq.*

39. Nous mettons entre parenthèses les l. 1220a5-7 ; elles expliquent l'apparition de la vertu dianoétique (les intelligents et les sages) à la suite de la vertu morale (les justes) ; on prend garde toutefois de préciser que les vertus ne sont pas en acte, car c'est surtout l'acte (ici « œuvre », ἔργον) qu'on loue.

Et puisque les vertus dianoétiques s'accompagnent de raison, elles appartiennent à la partie rationnelle, cette partie qui commande, dans l'âme[40], en tant qu'elle a la raison, tandis que les vertus éthiques appartiennent à la partie irrationnelle mais encline par nature à suivre la partie rationnelle : en effet, nous ne disons pas ce qu'il en est de la tenue éthique[41] de quelqu'un en affirmant qu'il est sage ou habile mais en affirmant qu'il est indulgent ou résolu.

Ensuite on examinera d'abord la vertu éthique, ce qu'elle est et ses parties (car c'est à ce point qu'on est parvenu) et ses causes. Il faut donc se mettre à chercher comme tous les chercheurs en d'autres domaines qui ont déjà une certaine connaissance de sorte qu'il faut[42] tenter d'atteindre, au moyen d'énoncés vrais mais dépourvus de clarté, ce qui est vrai et clair. En effet, nous ressemblons maintenant à celui pour qui la santé serait la disposition parfaite du corps et Coriscus[43], l'homme le plus noir sur l'agora. Assurément nous ne savons pas ce que sont l'une et l'autre; toutefois pour savoir leur nature à chacun[44], c'est utile de posséder ces données[45].

40. « Dans l'âme », 1220a9-10 (ὁ ἐπιτακτικόν ἐστι τῆς ψυχῆς) avec Fr. : « quae in animo » (p. 278), plutôt que : « *governs the soul* », Sol. ou « *der Seele zu befehlen* » Dr. voir *Éthique à Nicomaque* VI (*Éthique à Eudème* V) 13, 1145a9.

41. *Éthos*, 1220a12, qui marque le lien avec les vertus *éthiques*.

42. « Il faut », δεῖ, 1220a16, avec les Ms.

43. Coriscos, voir aussi 1240b25.

44. αὐτοῖν, 1220a21 : rc Mb., Sol., Dr.

45. Principe fondamental de l'épistémologie d'Aristote, voir les passages parallèles : *Physique*, I 1, *Seconds Analytiques*, I 2, 71b33-72a5; *Topiques*, VI 4, 141b3-142a16; *Métaphysique*, α 1, 993b7, Δ 1, 1013a1-4, Z 3, 1029b3-12, I 3, 1054a26-29.

En somme admettons comme prémisse, au départ, que la meilleure disposition est l'effet des meilleurs moyens et que les meilleures actions de chaque être résultent de sa vertu; par exemple, les meilleurs efforts physiques et la meilleure nourriture produisent la bonne condition physique et c'est grâce à la bonne condition physique qu'on fournit les meilleurs efforts.

Admettons en outre que toute disposition naît et périt sous l'action des mêmes moyens, appliqués d'une certaine manière; par exemple, la santé sous l'effet de la nourriture, de l'effort physique et du climat[46] : c'est évident grâce à l'induction.

La vertu est donc cette disposition qui résulte des meilleurs mouvements[47] de l'âme, qui est la source de ses meilleures actions et passions, dont les mêmes causes expliquent en quelque sorte son apparition et sa disparition et dont l'usage s'étend aux mêmes choses qui la feront s'accroître ou dépérir, choses à l'égard dc quoi elle nous dispose au mieux. Et voici un signe[48] que la vertu comme le vice porte sur l'agréable et le pénible : les traitements qui sont des remèdes et ont lieu à raison de leurs contraires, comme dans les autres cas, existent à raison du plaisir et de la peine[49].

46. Voir *Histoire des Animaux*, VIII 18, 601a23 *sq.* (référence de Fr.).

47. Les « mouvements de l'âme », voir ci-dessus 1218b37.

48. Pour D.J. Allan, *Quasi-mathematical method...*, p. 312[3], ce passage 1220a34-39 (δῆλον) est « une interpolation ou une note insérée au mauvais endroit ». Mais à la suite de Dr., *ad. loc.* Rowe, p. 40 remarque que l'expression : « en voici un signe », indique une référence à ce qui précède et veut justifier l'affirmation que les mêmes causes, agissant différemment, produiront ou détruiront la vertu : « *et* la vertu *et* le vice portent sur le plaisant et le pénible ».

49. Voir ci-dessus I 3 et *Éthique à Nicomaque*, II 2, 1104b15-18 (Tr., p 95).

CHAPITRE 2

<Le caractère ; facultés, affections, dispositions>

Il est donc clair que la vertu éthique porte sur le plaisant et le pénible. Puisque le caractère (*êthos*), comme le signifie le
1220 b mot, est ce qui reçoit son accroissement de l'habitude (*ethos*)[50] et que l'habitude apparaît sous l'influence de quelque chose de non-inné, à la suite de nombreux mouvements d'un certain type, c'est de cette façon qu'on a désormais des principes d'action – ce que nous ne voyons pas chez les êtres inanimés : même si on lance mille fois une pierre vers le haut, jamais elle ne montera, sinon de force.

C'est pourquoi le caractère doit être une qualité de la partie irrationnelle de l'âme capable, toutefois selon la raison impérative, de suivre la raison. Il faut donc dire en fonction de quel aspect de l'âme certains caractères sont de telle qualité[51]. Ce sera en fonction des puissances d'émotions d'après lesquelles on dit des hommes qu'ils sont susceptibles de s'émouvoir et en fonction des dispositions d'après lesquelles on les dit enclins à ces passions du fait qu'ils les éprouvent d'une certaine manière ou en sont exempts.

Suit la division, faite dans les discussions séparées[52], en affections, facultés et dispositions. J'appelle affections ce qui

50. ἦθος = « caractère » vient de ἔθος, « habitude » par allongement de ε en η.

51. Le texte est particulièrement corrompu, 1220b1-7. Nous avons adopté les corrections retenues ou proposées par Dr., p. 239-241, en s'appuyant tout particulièrement sur Stobée, *cf.* Sus., *Add. et corr.*, p. 123.

52. « Discussions (discours) séparées » (distinctes) ἐν τοῖς ἀπηλλαγμένοις, 1220b10-11. Allan, *loc. cit.*, p. 313[4], propose deux interprétations : 1) – « in the cancelled version » (*cf.* Plato, *République*, VIII, 559b, IX 571b) or

suit : l'emportement, la crainte, la pudeur, l'appétit et, en général, tout ce qui par soi-même est suivi le plus souvent d'un sentiment de plaisir ou de peine ; du point de vue de ces affections, il n'y a pas qualité, on les subit ; mais du point de vue des puissances il y a qualité[53]. J'appelle faculté ce en vertu de quoi on nomme ceux qui agissent selon leurs affections, – par exemple : irascible, insensible, amoureux, pudique et impudent. Les dispositions, c'est ce qui est la cause de ce que tout ceci[54] est présent en nous soit en conformité soit en contradiction avec la raison – par exemple, le courage, la tempérance, la lâcheté et l'intempérance.

CHAPITRE 3
<La vertu : moyen terme entre deux extrêmes>

Ces distinctions faites, il faut accepter qu'il y ait en toute chose continue et divisible un excès, un défaut et un intermédiaire et, tout cela, soit l'un par rapport à l'autre, soit par rapport à nous[55] – par exemple dans la gymnastique, dans la médecine, dans l'architecture, dans l'art de la navigation, bref dans toute action tant scientifique que non-scientifique, tant

2) – « in the separate section » ; deux passages de *Éthique à Eudème*, II 4, 1221b34, III 7, 1234a26 semblent favoriser cette dernière interprétation ; voir aussi dans *Classical Review*, 14 (1964), p. 152 : « in the Appendix ».

53. « Facultés » ou « puissances » (δύναμεις).

54. Les affections, ci-dessus.

55. Opposition entre le juste milieu « objectif » et le juste milieu « personnel » ou « subjectif », Joachim, *The Nicomachean Ethics*, p. 86.

technique que non-technique[56]. Car le mouvement est continu et l'action est un mouvement. Mais en tout, l'intermédiaire relatif à nous est ce qu'il y a de mieux puisqu'il est comme la science et la raison l'ordonnent[57]. Partout il produit aussi la meilleure disposition. C'est en effet évident par induction et par raisonnement : car les contraires se détruisent l'un l'autre, et les extrêmes sont contraires et l'un à l'autre et à l'intermédiaire puisque l'intermédiaire est l'autre par rapport à chacun des deux, par exemple l'égal est plus grand que ce qui est plus petit mais plus petit que ce qui est plus grand. Aussi est-il nécessaire que la vertu éthique porte sur des intermédiaires et qu'elle soit une certaine médiété[58].

Il faut donc chercher quelle sorte de médiété est la vertu et sur quels intermédiaires elle porte. À titre d'exemple[59], prenons donc chacun des termes de ce tableau et étudions-les :

56. Sur cette notion de milieu, voir G.-J., II, p. 140-142.

57. Première apparition de ce concept fondamental de l'Éthique, que l'on retrouvera en des termes légèrement différents : la « droite raison » (ὀρθὸς λόγος); on notera le rapprochement entre « science » et « raison ». Sur « science » et « juste milieu », voir *Éthique à Nicomaque*, II 6, 1106b5-14.

58. Nous traduirons habituellement μεσότης par « médiété », « moyen », « juste milieu », à l'instar de Tricot, *Éthique à Nicomaque*, p. 103, n. 4, μέσον par « intermédiaire », « milieu ».

59. On sait qu'Aristote utilisait des tableaux dans son enseignement, par exemple, *Interprétation*, 13, 22a22, *Histoire des Animaux*, III 1, 510a30, *Météorologiques* I 8, 346a30; II 6, 363a26. Sur les méthodes d'enseignement d'Aristote on lira l'article classique de H. Jackson, « Aristotle's Lecture-room and Lectures », dans *The Journal of Philology* 35 (1920), p. 191-200. On n'a pas suffisamment souligné dans la discussion de ce passage 1220b36-21a12 la restriction introduite au tout début : *à titre d'exemple* ; on n'attendra donc pas un tableau complet et précis ; c'est pourquoi il est difficile de justifier les atéthèses de Sus. en a9 et 12 ; voir note suivante, l'opinion d'Allan.

Irascibilité	impassibilité	douceur
Témérité	lâcheté	courage
Impudence	embarras	pudeur **1221 a**
Intempérance	insensibilité	tempérance
Haine (envie)	anonyme	indignation vertueuse
Gain	perte	le juste
Prodigalité	illibéralité	libéralité
Fanfaronnade	dissimulation	vérité
Flatterie	hostilité	amitié
Complaisance	égoïsme	dignité
Mollesse	grossièreté	endurance
Vanité	pusillanimité	magnanimité
Ostentation	mesquinerie	magnificence
Fourberie	niaiserie	sagesse [60]

Ces affections et de semblables se produisent dans les âmes; mais toutes [61] sont nommées par excès ou par défaut.

En effet irascible est celui qui se met en colère plus qu'il ne faut, plus rapidement et contre plus de gens qu'il ne faut; impassible, celui qui réagit insuffisamment eu égard aux personnes, aux événements et à la manière.

Téméraire, celui qui ne craint ni ce qu'il devrait, ni quand il devrait craindre ni comme il devrait craindre; lâche, celui qui

60. *Phronêsis* (sagesse, prudence) rejeté par P. Aubenque, *La prudence*..., p. 137, n. 1.

61. On comprend, devant une telle affirmation, qu'on soit tenté de considérer comme interpolée la troisième colonne du tableau, celle des vertus, voir D.J. Allan, dans *Gnomon* 38 (1966), p. 148 et ci-dessous 1221b9-12 : « lorsque nous *parlerons* de dispositions opposées » (c'est-à-dire des vertus, par opposition aux extrêmes déjà mentionnés). Mais de *ces* affections elles-mêmes, les espèces sont nommées d'après leur différence selon un excès..., avec les exemples qui suivent.

craint et ce qu'il ne doit pas et quand il ne le doit pas, et comme il ne le doit pas.

De la même façon, intempérant est l'homme de désir qui tombe dans tous les excès possibles; insensible, celui qui, par défaut, ne désire même pas ce qui serait mieux et conforme à sa nature, mais qui reste insensible comme un roc.

Profiteur, celui qui cherche toutes les sources de profit, homme de perte, celui qui n'en cherche aucune ou très peu.

Fanfaron, celui qui s'attribue plus de biens qu'il n'en possède; dissimulé, celui qui s'en attribue moins.

Flatteur, celui qui loue plus qu'il ne convient; hostile, celui qui loue moins.

Trop agir pour le plaisir d'autrui, c'est la complaisance; agir peu ou à peine pour son plaisir, c'est l'arrogance.

En outre, celui qui ne supporte aucune peine, pas même quand ce serait préférable, est un mou; celui qui supporte également toute peine, à parler simplement, il n'existe pas de mot pour le nommer, mais par métaphore[62] on le dit dur, malheureux et fait pour endurer le mal.

Vain, celui qui se croit meilleur qu'il ne l'est; pusillanime, celui qui se croit moins bon.

De plus est prodigue celui qui exagère dans toutes les dépenses, illibéral celui qui en toutes occasions ne dépense pas assez.

Il en est de même aussi pour l'homme avare et l'homme extravagant: celui-ci renchérit sur le convenable[63], celui-là le néglige.

62. μεταφορᾷ, 1221a30 = transfert de sens.

63. Voir l'intéressante note de J. Brunschwig, *Topiques*, I p. 122, n. 3 qui propose de traduire par *seyant*.

Le fourbe s'enrichit de toutes façons et de tous côtés, le naïf, pas même du côté qu'il faut.

Être envieux, c'est être affligé devant la prospérité d'autrui plus souvent qu'il ne faut – en effet, même ceux qui sont dignes de prospérer chagrinent les envieux lorsqu'ils prospèrent; le caractère opposé est plutôt sans nom : c'est l'homme qui exa- 1221 b
gère en ne s'affligeant même pas devant ceux qui sont indignes de prospérer, mais qui cède à la facilité, comme les gloutons devant la nourriture, alors que l'autre est difficile à raison de l'envie.

Qu'il n'en soit pas ainsi pour chacun par accident, il est bien superflu de le définir : en effet aucune science, ni théorétique ni poétique[64], ne le fait ni en parole ni en action, en ajoutant à la définition[65] cette précision, mais cette dernière vise les calomnies d'ordre dialectique que lancent les arts[66].

64. Sur la division des sciences chez Aristote voir *Métaphysique*, E 1 : on y trouve mentionnée la science « pratique », qui porte sur l'action par opposition à la science « poétique » qui porte sur la production extérieure au sujet.

65. « L'être par accident n'est l'objet d'aucune étude; en voici un signe : aucune science ni pratique ni "poétique" ni théorétique ne s'en occupe », *Métaphysique*, E 2, 1026b3-5; voir tout le chapitre 2 pour la justification de cette affirmation initiale, en notant que les exemples apportés par Aristote, l'architecture et la géométrie, laissent de côté la science « pratique » c'est-à-dire morale, tout comme dans notre texte de *Éthique à Eudème* ; on y rencontrera aussi la sophistique, dont l'objet est l'accident, qui semble « proche du non-être » (1226b21).

66. « Dialectique » traduit λογικάς, 1221b7; on sait qu'Aristote manifeste souvent son mépris à l'endroit des discussions « logiques » qui pour lui sont, aussi, « vides », voir ci-dessus I 8, 1217b21, *De l'âme* I 1, 403a2 : « d'une manière dialectique et vide » (avec le commentaire de Hicks, *ad. loc.*, p. 193-194). – Sur les précisions qui permettraient d'éviter les « calomnies dialectiques » des arts, voir *Métaphysique*, Γ 3, 1005b19-22 : Le principe de non-contradiction est le

Contentons-nous donc de cette manière simple de définir mais nous préciserons davantage lorsqu'il sera question des dispositions opposées[67].

Parmi ces affections elles-mêmes, des espèces reçoivent leur nom des différences selon un excès de temps ou de degré ou par rapport à l'un des facteurs de ces affections. Je dis par exemple de quelqu'un qu'il est prompt parce qu'il s'émeut plus vite qu'il ne faut; irritable et emporté parce qu'il s'émeut plus qu'il ne faut; amer, parce qu'il garde sa colère; batailleur et injurieux par suite des châtiments qu'on inflige par colère; je dis des gens qu'ils sont friands, gloutons et ivrognes parce que, pour jouir de l'une et l'autre nourriture, ils possèdent une puissance affective allant à l'encontre de la raison.

Il ne faut pas ignorer que quelques-unes des affections mentionnées ne peuvent pas être prises selon le comment, si ce « comment » est entendu comme signifiant trop de passion. Par exemple, on est adultère, non parce qu'on a commercé plus qu'il ne faut avec des femmes mariées (en effet cela ne se peut pas), mais l'acte lui-même constitue en fait[68] une méchanceté; en effet on comprend dans un même mot et la passion et le fait d'être tel[69]. De même aussi pour l'outrage. C'est pourquoi les hommes discutent : ils soutiennent qu'ils ont eu commerce mais qu'ils n'étaient pas adultères puisqu'ils étaient ou ignorants ou

plus stable de tous et il s'énonce ainsi : « Il est impossible que la même chose, en même temps, appartienne et n'appartienne pas au même être et sous le même rapport (et toutes les autres précisions que nous pourrions ajouter, qu'on les considère comme ajoutées pour faire face aux difficultés logiques) ».

67. C'est-à-dire, des vertus qui s'opposent aux extrêmes que sont les vices.

68. ἤδη avec Rac. et Dr.; δή Ms, Sus.

69. Il n'y a pas de juste milieu dans certains cas, et le mot exprime une affection qui est en même temps mauvaise.

contraints, qu'ils ont frappé mais non outragé. Et ainsi pour les autres cas semblables.

CHAPITRE 4
<*Vertu, plaisirs et peines*>

Ces points établis, il faut ensuite dire que, puisqu'il y a deux parties de l'âme, les vertus se distinguent d'après elles, celles de la partie rationnelle étant dianoétiques – dont l'œuvre est la vérité portant ou sur ce qu'est la chose ou sur sa genèse [70], et celles de la partie irrationnelle possédant un désir [71] – en effet, ce n'est pas n'importe quelle partie de l'âme qui possède un désir, à supposer qu'elle soit divisible en parties; il faut dès lors que le caractère soit bon ou mauvais du fait qu'il poursuit ou évite certains plaisirs et certaines peines. C'est évident à partir des définitions [72] tant des affections que des puissances et des dispositions : les puissances et les dispositions portent sur les affections tandis que les affections se distinguent par la peine et le plaisir. Par conséquent, à cause de cela et à cause des positions antérieures [73], il s'ensuit que toute vertu éthique porte

70. C'est-à-dire, sur l'être et le devenir, voir *Éthique à Nicomaque*, VI (*Éthique à Eudème* V), 2, 1139a5-11. Sur l'expression τὸ πῶς ἔχει, lire *Métaphysique*, Z 4, 1030a27-32 : « Il faut donc examiner aussi comment il faut exprimer une chose (τὸ πῶς δεῖ λέγειν, qui reprend le λογικῶς de 1029b13), mais non moins certes que comment elle existe (τὸ πῶς ἔχει); aussi, maintenant qu'on a clarifié ce qui a été dit, l'essence appartiendra premièrement et absolument à la substance, etc. ».

71. « Désir » traduit ὄρεξις, 21b31; voir ci-dessous II, 7.

72. Voir ci-dessus 1220b7-20.

73. Voir II 1, 1220a22-37, ci-dessus p. 7. Les « thèses » (ὑποκείσθω, 1220a22) que rappelle ici Aristote sont au nombre de deux : 1) la meilleure

sur des plaisirs et des peines, car pour toute âme qui, sous l'effet de certains facteurs, tend naturellement à devenir pire ou meilleure[74], il existe un plaisir et une peine relatifs à ces 1222 a derniers et portant sur eux. D'autre part c'est à raison des plaisirs et des peines que nous disons qu'on est méchant selon qu'on les poursuit et les évite, ou comme on ne doit pas ou tels qu'on ne doit pas.

Voilà bien pourquoi tous les hommes définissent spontanément les vertus par l'absence de passion et le calme à l'égard des plaisirs et des peines, et les vices, par les réactions contraires.

CHAPITRE 5
<Vertu et médiété>

Mais puisqu'on a établi[75] que la vertu est cette disposition qui nous rend capables de poser les meilleurs actes et qui nous

disposition résulte des meilleurs moyens et les meilleurs actes, de la vertu dans chaque domaine, 1220a22-24; 2) (ἔτι, 1220a26) toute disposition apparaît ou disparaît sous l'influence diversifiée des mêmes facteurs, 1220a26-28.

74. La plupart des éditeurs reconnaissent que le texte doit être amendé. Les Ms sont partagés en 1221b39 : πᾶσα γὰρ ψυχὴ π[1], πάσης γὰρ ψυχῆς π[2]. Le parallélisme étroit avec *Éthique à Nicomaque*, II 3, 1104b17-21 a porté Bz. à corriger ἡδονή, 22a1 en ἕξις. Dr., p. 260 objecte que cette correction était possible au temps où on croyait l'*Éthique à Eudème* postérieure à l'*Éthique à Nicomaque*, et conjecture ἤδη; cette objection ne me paraît pas valable : la suite des idées est la même dans les deux Éthiques, avec renvois à des passages parallèles (*Éthique à Nicomaque*, 1104b18 renvoie à 1104a27 *sq.* dont le parallèle est offert par *Éthique à Eudème*, 1220a22-37, résumé note précédente) et exige une référence non pas à l'âme en général, mais à ses dispositions : l'explicative (γάρ) se rapporte à la « vertu » (dont la notion a été développée dans les « thèses ») et non aux plaisirs et aux peines, expliqués dans les lignes précédentes. Je serais porté à lire διάθεσις constamment utilisé au c. 1, ou δύναμις, plutôt que ἕξις.

75. Voir 1220a26-37, b34-35.

dispose le mieux possible à l'égard de ce qu'il y a de meilleur, le meilleur et le plus parfait étant « ce qui est conforme à la droite raison »[76], c'est-à-dire le milieu entre l'excès et le défaut par rapport à nous, il s'ensuivra que la vertu du caractère sera une médiété propre à chacun et qu'elle portera sur certains intermédiaires dans les plaisirs et les peines, dans le plaisant et le pénible. L'intermédiaire sera tantôt entre des plaisirs (car il en existe un excès et un défaut), tantôt entre des peines, tantôt entre les deux. En effet, celui qui est excessif dans la joie exagère dans le plaisant, et celui qui l'est dans la peine exagère dans le contraire et ce, soit absolument, soit par rapport à une certaine norme[77], par exemple lorsqu'on ne se conforme pas à la conduite du commun des mortels; mais l'homme de bien se conduit comme il faut[78].

Puisqu'il y a une certaine disposition qui fait que son possesseur acceptera, pour la même chose, tantôt l'excès tantôt le défaut, il est nécessaire que, comme ces derniers sont contraires les uns aux autres et à l'intermédiaire, ainsi les dispositions soient contraires les unes aux autres et à la vertu. Mais il arrive que les oppositions soient dans certains cas toutes assez manifestes, dans d'autres du côté de l'excès, dans de rares cas du côté du défaut. La cause de la contrariété, c'est que l'inégalité ou la similitude par rapport au juste milieu ne

76. Sur la « droite raison » voir Dr., p. 262 et 245 (ad 20b28), mentionnée ici pour la première fois.

77. « Norme » (ὅρον, 1222a17) : mentionné ici pour la première fois dans *Éthique à Eudème*, voir aussi 1222b8. On sait le rôle capital de cette notion dans la conclusion de *Éthique à Eudème*, VIII 3 (ci-dessous p. 222).

78. Voir III 4, 1231b32-33 : « Ce que j'appelle « comme il faut », c'est « comme la raison droite » (s.-e. le veut), Dr., p. 262.

tombe pas toujours sur les mêmes points[79] mais qu'on passe plus rapidement tantôt de l'excès, tantôt du défaut, à la disposition intermédiaire. Celui qui en est le plus distant semble être le plus opposé – par exemple, pour le corps, l'excès dans les efforts est plus sain que le défaut et plus près du milieu; mais pour la nourriture le défaut est plus sain que l'excès. Aussi les dispositions qui nous font choisir délibérément de favoriser les exercices physiques seront-elles davantage favorables à la santé dans l'un et l'autre cas : mais dans l'un ce sera de choisir plus d'efforts, dans l'autre plus d'endurance[80]; et sera contraire à la mesure et à ce qui est conforme à la raison tantôt celui qui ne fait pas d'effort (et non les deux ensemble), et tantôt celui qui s'adonne aux plaisirs et non pas celui qui accepte d'avoir faim.

Et cela arrive parce qu'à l'origine[81], notre nature ne s'éloigne pas du milieu de la même façon pour toutes choses; mais nous sommes moins amis de l'effort et plus du plaisir. Il en est de même pour l'âme.

79. Texte corrompu. J'ai traduit le texte tel que Dr. l'a amendé, 1222a25 : οὐκ ἀεὶ ἐπὶ ταῦτα ἡ ἀνισότης ἢ ὁμοιότης (Bz.) πρὸς τὸ μέσον; Ms : … ταὐτὰ τῆς ἀνισότητος ἢ ὁμοιότητος : « … c'est que ce n'est pas toujours sur les mêmes points de l'inégalité ou de la similitude par rapport au juste milieu ». – Toutefois si on remarque que contrariété n'a pas ici son sens habituel, ne pourrait-on pas transposer ἐναντιώσεως et ἀνισότητος ἢ ὁμοιότητος et comprendre : « La cause de l'inégalité ou de la similitude (s.-e. dans l'évidence des oppositions, 22a22-24), c'est qu'on ne tombe pas sur les mêmes points de la contrariété relativement au juste milieu » ?

80. On peut garder le masculin des Ms avec Sol., Rac. Dr. et traduire : « tantôt *ceux qui*… tantôt *ceux qui*… ».

81. εὐθύς, 1222a37, voir Bz., *Index* 296a13-21 et St George Stock. *Introduction*, XVIII (*ipso facto*), *Magna Moralia, Ethica Eudemia*, Oxford Transl., vol. IX.

Et nous posons comme contraire au juste milieu la disposition dans la direction de laquelle nous et la majorité des hommes sommes plus portés à errer (mais l'autre disposition, comme si elle n'existait pas, reste cachée : sa rareté la rend imperceptible), par exemple, la colère est contraire à la douceur et l'irascible au doux. Certes il y a aussi excès dans[82] **1222 b**
l'indulgence et la facilité à la réconciliation et le refus de se mettre en colère lorsqu'on est insulté. Mais rares sont de telles gens, et tous sont plutôt enclins à l'autre extrême. C'est pourquoi la colère n'est pas portée à la réconciliation[83].

Puisqu'on a obtenu la liste des dispositions correspondant à chacune des passions, et leurs excès et leurs défauts, de même que celle des dispositions contraires suivant lesquelles les hommes sont disposés conformément à la droite raison (ce qu'est la droite raison et la norme sur laquelle il faut avoir les yeux fixés pour déterminer le juste milieu, c'est ce qu'on devra étudier plus loin[84]), il est manifeste que toutes les vertus et tous les vices du caractère portent sur l'excès et le défaut des plaisirs et des peines, et que plaisirs et peines résultent des dispositions et des passions énumérées. Qui plus est, la meilleure disposition est le juste milieu pour chaque chose. Dès lors il est évident que les vertus – soit toutes, soit quelquesunes d'entre elles – seront au nombre des médiétés.

82. 1222b1 ; ἐπὶ τῷ avec les Ms, Dr. : τὸ Bz., Sus.

83. 1222b4 ; καταλλακτικόν Fr., approuvé par Sol. : κολακικόν Ms, Sus. (qui, en note, incline vers la corr. de Fr.); [οὐ] κολαστικόν Dr., p. 265. Sol. traduit : « il n'y a pas d'esprit de réconciliation dans la colère ».

84. Sur la « raison droite » voir ci-dessous, VIII 3, 1249a21-b23, p. 222 et *Éthique à Nicomaque*, VI (*Éthique à Eudème* V), c. 1.

Chapitre 6
<*Responsabilité de l'homme*>

Prenons alors un autre point de départ pour l'étude suivante. Toutes les substances sont certes par nature des principes; c'est pourquoi chacune peut engendrer plusieurs êtres semblables à elle. Par exemple, l'homme, des hommes; l'animal en général[85], des animaux; et la plante, des plantes.

En outre, l'homme est clairement[86] le seul des vivants à être principe, en plus, de certaines actions : en effet, nous ne pourrions dire d'aucun autre vivant qu'il agit[87]. Parmi les principes, ceux qui sont à l'origine première des mouvements s'appellent principes propres[88], et cette appellation est particulièrement juste dans le cas de ceux dont on ne saurait admettre qu'il découle un mouvement différent : la divinité est sans doute un principe de ce type[89]. Mais dans les principes immuables – par exemple, dans les mathématiques – le sens propre de principe n'existe pas, quoiqu'on en parle par similitude; effectivement, en ce domaine, si le principe change, assurément toutes les conclusions changeront; mais celles-ci ne se changent pas elles-mêmes, l'une détruisant l'autre,

85. [ὄν] Sus., dans son apparat critique, Sol., Dr.

86. Je rends ainsi le γε de b19.

87. Voir *Éthique à Nicomaque*, VI (*Éthique à Eudème* V) 2, 1139a20.

88. « Propres », κύριαι, 1222b21, voir 1223a4-5 : « les actes dont l'homme est principe et maître » (κύριος); pour garder le double sens de κύριος, on serait tenté de traduire principe-*maître*, comme on parle de poutre *maîtresse*. – Sur κύριος voir Bz. 415b57-16a5.

89. Ou bien (avec Sol. et Dr.) : « et la divinité est sans doute un principe de cette nature ». On peut comparer, pour l'expression, *Politique*, I 5, 1254b5 : « L'âme gouverne le corps d'un gouvernement despotique » (ψυχὴ ἄρχει τοῦ σώματος δεσποτικὴν ἀρχήν).

à moins de détruire l'hypothèse[90] et, par la nouvelle hypothèse[91], de procéder à une démonstration.

Mais l'homme est principe d'un mouvement car l'action est mouvement. Puisque, comme ailleurs, le principe est cause de ce qui est ou devient grâce à lui, il faut penser comme dans le cas des démonstrations : en effet, s'il faut, parce que le triangle a des angles <égaux> à deux droits que le carré ait des angles <égaux> à quatre droits, il est manifeste que la cause en est que le triangle a des angles égaux à deux droits. Et si le triangle change, il faut que le carré change. Par exemple, s'il en avait trois, le carré en aurait six; et s'il en avait quatre, le carré en aurait huit; et si maintenant il ne change pas mais reste ainsi, celui-ci reste nécessairement ainsi. La nécessité de ce que nous tentons de montrer apparaît grâce aux *Analytiques*[92]; mais maintenant, nous ne pouvons ni nier ni affirmer quelque chose rigoureusement, sauf ceci : si rien d'autre n'est cause de ce caractère du triangle, il sera principe et cause de ce qui en découle. S'il existe des êtres qui admettent des états contraires, il s'ensuivra nécessairement que leurs principes les admettront aussi; la cause nécessaire produit un effet nécessaire, mais **1223 a**
pour ce qui découle à tout le moins de cette autre source-là il lui est possible d'admettre les contraires, et ce qui dépend des hommes eux-mêmes relève en grande partie de ce type de réalités, et ils en sont eux-mêmes principes. Aussi les actions dont l'homme est le principe et le maître, il est clair qu'elles peuvent se produire ou non, et qu'il est en son pouvoir qu'elles se produisent ou non, celles du moins dont l'existence et la

90. « Hypothèse », voir *Seconds Analytiques*, I 2, 72a14-24 et Platon, *République*, VI 510c.

91. On remplace une « hypothèse » par une autre.

92. Voir *Seconds Analytiques*, I 4.

non-existence dépendent de lui. Ce dont il est en son pouvoir qu'il le fasse ou non, il en est lui-même la cause, et ce dont il est la cause est en son pouvoir.

Puisque la vertu et le vice, et les actions qui en résultent, sont les uns loués, les autres blâmés (car on blâme et loue non ce qui existe par nécessité, chance ou nature, mais ce dont nous sommes nous-mêmes la cuase puisque, ce dont un autre est la cause, il en reçoit le blâme et la louange[93]), il est évident que la vertu aussi bien que le vice porte sur ces actions dont l'homme est lui-même la cause et le principe. Il faut donc trouver de quelles actions il est la cause et le principe. À la vérité, nous admettons tous que l'individu est la cause de ses actions volontaires et conformes à son choix délibéré mais non des actions involontaires; et les actions qu'il fait après les avoir délibérément choisies, il est clair que c'est volontairement qu'il les fait[94].

Il est dès lors évident que la vertu aussi bien que le vice portera sur les actes volontaires[95].

93. Littéralement : « il en *a* ».

94. Nous utiliserons indifféremment la traduction traditionnelle de ces trois concepts-clés de la morale aristotélicienne : « volontaire » : ἑκούσιον, « involontaire » : ἀκούσιον, choix (délibéré) ou intention : προαίρεσις (sur ce double sens, voir P. Aubenque, *La prudence*, p. 119-126) et les termes « de son plein gré » et « malgré soi », que G.-J. préfèrent : ainsi on saisira mieux le recoupement des champs sémantiques. Voir G.-J., II, p. 169-170 : « Nous traduisons par « de son plein gré » les mots ἑκών (qui se dit du *sujet* qui agit de son plein gré) et ἑκούσιος (qui se dit surtout de l'*objet* qu'on fait de son plein gré); par « malgré soi », les mots ἄκων (qui se dit du *sujet* qui agit malgré lui) et ἀκούσιος (qui se dit surtout de l'*objet* qu'on fait malgré soi) » ; on y trouvera un bon résumé de l'histoire du mot προαίρεσις, que G.-J. rendent par « décision », p. 189-190.

95. Ou bien : « feront partie de ce qui est volontaire ».

CHAPITRE 7
<Volontaire et involontaire>

Il faut donc trouver ce qu'est le volontaire et l'involontaire et le choix délibéré, puisqu'ils définissent la vertu et le vice. Il faut d'abord examiner le volontaire et l'involontaire. Ce serait en somme l'une de ces trois choses : le désir, le choix délibéré ou la pensée, le volontaire étant en conformité avec l'un d'eux tandis que l'involontaire lui est opposé.

Mais le désir se subdivise en trois : le vœu, l'emportement et l'appétit[96]; aussi faut-il les distinguer, et d'abord la conformité à l'appétit.

Il semblerait que tout ce qui est conforme à l'appétit soit volontaire. En effet tout ce qui est involontaire paraît contraint, ce qui est contraint est pénible, de même que tout ce que font ou souffrent <les hommes> par nécessité. Et comme Evenus[97] le dit :

> toute affaire nécessaire est affligeante !

Aussi une chose pénible est-elle contrainte; et si elle est contrainte, elle est pénible. Mais tout ce qui est contraire à l'appétit est pénible (car l'appétit porte sur ce qui est plaisant), et donc contraint et involontaire. Ce qui est conforme à l'appétit est donc volontaire : ce sont deux choses contraires l'une à l'autre.

96. « Désir » = ὄρεξις, « vœu » = βούλησις, « emportement » (passion) = θυμός, « appétit » (concupiscence) = ἐπιθυμία. Faute de pouvoir utiliser constamment « concupiscence » pour ce dernier terme, nous rendons ὄρεξις par « désir » au sens le plus large du mot « désir ». Voir aussi Tricot, *Éthique à Nicomaque*, p. 31, n. 4. – « Fait par contrainte » ou « imposé » (βίαιον).

97. Fr. 8, Diehl.

De plus toute méchanceté rend plus injuste. Et l'incontinence[98] semble être une méchanceté. L'incontinent est la sorte d'homme à agir conformément à son appétit et contrairement à sa raison : il est incontinent lorsqu'il agit en conformité avec l'appétit; mais agir injustement est volontaire : en consé-
1223 b quence l'incontinent agira injustement en agissant selon son appétit[99]. Il agira donc volontairement, et ce qui est conforme à l'appétit sera volontaire. (Car ce serait étrange s'ils étaient plus justes en devenant incontinents.) De ce qui précède il semblerait donc ressortir que ce qui est conforme à l'appétit est volontaire; mais ce qui suit indiquerait le contraire : tout ce qu'on fait volontairement, on le fait en le souhaitant et ce qu'on souhaite, on le fait volontairement[100], mais personne ne souhaite ce qu'il croit être mauvais[101]. Or l'incontinent fait ce qu'il ne souhaite pas car l'incontinence, c'est d'agir contrairement à ce qu'on croit être le meilleur, sous l'influence de l'appétit[102]; en conséquence de quoi il arrivera en même temps que le même homme agisse volontairement et involontairement; or c'est impossible.

98. Au sens d'absence de maîtrise de soi (ἀκρασία). « Elle est caractérisée par la faiblesse de la volonté à l'égard des passions », Tricot, p. 315, n. 2.

99. Avec Dr., p. 272, nous gardons le texte des Ms, sans transpositions, mais en ajoutant des parenthèses, ce qui permet de rattacher à 1223b2 le morceau : « En conséquence », 1223b3 (ἐκ μὲν τοίνυν).

100. On peut saisir ici l'ambiguïté des termes grecs βούλομαι, je souhaite, veux, désire et ἑκών : volontairement, de plein gré.

101. Voir *Rhétorique*, I 10, 1369a2 : « Le souhait (βούλησις) est l'appétit du bien car personne n'exprime un souhait si ce n'est qu'il pense que c'est un bien ».

102. Voir ci-dessus 1223a39.

En outre le continent agira d'une manière juste, et plus que l'incontinence[103], car la maîtrise de soi[104] est une vertu, et la vertu rend les hommes plus justes. Un homme est continent lorsqu'il agit contrairement à son appétit et conformément à sa raison de sorte que, si agir justement, c'est agir volontairement tout comme agir injustement (en effet ces deux manières d'agir semblent volontaires, et il est nécessaire, si l'une l'est, que l'autre le soit), agir contrairement à son appétit sera agir malgré soi ; donc c'est en même temps que le même homme posera la même action, volontairement et involontairement.

Le même argument vaut pour l'emportement : il y a, à ce qu'il paraît, non-maîtrise et maîtrise de l'emportement, comme de l'appétit ; et le contraire de l'emportement est pénible, et se contrôler est « forcé » de sorte que, si ce qui est contraint est involontaire, ce qui est conforme à l'emportement sera volontaire en son entier. Même Héraclite semble dire, les yeux fixés sur la force de l'emportement, que le mettre en échec est pénible : « Il est difficile », disait-il, « de lutter contre l'emportement car il gagne au prix de la vie »[105]. Mais s'il est impossible que la même personne pose le même acte volontairement et involontairement en même temps et sous le même aspect de la chose, sera plus volontaire l'acte conforme au vœu que l'acte conforme à l'appétit et à l'emportement ; en voici la preuve : nous faisons beaucoup de choses volontairement, sans colère[106] et sans appétit.

103. Je laisse le terme abstrait du texte pour en faire sentir les difficultés.

104. Ἐγκράτεια, 1223b12, traduit aussi par *continence*.

105. *Fr.* 85, D.-K.

106. ὀργή, 1223b28 = « colère » employé pour θυμός, indique le sens de ce dernier mot, traduit ici par « emportement ».

Il reste donc à examiner si ce qui est souhaité s'identifie au volontaire; mais ce semble aussi impossible. En effet nous supposons (et c'est une opinion générale) que la méchanceté rend les hommes plus injustes[107], et l'absence de maîtrise de soi est reconnue comme une certaine méchanceté. Mais il en résultera le contraire <de notre hypothèse>, car on ne souhaite jamais ce qu'on pense être mauvais, et pourtant on le fait lorsqu'on devient incontinent. Si agir injustement est volontaire alors que le volontaire, c'est agir selon son vœu, lorsqu'on deviendra incontinent on n'agira plus justement mais on sera plus juste qu'avant de devenir incontinent. Or c'est impossible[108] !

CHAPITRE 8[109]
<Le choix délibéré et le volontaire>

Dès lors, de toute évidence, le volontaire n'est pas l'action conforme au désir pas plus que l'involontaire n'est l'action contraire au désir.

Maintenant, que le volontaire et l'involontaire ne soient pas non plus d'agir en conformité avec le choix délibéré, en voici la preuve. En effet il a été démontré que l'acte conforme

107. Voir ci-dessus 1223a36.

108. Voir 1223b2.

109. 1223b37-38 : flottement dans la division en chapitres : Bekker, que suit Sus. fait commencer le chap. 8 à 1223b37; Bussemaker (Didot) que suit Barthélemy Saint-Hilaire, à 1224a5; Sol., Rack., Dr. à 1223b38; ce flottement se retrouve ailleurs dans l'*Éthique à Eudème* et est clairement indiqué dans l'édition Sus.

au vœu n'est pas involontaire[110], mais plutôt que tout ce qu'on 1224 a
souhaite est aussi volontaire (en fait il est possible que, même sans les souhaiter on pose des actes volontaires, c'est seulement ce qu'on a démontré) ; or on fait beaucoup de choses soudainement[111], en les souhaitant, mais aucune soudainement, de propos délibéré.

Mais s'il était[112] nécessaire que le volontaire soit l'une de ces trois choses : action conforme ou au désir ou au choix délibéré ou à la pensée, mais que d'autre part il ne soit pas les deux premières, il reste que le volontaire consiste dans un agir qu'accompagne une pensée[113].

Développons encore un peu l'argument et menons à bonne fin notre définition du volontaire et de l'involontaire. En effet faire quelque chose sous contrainte ou sans contrainte semble propre aux termes mentionnés : nous disons que ce qui est sous contrainte est involontaire et que tout ce qui est involontaire est sous contrainte de sorte qu'il faut d'abord étudier le terme « sous contrainte », ce qu'il est et quelle est sa relation au volontaire et à l'involontaire.

On reconnaît que ce qui est contraint et ce qui est nécessaire, et la contrainte et la nécessité, s'opposent au volontaire et à la persuasion dans le domaine des actes posés. Nous parlons, de façon générale, de contrainte et de nécessité même à propos d'êtres inanimés puisque nous disons que la pierre est portée vers le haut et le feu vers le bas par contrainte et par nécessité. Mais lorsqu'ils se meuvent selon leur impulsion naturelle et

110. 1223b39-24a4 : passage difficile : je suis l'interprétation de Sol. (et je supprime μόνον, 1224a3). La référence est au c. 7.

111. 1224a3 : ἐξαίφνης : cf. *Éthique à Nicomaque*, III 4, 1111b9.

112. 24a5 : *cf.* 1223a23 *sq.*

113. ἐν τῷ διανοούμενόν πως πράττειν, 1224a7.

propre[114], on dit qu'ils se meuvent non par contrainte ni non plus, bien sûr, volontairement, mais cette opposition est sans nom. Lorsqu'ils se meuvent contrairement à cette tendance, nous disons qu'ils <se meuvent> par contrainte. De même chez les êtres animés et les vivants : nous les voyons souvent subir et agir par contrainte lorsqu'à l'encontre de leur impulsion interne propre un agent extérieur les meut.

Chez les êtres inanimés, le principe est simple; mais chez les êtres animés, il se multiplie, puisque le désir et la raison ne s'accordent pas toujours; aussi chez les autres vivants[115] la contrainte est-elle simple, comme chez les êtres inanimés (car ils n'ont pas une raison et un désir qui s'opposent, mais une vie sous l'emprise du désir), mais chez l'homme, les deux coexistent, et à un certain âge auquel nous attribuons aussi de « poser des actes »[116] : en effet nous ne disons pas qu'un enfant pose des actes, ni une brute, mais bien celui qui déjà pose des actions en utilisant sa raison.

On reconnaît en somme que toute contrainte est pénible et que personne n'agit sous contrainte et dans la joie. C'est pourquoi il y a une grande controverse au sujet de celui qui est maître de soi et de celui qui ne l'est pas. En effet chacun des deux agit en ayant des impulsions opposées à lui-même. Ainsi celui qui est maître de soi se contraint, comme on dit, à s'arracher lui-même à ses appétits agréables[117] : en effet il souffre en

114. τὴν καθ' αὑτὰ ὁρμὴν, 1224a18.

115. On se rappellera que chez Aristote les « vivants » sont doués d'âmes, donc *animés* : plantes et animaux.

116. τὸ πράττειν, 1224a28 : agir *moral*.

117. 1224a34-35 : τῶν ἡδέων ἐπιθυμιῶν Ms Sus.; Dr., 278 défend la correction de Bk., reprise par Bus. : … ἡδέων, ἐπιθυμῶν; mais à la l. 37, on parle de « désir de l'agréable ».

s'arrachant au désir qui lui résiste; et celui qui n'est pas maître de soi, se contraint, à l'encontre de sa raison. Mais il semble moins souffrir: l'appétit en effet porte sur l'agréable et est suivi dans la joie par celui qui n'est pas maître de soi lequel, en conséquence, agit davantage de plein gré et non sous contrainte, car il agit sans peine. D'un autre côté la persuasion s'oppose à la contrainte et à la nécessité. Et celui qui est maître de soi se dirige vers ce dont il est tout à fait persuadé et avance, **1224 b**
non pas contraint mais volontairement; de son côté, l'appétit dirige sans avoir usé de persuasion car il n'a pas part à la raison.

Or on l'a dit [118], en apparence au moins, seuls les gens de ce type agissent contraints et involontairement, et on en a dit la cause: une certaine ressemblance avec l'acte posé sous une contrainte telle que nous l'attribuons aussi aux êtres inanimés.

Toutefois si on ajoute là aussi le complément déjà donné à la définition [119], on résout le problème.

En effet lorsqu'un agent extérieur contraire à l'impulsion interne d'un être le meut ou l'amène au repos, nous disons que c'est sous contrainte; lorsque ce n'est pas quelque chose d'extérieur, nous disons que ce n'est pas sous contrainte; et chez celui qui n'est pas maître de soi et chez celui qui est maître de soi, leur impulsion propre les conduit de l'intérieur, (en effet ils ont les deux tendances), de sorte qu'aucun n'agira de force, mais volontairement, si du moins on tient compte de ce qu'on vient de dire [120]: il n'agira pas non plus par nécessité, car le principe externe, celui qui fait obstacle ou meut à l'encontre de la tendance, nous le nommons nécessité – comme si on vous

118. 1224b5 : voir a22 *sq.*

119. « Lorsque quelque chose d'extérieur les meut », 1224a22-23.

120. 1224b6 : référence à 1224a34, 36 (Dr., p. 279 qui, comme Rac., met la virgule après κἀκεί).

prenait la main pour en frapper un être à l'encontre aussi bien de votre souhait que de votre appétit[121], mais lorsque le principe de l'action est interne, on ne parle pas de contrainte.

De plus, le plaisir et la peine se trouvent dans l'un et l'autre : en effet celui qui est maître de soi souffre en agissant maintenant contre son appétit et se réjouit du plaisir qu'il a en perspective, car il profitera plus tard de son geste s'il n'en profite déjà en étant en bonne santé; et celui qui n'est pas maître de soi se réjouit en obtenant, par son incontinence, ce qu'il convoite mais il ressent la peine qu'il a en perspective, car il pense mal agir.

Ainsi, dire que chacun des deux agit par contrainte présente une certaine raison, l'un et l'autre agissant d'une certaine manière involontairement, par suite soit du désir soit du raisonnement car, étant séparés, ces derniers se repoussent mutuellement. D'où l'on transporte aussi ces considérations à l'âme tout entière, du fait qu'on voit quelque chose de semblable dans les parties de l'âme. C'est donc à propos des parties de l'âme qu'on peut ainsi parler; mais c'est l'âme tout entière[122], consentante, tant de celui qui n'est pas maître de soi que de celui qui est maître de soi, qui agit; et aucun des deux n'agit sous contrainte, mais seulement quelque chose en eux, puisqu'en fait par nature, nous avons les deux. En effet, la raison nous appartient par nature car si la croissance est permise et non entravée, elle sera présente en nous; de même pour l'appétit car immédiatement, dès la naissance, il nous accompagne et est présent en nous. Et c'est, ma foi ! par ces deux caractères que

121. C'est-à-dire, la présence des deux tendances intérieures : raison et désir.

122. 1224b26 : ὅλη … ψυχή : voir *De l'âme*, I 5, 411a26-b27; « consentante » traduit ἑκοῦσα.

nous définissons ce qui est naturel : par ce qui immédiatement, dès leur naissance, accompagne tous les êtres et ce qui, du fait d'une croissance normale, nous advient – par exemple les cheveux blancs, le vieil âge, et le reste. Ainsi ce n'est pas selon la nature, d'une certaine manière [123], que chacun des deux agit mais, absolument, c'est selon la nature, même si ce n'est pas la même. Voici donc les apories au sujet de l'homme non-maître de soi et de l'homme maître de soi, c'est-à-dire : agissent-ils sous contrainte tous les deux ou un seul d'entre eux ? – de sorte qu'ils agiraient ou bien contre leur plein gré, ou bien à la fois sous contrainte et de plein gré ; et si agir sous contrainte est agir malgré soi, alors ce serait à la fois de plein gré et malgré soi qu'ils agiraient. Ce que nous avons dit montre assez clairement **1225 a** comment il faut faire face à ces difficultés.

Mais il y a une autre situation où l'on parle d'agir sous contrainte et par nécessité, sans que la raison ne soit en désaccord avec le désir, lorsque l'on fait ce qu'on croit pénible et mauvais mais que le refus d'agir ferait qu'on serait accablé sous les coups, les fers ou la mort. En effet on dit que l'on a agi sous l'empire de la nécessité. Ou bien n'en est-il rien, et tous font-ils cela volontairement ? Au fait il leur est possible de ne pas agir et de supporter l'épreuve.

Peut-être pourrait-on dire encore que certains de ces actes ont été posés par nécessité, d'autres non ; ceux d'entre eux, en effet, dont l'existence ou la non-existence dépend de nous, et ceux qu'on pose sans les souhaiter, c'est volontairement et non contraint qu'on les pose [124] ; mais ceux d'entre eux qui ne

123. 1224b35 : πράττει <πως> avec Sol., Rac.

124. Par exemple, prendre un médicament, en vue de la santé ; à 1225a10 je lis καί, *et* avec Bz., Rac.

dépendent pas de nous, c'est de force, en un certain sens et non pas certes absolument, qu'on les pose, car on ne choisit pas cela même qu'on fait, mais la fin en vue de laquelle on le fait : car il y a là aussi une différence. Par exemple, si pour éviter d'être pris par quelqu'un qui vous palpe [125] on allait jusqu'à le tuer [126], on serait ridicule de prétendre qu'on était forcé et contraint, mais il faudrait qu'on eût à souffrir d'un mal plus grand et plus pénible si on n'agissait pas; car c'est ainsi contraint qu'on agira, c'est-à-dire ou [127] de force ou, autrement dit, non par nature, dans ces cas où lorsqu'on fera quelque chose de mal pour une bonne fin ou pour être délivré d'un plus grand mal, et malgré soi bien sûr, puisque ces choses ne dépendent pas de soi.

Voilà pourquoi plusieurs considèrent l'amour [128] comme involontaire, ainsi que certains gestes d'emportement et les mouvements naturels, car leur puissance même est au-dessus de la nature. Et nous sommes indulgents à leur égard comme à l'égard de choses naturellement faites pour contraindre la nature. Et l'action semblerait davantage être contrainte et involontaire lorsqu'il s'agit d'éviter une peine violente que lorsqu'il s'agit d'une peine légère et, au total, lorsqu'on cherche à éviter la souffrance plutôt que lorsqu'il s'agit de se réjouir. Car ce qui dépend de soi (et tout se ramène à ce point) est ce que sa propre nature est capable de supporter; ce qu'elle n'est pas capable de supporter, ce qui n'appartient pas non plus à son propre désir naturel ou à sa raison, cela ne dépend pas de soi. C'est pourquoi

125. Au jeu de colin-maillard.

126. « Par exemple… tuer » trad. B. St.-Hilaire (p. 282).

127. Je lis καί ἢ (μὴ Ms) avec Bz., Sol., Rac.

128. Voir *Phèdre* 238b7-c4, *Philon*, 65c5-d2 (Dr., p. 284).

nous disons des « enthousiastes »[129] et prophètes que, même s'ils font acte de pensée, il ne dépend d'eux toutefois ni de dire ce qu'ils disent, ni de faire ce qu'ils font. Mais nous ne disons pas non plus que ce qu'on fait par appétit dépend de soi ; en conséquence, certaines pensées et certaines passions ne dépendent pas de nous, ni les actes conformes à ces pensées et à ces raisonnements mais, comme l'a dit Philolaus[130], certaines raisons sont plus fortes que nous.

CHAPITRE 9
<Définition du volontaire et de l'involontaire>

Puisqu'il fallait considérer le volontaire et l'involontaire aussi dans leur rapport à la contrainte, voilà les distinctions qu'il y avait à faire (on a en effet donné les arguments qui sont le plus grand obstacle au volontaire et qui font qu'on agit par contrainte et non de plein gré[131]). Puisque nous en avons fini[132] avec ce problème et que le volontaire n'a été défini ni par le désir ni par le choix délibéré, il reste alors à le définir **1225 b**
comme ce qui est conforme à la pensée. On est d'opinion, en somme, que le volontaire s'oppose à l'involontaire et que la connaissance de la personne sur qui on agit, ou du moyen ou de la cause de l'action (car quelquefois on sait qu'on agit sur son

129. Voir 1214a23-25 et livre VIII, 1.

130. Voir *Vorsokratiker* 44b16 (D.-K.).

131. Les éditeurs reconnaissent une lacune dans ce texte ; j'adopte les corrections de Fr. : πράττοντας… ἀλλ᾽ οὐκ ἑκόντας, <λόγοι οὗτοι εἰσιν>, 1226a35-36 ; *contra*, Von Fr., *Die Diairesis…*, p. 127 avec une référence à 1225a4 *sq.*

132. 1225a36 : voir 1224a8 (Dr.).

père, mais on vise non à le tuer mais bien plutôt à le sauver, comme les Péliades[133]; ou bien on sait que c'est un breuvage, tel un philtre ou du vin, pourtant c'était de la ciguë) s'oppose à l'ignorance et de la personne sur qui on agit et de l'instrument et de l'acte lui-même, et cette ignorance n'est pas accidentelle[134]; mais agir dans l'ignorance et de l'acte et de l'instrument et de la personne, c'est agir involontairement: le contraire est donc le volontaire.

Dès lors ce qu'il dépend d'un homme de ne pas faire et qu'il fait tout de même sans être dans l'ignorance et en agissant de son propre chef, est nécessairement volontaire, et c'est là le volontaire; mais ce qu'il fait dans et par l'ignorance, c'est involontairement qu'il le fait.

Puisque savoir et connaître ont deux sens – l'un consistant à posséder, l'autre à utiliser la science –, celui qui la possède sans l'utiliser pourrait être en un sens appelé, à juste titre, ignorant; en un autre sens, non, par exemple, si par négligence il ne s'en servait pas. Semblablement on pourrait blâmer aussi qui ne la possède pas si c'était quelque chose de facile ou de nécessaire à acquérir, et qu'il ne la possédât pas par négligence, plaisir ou peine. On doit donc ajouter ces précisions à notre définition.

133. Elles égorgèrent leur père sur la promesse de Médée de le rajeunir en le ressuscitant.

134. « Per veram ignorantiam, non per accidens », Fr. p. 289.

CHAPITRE 10
<Le choix délibéré>

Voilà donc nos précisions concernant le volontaire et l'involontaire; parlons maintenant du choix délibéré[135], en développant d'abord par le discours des difficultés à son sujet. En effet on pourrait avoir des doutes sur le genre auquel il appartient naturellement et où il faut le placer; de même, si le volontaire et l'objet du choix[136] s'identifient ou non. Quelques personnes affirment surtout – et au chercheur ce pourrait sembler être vrai – que le choix délibéré consiste en l'une de ces deux choses : ou l'opinion ou le désir car l'une et l'autre l'accompagnent manifestement.

Et d'abord qu'il ne soit pas le désir, cela est évident : il serait vœu, appétit ou emportement[137], car personne n'a un désir sans avoir l'un de ces trois sentiments. Or, l'emportement et l'appétit appartiennent aussi aux animaux, mais non le choix délibéré. En outre ceux qui possèdent ces deux sentiments font maints choix délibérés sans emportement et sans appétit; même, au milieu de ces passions, ils ne font pas leur choix, mais se raidissent. De plus, appétit et emportement s'accompagnent toujours de peine, mais nous faisons beaucoup de choix aussi sans peine.

Cependant même le vœu et le choix délibéré ne sont pas identiques. Car on fait certains souhaits tout en sachant qu'il font partie de l'impossible comme d'être roi de tous les hommes et d'être immortel, mais personne ne fait un tel choix

135. προαίρεσις, voir n. 94, ci-dessus ad II 6, 23a17.

136. Ou : « choisissable », τὸ προαιρετόν 25b21.

137. θυμός; emportement, colère (voir Tricot, *Éthique à Nicomaque*, ad 1116b23 et la n. 2, p. 155, et ci-dessus 1223b18-22).

délibéré sans ignorer que c'est impossible, et généralement on ne choisit pas quelque chose de possible mais qu'il ne dépend pas de nous, à ce qu'on pense, de le réaliser ou non. Il s'ensuit donc cette évidence : l'objet du choix dépend nécessairement de nous.

1226 a Mais il est aussi évident que le choix n'est pas l'opinion ni quelque chose qu'on se contente de penser ; car l'objet du choix relevait à nos yeux [138] de ce qui dépend de soi, mais nous avons des opinions sur beaucoup de points qui ne dépendent pas de nous – par exemple : que la diagonale est commensurable.

De plus, le choix n'est ni vrai ni faux. Ce n'est certes pas non plus une opinion sur les choses pratiques qui dépendent de nous et qui nous porterait à penser ce qu'il faut faire ou ne pas faire. Et ce point est commun à l'opinion et au vœu : car personne ne choisit délibérément une fin, mais les moyens en vue de la fin – je veux dire, par exemple, que personne ne choisit d'être en santé mais de se promener ou de s'asseoir pour être en santé ; personne ne choisit d'être heureux, mais de gagner de l'argent ou de courir des risques en vue d'être heureux. Et en général, sont toujours manifestes dans le choix et ce qu'on choisit et le motif du choix ; le motif est ce en vue de quoi quelque chose d'autre est choisi, l'objet du choix, c'est ce qu'on choisit en vue d'autre chose. Mais c'est surtout la fin qu'on souhaite vraiment et on est d'opinion qu'il faut être en santé et être heureux. Aussi ces considérations rendent-elles manifeste que le choix délibéré est autre que l'opinion et le vœu : souhaiter et avoir des opinions <portent> avant tout sur la fin, tandis que ce n'est pas le cas du choix. Il est donc clair

138. 1223a16-19, Sol. ; 1225a25-27 ?

que le choix délibéré n'est purement et simplement ni le vœu, ni l'opinion, ni le jugement.

Mais qu'est-ce qui l'en différencie et quel est son rapport au volontaire ? <Répondre à ces questions>, ce sera aussi clarifier la nature du choix délibéré. En somme, parmi les choses qui peuvent être et ne pas être, il est possible que certaines soient objets de délibération; pour d'autres, c'est impossible : en effet, ce qui peut être et ne pas être, mais dont l'apparition ne dépend pas de nous, et qui apparaît tantôt par nature, tantôt par d'autres causes [139], ne sera pour personne un objet possible de délibération, sinon par ignorance; mais ce qui a la possibilité non seulement d'être et ne pas être mais encore de fournir un objet de délibération [140] aux hommes, c'est ce dont il dépend de nous qu'on le fasse ou non. Aussi ne délibérons-nous pas sur les affaires des Indiens [141], ni sur la quadrature du cercle.

Car les unes ne dépendent pas de nous et l'autre échappe totalement à l'action [142]. Mais nous ne délibérons même pas sur toutes les choses dont il dépend de nous qu'elles se fassent – en quoi il est clair aussi que le choix délibéré n'est pas simplement l'opinion – mais les choses à choisir et à faire sont des choses qui dépendent de nous [143].

Aussi pourrait-on se demander pourquoi les médecins délibèrent sur ce dont ils ont la science, mais non les grammairiens ? En voici la cause : puisque l'erreur se produit de deux manières (en effet nous nous trompons soit en raisonnant, soit

139. Les autres causes : le hasard et la nécessité, voir *Physique*, II.

140. Avec Dr., p. 291, je crois que l'hypothèse d'une lacune est inutile.

141. Voir *Topiques*, III 1, 116a37.

142. Les mathématiques échappent au devenir et elles sont immuables (ἀκίνητα), voir ci-dessus II 6 et ailleurs.

143. Comme Sol. et Dr., je suis le texte des Ms en 1226a30-33.

dans notre perception, au moment de l'action), il arrive en médecine de se tromper selon les deux, mais en grammaire
1226 b <seulement> dans la perception et l'action; et si on voulait en faire l'examen, on irait à l'infini.

Donc puisque le choix délibéré n'est ni l'opinion ni le vœu[144], ni séparément ni ensemble (car personne ne fait un choix délibéré instantanément mais c'est instantanément qu'on est d'opinion d'agir et qu'on le souhaite), c'est donc qu'il résulte des deux, car ces deux composantes se trouvent chez celui qui choisit. Mais il faut examiner comment il résulte d'elles deux. Le nom lui-même peut l'indiquer en quelque façon : car le choix délibéré, c'est *prendre*, non pas simplement mais prendre une chose de *préférence* à une autre[145]; or c'est impossible sans examen et sans délibération. C'est pourquoi le choix délibéré provient d'une opinion délibérative.

Certes personne ne délibère sur la fin (elle est établie pour tous) mais sur les moyens qui tendent vers elle : celui-ci ou celui-là y tend-il ou, le moyen une fois déterminé, comment on le fera passer dans la réalité. Nous délibérons tous sur ce point jusqu'à ce que nous ayons ramené vers nous le principe du processus[146].

144. Avec Pb et Sol., Dr., on omet ἐστι προαίρεσις, 1226b2.

145. 1226b6-8 : *prohairesis* vient de *hairesis* (choix, prise) et *pro* (de préférence à, à la place de).

146. Voir *Rhétorique*, I 4, 1359a30-b1, surtout a38-b1 : « Tels sont ceux (les biens qui sont matière à délibération) que leur nature permet de rapporter à nous et dont le principe de production dépend de nous; car alors nous poursuivons notre examen jusqu'à ce que nous ayons trouvé s'il nous est possible ou impossible de les accomplir » (trad. Dufour, p. 36). On notera la similitude des expressions.

Donc si personne ne choisit sans s'être préparé et sans avoir délibéré pour savoir si la chose est mauvaise ou bonne et si, d'autre part, on délibère sur ce qui, dépendant de nous, peut exister ou non parmi les moyens d'atteindre une fin, il est clair que le choix délibéré est un désir délibératif[147] des choses qui dépendent de nous : en effet nous souhaitons tous ce que nous choisissons mais ne choisissons certes pas tout ce que nous souhaitons[148] : j'appelle cependant « délibératif » le désir dont le principe et la cause sont la délibération; et on désire parce qu'on a délibéré. Par conséquent le choix délibéré n'existe ni chez les autres animaux, ni chez l'homme à tout âge ni dans toutes les conditions, car il ne s'y trouve pas de délibération ni[149] de saisie de la cause, mais rien n'empêche plusieurs personnes d'avoir une opinion sur ce qu'il faut faire ou non, mais de le faire par raisonnement ne leur appartient plus. En effet la partie délibérante de l'âme est celle qui considère une certaine cause : « ce en vue de quoi » est l'une des causes, car si le « pourquoi » est cause, « ce en vue de quoi » quelque chose

147. Voir la même formule dans *Éthique à Nicomaque*, III 5, 1113a10-13 : « le choix sera un désir délibératif des choses qui dépendent de nous; car une fois que nous avons décidé à la suite d'une délibération, nous désirons alors conformément à notre délibération » (Tricot, p. 137-138).

148. 1226b18-19 : je lis βουλόμεθα avec Bk., Bz., Dr. et Rowe, p. 44 plutôt que βουλευόμεθα avec Sus., Sol., Rac.; voir la longue discussion dans Dr., p. 295 dont je retiens l'argument suivant : cette phrase (« Nous souhaitons tous… ») est une justification du terme « désir » dans la définition du choix alors que la phrase suivante (« Et j'appelle… ») justifie le terme « délibératif ».

149. οὔτε Ms (éd.), défendu par Dr. avec référence à Denniston, *Greek Particles*, 510; οὐδ' Sus.

existe ou devient, nous l'appelons cause[150] – par exemple le transport des affaires est cause de la marche si c'est en vue de cela qu'on marche. C'est pourquoi ceux qui n'ont pas de but[151] ne sont pas portés à délibérer. Si ce qu'il est en son pouvoir de faire ou de ne pas faire, un homme de lui-même et non par ignorance le fait ou ne le fait pas, c'est volontairement qu'il le fait ou non, et si nous posons plusieurs de ces actes sans avoir délibéré ou sans y avoir pensé auparavant, il s'ensuit[152] nécessairement que tout ce qui est choisi délibérément est volontaire, mais non que tout acte volontaire relève du choix délibéré[153], et que tout ce qui a lieu suivant un choix délibéré est volontaire mais non pas que tout ce qui est volontaire[154] a lieu selon un choix délibéré.

Et ceci prouve en même temps que les législateurs distinguent avec raison parmi les passions celles qui sont volontaires, celles qui sont involontaires et celles qui sont
1227 a préméditées : s'ils n'atteignent pas une parfaite exactitude, ils touchent pourtant en quelque manière à la vérité[155]. Mais nous

150. τοῦτ' αἴτιόν φαμεν εἶναι (1226b28) : faut-il comprendre, en soulignant le φαμεν : c'est ce qu'*on* appelle généralement cause ? Voir aussi *Physique*, II 3, 194b32-34, où se retrouve φαμεν : « on dit… ».

151. σκοπός (1226b30), voir I 2, 1214b6-11, 1227a6 *sq.*, VIII 3, 1249b24 et République 519b7-c6.

152. C'est la réponse aux questions posées en 1225b20 (à quel genre appartient le choix) et 1226a19 (sa relation avec le volontaire), voir Dr., p. 297.

153. μὴ <πᾶν> προαιρετόν (1226b35) : l'addition de « tout » (Bz.) semble nécessaire, à moins que l'on ne sous-entende le « tout » (ἅπαν), de « *tout* ce qui est choisi », après « volontaire ».

154. On corrigera en ἑκούσια la faute d'impression ἀκούσια 1226b36 de Sus., *cf.* Dr., p. 297 et Rac.

155. « Toucher la vérité », voir *Métaphysique*, α 1.

en parlerons dans notre étude sur la justice[156]; il est clair toutefois que le choix délibéré n'est simplement ni le souhait ni l'opinion mais une opinion et un désir réunis, lorsqu'ils découlent d'une délibération comme sa conclusion.

Or on délibère toujours en vue de quelque chose et il y a toujours un but pour celui qui délibère, par rapport à quoi il examine ce qui peut lui être utile, tandis que personne ne délibère sur la fin qui est au contraire principe et hypothèse – comme les hypothèses dans les sciences théorétiques (nous en avons brièvement parlé dans les discours du début et avec précision dans les *Analytiques*[157]); en revanche c'est sur ce qui tend vers la fin que tous font porter l'examen avec ou sans art, par exemple, quand il s'agit de faire ou non la guerre, c'est là-dessus que porte leur délibération. Mais la question des moyens dépendra surtout d'une question antérieure, c'est-à-dire de la fin, par exemple, la richesse ou le plaisir ou quoi que ce soit d'autre qui se trouve être la fin. En effet on délibère, si on a fait l'examen à partir de la fin, sur ce qui tend vers elle pour la ramener vers soi ou bien sur ce dont on est soi-même capable en vue de la fin[158].

Mais par nature la fin est toujours bonne, et bon[159] l'objet d'une délibération particulière, par exemple, un médecin se demandera s'il donnera un remède et un général, où il établira

156. Voir *Éthique à Nicomaque* V 10 (*Éthique à Eudème* IV 10) 1135b11 *sq.* (trad. Tricot, p. 254).

157. Voir I 2, 1214b6 *sq.*, II 11, 1227b25 et *Seconds Analytiques*, I 2.

158. Avec Sol., je garde le texte des Ms, sauf pour αὑτόν, 1227a17, Fr., au lieu de αὐτόν; *ibid.* von Fragstein, p. 114 ^{3}, avec une ponctuation différente.

159. Avec Fr. et Dr. (dans sa traduction), je sous-entends ἀγαθόν après καί, 1227a18: les moyens sont bons mais relativement à la fin, qui l'est *simpliciter*.

son camp; pour eux, bonne est la fin qui est absolument la meilleure[160], alors que c'est contre nature et par perversion que la fin n'est pas le bien, mais le bien apparent. La cause en est que certains êtres ne peuvent être employés à une fin autre que leur fin naturelle, par exemple la vue; en effet il n'est pas possible de voir ce qui n'est pas visible, ni d'entendre ce qui n'est pas audible; mais, grâce à la science, il est possible de faire ce dont il n'y a pas science, car la même science ne porte pas de la même manière sur la santé et sur la maladie : dans le cas de la santé, elle se conforme à sa nature, dans le cas de la maladie, elle y contrevient. De la même manière le souhait, par nature, porte sur le bien et aussi, mais contre sa nature, sur le mal : aussi souhaite-t-on par nature le bien mais, contre nature, par perversion, on souhaite le mal.

Or la corruption et la perversion de chaque être ne tendent pas vers n'importe quel état, mais vers les états contraires ou intermédiaires. En effet il n'est pas possible de s'en écarter car même l'erreur ne conduit pas à n'importe quoi mais aux contraires dans les cas où il y a des contraires, et à ces contraires qui, selon la science, sont contraires. Il est donc nécessaire que l'erreur comme le choix délibéré aille de l'intermédiaire vers les contraires (les contraires de l'intermédiaire sont l'excès et le défaut). Or sont causes le plaisant et le pénible : les choses étant telles que pour l'âme l'agréable est bon, ce qui est plus agréable est meilleur, le pénible est mauvais et le plus pénible,
1227 b pire. D'où il résulte de nouveau[161] clairement que la vertu et le vice portent sur les plaisirs et les peines. Car ils se trouvent à

160. Aristote oppose ici la fin la meilleure, ἁπλῶς, prise en soi et absolument, au bien « apparent » de la proposition suivante, qui est un bien relatif (τινί), voir I 8, 18b25-27, II 1, 19a10; III 1, 28b18-22; VII 2, 35b25-28.

161. « De nouveau », voir II 4, 1221b37-39 et 22b9-10 (Dr., p. 301).

porter sur les objets du choix délibéré, et le choix délibéré porte sur le bien et le mal et leurs apparences, ce que sont par nature le plaisant et le pénible.

Puisque toute vertu éthique est elle-même une médiété et porte sur le plaisir et la peine alors que le vice est dans l'excès ou le défaut et a les mêmes objets que la vertu, la vertu éthique sera nécessairement une disposition à choisir délibérément la médiété relative à nous dans ces plaisirs et ces peines qui permettent de dire de quelqu'un qu'il a telle ou telle qualité de caractère, selon qu'il éprouve de la joie ou de la peine : en effet on ne dit pas de l'amateur de sucré ou de choses amères qu'il a telle qualité de caractère.

Chapitre 11
<Vertu, choix délibéré et rectitude de la fin>

Ces distinctions faites, disons si la vertu rend infaillible le choix délibéré et correcte[162] la fin, de sorte qu'on choisisse en fonction de ce pour quoi il faut choisir ou si, comme il semble à certains[163], elle rend correcte la raison[164]. Mais c'est ce que fait la maîtrise de soi car elle ne corrompt pas la raison[165]. Or la

162. Correcte (ὀρθός), droit, « juste », 1227b12.

163. « Des Socratiques ? – *Cf.* 1216b6, V (*Éthique à Nicomaque* VI) 13, 1144b26-30 » (Fr.).

164. τὸν λόγον (1227b14) des Ms défendu par Kapp, p. 12-16 (*cf.* 27b17-18) contre Von der Mühl, *de Ar. Eth. Eud. autoritate*, p. 12 : ὁ λόγος (qu'admet implicitement Gauthier, dans sa traduction de ce passage, G.-J., II, p. 577, mais sans mention de correction ou de Von der Mühl !). Dans le même sens Von Fr., p. 118.

165. C'est-à-dire elle protège la raison ; Rac. traduit : « for that saves the rational principle from being corrupted ».

vertu et la maîtrise de soi sont différentes. Et il faudra en parler plus loin[166] : ceux du moins qui prétendent que la vertu rend correcte la raison le croient parce que la maîtrise de soi est de cette nature et que la maîtrise de soi est parmi les choses dignes d'éloges[167].

Affirmons notre pensée; après avoir soulevé ces difficultés, il est possible d'avoir un but correct mais de se tromper dans les moyens d'atteindre ce but; et il est possible que le but soit erroné mais que les moyens qui y tendent soient corrects, et enfin que ni l'un ni les autres ne soient corrects.

Est-ce que la vertu fait le but ou les moyens qui y conduisent? Nous posons qu'elle fait le but, car il ne résulte ni d'un syllogisme ni d'un raisonnement. Mais admettons donc qu'il est comme un principe. En effet le médecin n'examine pas s'il faut être en santé ou non mais bien s'il faut se promener ou non, et le professeur de gymnastique n'examine pas s'il faut se bien porter ou non mais s'il faut pratiquer la lutte ou non. De même aucun autre <art> ne porte sur la fin car, comme dans les sciences théorétiques, les hypothèses sont les principes, de même dans les sciences « poétiques »[168] la fin est le principe et l'hypothèse. Puisqu'il faut que tel corps soit en santé, telles et telles conditions doivent nécessairement être remplies qui produiront la santé, comme dans les sciences théorétiques : si

166. Voir *Éthique à Nicomaque*, VII (*Éthique à Eudème*, VI), et particulièrement 1150b29-1151a28.

167. La maîtrise de soi rendrait juste la raison; d'autre part elle est digne de louanges, donc une vertu. Sur le concept de « digne de louanges » voir ci-dessus II 1, 1219b11-16. À la l. 28, virgule après αἴτιον et sans γάρ, avec Sol. et Dr. contre Fr. et Sus.

168. Ou « d'exécution ».

les trois angles du triangle sont égaux à deux droits, il y aura nécessairement telles conséquences.

La fin est donc le point de départ de la pensée mais la conclusion de la pensée est le point de départ de l'action. Cela étant, si la raison ou la vertu est la cause de toute rectitude, si ce n'est la raison, ce sera la vertu qui produira la rectitude de la fin, mais non des moyens qui y conduisent. Mais la fin est ce pour quoi on agit, car tout choix délibéré porte sur quelque chose et est en vue de quelque chose. Aussi ce pour quoi on agit est l'intermédiaire dont la vertu est la cause par son choix de la fin[169]. Certes le choix délibéré ne porte pas sur la fin, mais sur les moyens en vue de la fin. Aussi atteindre ce qu'il faut faire en vue de la fin appartient-il à une autre faculté[170]; mais la vertu **1228 a**
est cause que soit droite la fin du choix délibéré. En conséquence nous jugeons du caractère d'un homme à son choix : c'est ce pour quoi il le fait et non ce qu'il fait.

De la même manière, le vice fait que le choix est déterminé pour les raisons contraires.

Si donc un homme, quand il dépend de lui de faire de bonnes actions et de n'en pas faire de mauvaises, fait le contraire, il n'est manifestement pas vertueux; il s'ensuit donc que le vice aussi bien que la vertu est volontaire : car il n'y a aucune nécessité de faire des actions mauvaises. C'est pourquoi le vice est blâmable et la vertu digne d'éloges : laides et mauvaises les actions involontaires ne sont pas blâmées, bonnes, elles ne sont pas approuvées, mais seulement celles qui sont volontaires. En outre nous blâmons et louons tous les

169. Je garde le texte des Ms à 1227b38, contre Sol.

170. Ou « puissance » (δύναμις); « c'est-à-dire de l'habileté jointe à la *phronêsis* : cf. *Éthique à Nicomaque* VI (*Éthique à Eudème* V) 13, 1144a7, 20 *sq.* » Fritsche, *ad. loc.*, p. 60.

hommes en considérant leur choix[171] plutôt que leurs actes[172] (quoique l'activité soit préférable à la vertu), car on fait des actes vils quand on y est forcé, mais personne ne les choisit délibérément. De plus parce qu'il n'est pas facile de voir de quelle qualité est le choix, nous sommes forcés de juger la qualité d'un homme à ses actes; assurément, l'activité est préférable mais le choix est plus digne d'éloges. Voilà donc les résultats qui découlent des points établis et s'accordent en plus avec les opinions reçues[173].

171. προαίρεσις a nettement ici le sens d'intention. Voir aussi G.-J. II, p. 195-196 (sur προαίρεσις : « décision » et « intention »).

172. Littéralement : « œuvres », 1228a13. Voir *Éthique à Nicomaque*, III 4, 1111b5-6 : « (le choix préférentiel semble)… permettre, mieux que les actes, de porter un jugement sur le caractère de quelqu'un » (Tricot, p. 128, avec référence à II 3, 1105a26 *sq.*, p. 99).

173. Sur les « opinions reçues » ou « faits observés » voir ci-dessus note sur I 6, 1216b27.

LIVRE III

CHAPITRE 1

<Le courage>

Qu'il y ait donc des médiétés dans les vertus et qu'elles **1228 a 23**
soient délibératives, et que leurs contraires soient des vices et en quoi ils consistent, on l'a dit de manière universelle. En les prenant maintenant individuellement, considérons-les l'une après l'autre, et parlons d'abord du courage.

Certes on paraît à peu près d'accord pour reconnaître à la fois que l'homme courageux a affaire aux craintes et que le courage est l'une des vertus. Nous avons antérieurement distingué dans notre tableau[1] la témérité et la crainte comme contraires : elles sont d'une certaine manière opposées l'une à l'autre. Il est donc clair que ceux qui sont nommés d'après ces dispositions seront de la même manière opposés les uns aux autres – par exemple, le lâche (ainsi nommé parce qu'il craint plus qu'il ne faut et qu'il a confiance moins qu'il ne faut) et le téméraire (ainsi nommé parce qu'il est tel qu'il craint moins qu'il ne faut et qu'il a confiance plus qu'il ne faut). C'est

1. Voir II 3, 1221a17-19, ci-dessus, p. 90.

pourquoi il est dérivé d'un mot semblable : le « téméraire » est appelé ainsi par dérivation de « témérité »[2].

Puisque le courage est la disposition la meilleure par rapport à la crainte et à la témérité et qu'il faut n'être pas comme les téméraires (car ils sont d'un côté insuffisants, de l'autre excessifs) ni comme les lâches (car eux aussi font de
1228 b même, sauf que ce n'est pas vis-à-vis des mêmes choses mais de leurs contraires, puisqu'ils manquent de confiance et ont trop de crainte), il en résulte évidemment que la disposition intermédiaire entre la témérité et la lâcheté est le courage, car c'est la meilleure.

On est d'avis que l'homme courageux est sans peur dans la plupart des cas mais que le lâche est enclin à la peur : il craint beaucoup et peu de choses, les grandes et les petites, violemment et rapidement; l'autre au contraire ou ne craint rien ou craint modérément et avec peine et rarement et de grandes choses : il supporte des choses très redoutables tandis que le premier ne supporte même pas ce qui est modérément redoutable.

Que supporte donc l'homme courageux? – Tout d'abord est-ce ce qui est redoutable pour lui ou pour un autre? Bien sûr si c'est ce qui est redoutable pour un autre, personne n'y verra rien de magnifique[3]; mais si c'est ce qui est redoutable pour lui-même, il aura de grands et nombreux dangers à redouter : ce

2. 1228a35-36 : trad. B. St.-Hilaire, p. 306; par « paronymie », voir *Catégories*, 1, 1a12-15 : « On appelle *paronymes* les choses qui différant d'une autre par le cas reçoivent leur appellation d'après son nom : par exemple le grammairien, de la grammaire et le courageux, du courage ». Pour la définition du « cas », voir *Poétique*, 20, 1457a18.

3. σεμνόν, 1228b11.

qui est redoutable[4] produit la peur chez celui pour qui c'est redoutable – c'est-à-dire[5], si c'est très redoutable, la peur sera forte, si c'est médiocrement redoutable, la peur sera faible, de sorte qu'il en résulte que l'homme courageux éprouve[6] de grandes et nombreuses craintes. Mais il paraissait[7], au contraire, que le courage rendait quelqu'un sans peur, ce qui consiste ou à ne rien craindre ou à craindre peu, et faiblement et avec peine.

Mais peut-être le mot redoutable se dit-il en deux sens, comme les mots « agréable » et « bon » : certaines choses sont agréables et bonnes absolument, d'autres le sont pour un tel et non absolument, mais au contraire elles sont mauvaises et désagréables, par exemple, ce qui est utile aux méchants et ce qui est agréable aux enfants en tant qu'enfants. De la même façon ce qui est redoutable l'est ou absolument, ou pour un tel. Ainsi, de ce que le lâche craint en tant que lâche, une partie n'est redoutable pour personne, l'autre faiblement; mais ce qui est à redouter pour la plupart des hommes, ce qui l'est pour la nature humaine, c'est ce que nous appelons redoutable absolument.

L'homme courageux est sans crainte devant ces périls et il supporte des périls tels qu'en un sens ils lui soient redoutables mais non pas en un autre : redoutables pour lui en tant qu'il est homme, ils ne le sont, en tant qu'il est courageux, que légèrement ou pas du tout. Certes ces choses sont redoutables puisqu'elles le sont pour la majorité. C'est bien pourquoi on

4. Avec Bz., je lis <τὰ δὲ φοβερά>, 1228b12; *contra*, Von Frag., p. 123.

5. « C'est-à-dire », l'un des sens de οἷον, l'autre étant : « par exemple », voir Bz., *Index* 502a7-20.

6. Pour la justification du texte des Ms, voir Dr., *ad. loc.*

7. C'est l'opinion commune, voir ci-dessus 1228b4.

loue cette disposition : le courageux ressemble à l'homme fort et en santé; en effet ceux-ci sont tels, non parce qu'aucun travail n'épuise l'un, aucun excès ne ruine l'autre mais parce qu'ils sont insensibles absolument ou faiblement sensibles aux choses qui affectent plusieurs hommes et même la majorité.

Donc les maladifs et les faibles et les lâches souffrent en quelque sorte des affections communes, à cette différence près qu'ils en souffrent plus vite et plus fortement que le reste des hommes. En outre[8] ce qui affecte bien des hommes ne les atteint pas du tout ou faiblement.

Mais reste la difficulté de savoir si rien n'est redoutable à
1129 a l'homme courageux et s'il est incapable de crainte. Ou bien rien ne s'y oppose, comme on l'a dit[9] ? Car le courage consiste dans la soumission à la raison et la raison commande de choisir le beau[10]; c'est pourquoi celui qui ne supporte pas ces choses redoutables pour ce motif ou bien est hors de son bon sens ou bien est téméraire; mais seul celui qui agit pour le beau est sans peur et courageux.

Donc le lâche craint même ce qu'il ne doit pas craindre alors que le téméraire montre une assurance même là où il ne faut pas, mais le courageux a dans les deux cas l'attitude qu'il faut, et ainsi il est intermédiaire entre l'un et l'autre, car il montre de l'assurance et de la crainte là où la raison le commande. Par ailleurs la raison ne commande pas de supporter des choses très difficiles et très destructrices à moins qu'elles

8. La plupart des éditeurs signalent ici une lacune (1228b37) ou une répétition des lignes 33-35. Je traduis le texte des Ms, donné par Sus.

9. Voir II 3, ci-dessus (p. 91), plus particulièrement 1220b28 (Fr., 64, Dr.); pour Von Fr., p. 125 il s'agit de ce qui précède immédiatement.

10. « Bien », « beau » (καλόν, l. 2); voir aussi l. 9.

ne soient belles[11]. Au contraire le téméraire, même si la raison ne le commande pas, a de l'assurance face à ces périls, et le lâche n'en a pas, même si la raison le commande ; seul le courageux a de l'assurance, si la raison le commande.

Il y a cinq espèces de courage, appelées ainsi en vertu d'une similitude car elles font supporter les mêmes périls mais non pour les mêmes raisons.

Le premier courage est le courage civique : c'est celui qui est dû à l'honneur[11a]. Le second est le courage militaire : il est dû à l'expérience et au fait de connaître non pas, ainsi que l'a dit Socrate, ce qui est dangereux, mais les ressources qu'on aura dans le danger[12]. Le troisième est le courage dû à l'inexpérience et à l'ignorance, qui fait que les fous endurent ce qui leur arrive, que les enfants prennent des serpents dans leurs mains. Une autre sorte de courage est due à l'espérance : elle fait que ceux qui ont souvent eu de la chance supportent les dangers, de même que des gens ivres, car le vin les remplit d'espérance. Une autre est due à un sentiment irrationnel[13] – comme l'amour et l'emportement ; en effet un homme en amour est téméraire plutôt que lâche et il affronte plusieurs dangers – comme le meurtrier du tyran de Métaponte et le héros dont la mythologie raconte les exploits en Crète ; il en est de même de l'action

11. καλά l. 9 (comme à la note précédente) = bonnes et belles. Mais la conjecture d'Allan, *The Fine*..., p. 71 : καλόν, avec référence à 1230a33 semble s'imposer (voir Von Fr., p. 125[1]) = « à moins que ce ne soit beau ».

11a. Voir ci-dessous, n. 28.

12. « Ressources… danger », B. St.-Hilaire, p. 311. Sur Socrate, voir Dr., p. 314 et Th. Deman, *Le témoignage d'Aristote sur Socrate*, Paris, Les Belles Lettres, 1942.

13. Ou bien : « à une passion sans calcul (ἀλόγιστον) » ; voir *Rhétorique*, II 8, 1385b23-33, où ce terme revient trois fois.

de la colère et de l'emportement puisque l'emportement jette quelqu'un hors de lui-même[14]. C'est pourquoi les sangliers semblent courageux mais ne le sont pas car, lorsqu'ils sont hors d'eux-mêmes, ils ont ce comportement mais, s'ils ne le sont pas, ils sont imprévisibles comme les téméraires.

Toutefois le courage de l'emportement est le plus naturel : c'est chose invincible en effet que l'emportement ; c'est pour cela aussi que les enfants combattent le mieux alors que le courage civique est dû à la loi.

Mais aucune de ces espèces n'est véritablement courage, elles sont toutes utiles cependant aux exhortations dans les périls.

Nous venons de parler d'une manière générale de ce qui est redoutable, mais il vaut mieux apporter de nouvelles distinctions. Globalement donc, les choses dites redoutables sont celles qui engendrent la crainte : telles sont celles qui semblent produire une peine destructrice : car ceux qui attendent quelqu'autre douleur éprouveront peut-être une peine différente et un sentiment différent, mais qui ne sera pas la crainte – par exemple si on prévoit qu'on souffrira de la peine dont souffrent les jaloux ou les envieux ou les victimes de la honte. Mais la crainte ne se produit que face à ces peines qui
1229 b nous semblent de leur nature capables de détruire notre vie ; c'est pourquoi certains hommes, fort mous par ailleurs, sont dans quelques cas courageux et d'autres, fermes et patients, sont lâches. Et en fait c'est vraiment le propre du courage, selon l'opinion, que de se comporter d'une certaine manière devant la mort et la douleur qui l'accompagne : car si un

14. Voir P. Aubenque, *Le Problème de l'être chez Aristote*, p. 433-438, sur la notion d'« extatique » appliquée au mouvement et au temps.

homme pouvait supporter, comme le demande la raison, le chaud et le froid, et d'autres peines du genre, aucunement dangereuses, mais était, face à la mort, faible et rempli de crainte pour aucun autre sentiment que la destruction elle-même alors qu'un autre, face à ces mêmes choses, serait faible mais impassible devant la mort, c'est le premier qu'on estimerait lâche et le dernier courageux ; on parle de danger, en effet, seulement à propos des événements redoutables où se rapproche ce qui cause notre destruction ; le danger apparaît lorsque, tout proche, apparaît la mort.

On a donc dit que les choses redoutables auxquelles a affaire, à notre avis, l'homme courageux sont précisément celles qui semblent capables de causer une peine destructrice tout en semblant proches et non éloignées, et d'une telle ampleur réelle ou apparente qu'elles sont proportionnées à l'homme. Il est nécessaire en effet que certains dangers semblent redoutables à tout homme et le bouleversent, car rien n'empêche que, de même que le chaud et le froid et quelques-unes des autres forces nous dépassent, nous et les dispositions du corps humain, quelques-unes des souffrances morales [15] le fassent aussi.

Les lâches et les téméraires sont donc trompés [16] par leurs dispositions : pour le lâche, ce qui n'est pas redoutable semble redoutable, ce qui l'est peu lui semble l'être beaucoup, pour le téméraire, au contraire, ce qui est redoutable semble inspirer confiance et ce qui est très redoutable lui semble l'être peu ; par ailleurs, à l'homme courageux les choses apparaissent dans leur entière vérité.

15. Littéralement : « de l'âme ».

16. διαψεύδονται, 1229b22, Ms, Bk., Fr., Dr. ; ἐπιψεύδονται Sus.

C'est pourquoi l'homme qui endure des choses redoutables par ignorance n'est pas courageux (par exemple si quelqu'un supporte la foudre qui tombe, par folie), ni celui qui, connaissant la grandeur du danger, lui fait face par emportement (comme les Celtes vont au devant des flots après avoir pris leurs armes); et en général le courage des barbares s'accompagne d'emportement[17].

Parfois on supporte les dangers aussi en vue d'autres plaisirs, car même l'emportement procure un certain plaisir: il est lié à un espoir de vengeance. Mais cependant si, à cause de ce plaisir ou d'un autre, quelqu'un supportait la mort ou pour fuir des peines plus grandes, personne à bon droit ne le dirait courageux. En effet, si mourir était agréable, souvent par absence de maîtrise de soi mourraient les intempérants, comme c'est le cas même maintenant: alors que la mort elle-même n'est pas agréable mais que ce qui la procure l'est, beaucoup par manque de maîtrise de soi s'y précipitent en toute connaissance; aucun d'eux cependant ne saurait être réputé courageux même s'il était parfaitement disposé à mourir. Et aucun de ceux qui fuient la souffrance, comme plusieurs le font, n'est courageux; ainsi que le dit Agathon[18]:

1230 a D'entre les mortels les médiocres, vaincus par la souffrance,
désirent mourir.

17. C'est toujours la difficulté de rendre toutes les nuances du mot θυμός: impulsion, emportement, colère, passion, voir tout le passage. – Les Celtes avaient été vus en Grèce pour la première fois en 368-367, d'après Xénophon, *Hell.*, 7, 1.20-31 (Dr., *Éthique à Nicomaque*, p. 341 qui précise *Éthique à Eudème*, p. 319, qu'il s'agit de *Gallier, Galater*: seraient-ils « nos ancêtres les Gaulois »?).

18. *Fr.* 7 Nauck[2]; voir le *Banquet* de Platon et P. Lévêque, *Agathon*, Paris, 1955.

C'est aussi ce que les poètes, dans leurs fables, racontent de Chiron; par suite de la douleur de ses blessures il implora la mort, tout immortel qu'il était.

On peut en dire à peu près autant[19] de tous ceux qui par expérience supportent les dangers : c'est sans doute de cette manière que la plupart des soldats le font. Car il en va au contraire de ce que pensait Socrate lorsqu'il croyait que le courage était une science. Ce n'est pas en effet parce qu'ils connaissent les dangers que sont confiants ceux qui savent monter aux mâts, mais parce qu'ils connaissent les ressources dont ils disposeront dans le danger; et ce qui fait se battre avec une hardiesse particulière n'est pas du courage, car alors la force et la richesse, selon Théognis, seraient le courage :

En effet tout homme est dompté par la pauvreté[20].

Manifestement certains, tout en étant lâches, tiennent ferme cependant par expérience, et cela parce qu'ils ne pensent pas qu'il y a danger car ils connaissent les secours contre les dangers; en voici la preuve : lorsqu'ils croient qu'il n'y a pas de secours mais que le danger est déjà imminent, ils ne tiennent pas ferme. Mais parmi tous ces motifs[21] les hommes qui, par pudeur[22] tiennent ferme, paraîtraient par dessus tout coura-

19. Trad. B. St.-Hilaire, p. 317.

20. Théognis, 117. – Voir *Rhétorique*, II 5, particulièrement 1383a34-b3.

21. αἰτίων avec les Ms, Sol., Dr. : ἀνδρείων Sp., Sus.; voir les autres causes, indiquées par διά : « à cause de », « dû à », ci-dessus, 1229a12-31, p. 122 (Dr., p. 321).

22. αἰδώς : pudeur, honte, respect, honneur, *cf.* 1229a14 et voir G.-J., II, p. 320-322, pour l'histoire du terme; J. Brunschwig, note *ad. Topiques*, IV 5, 126a6-9, traduit αἰσχύνη, terme équivalent de αἰδώς, par *respect humain* « pour en accentuer la valeur sociale », avec référence à *Rhétorique*, II 6,

geux, comme Homère disait qu'Hector supportait le danger de faire face à Achille :

> Et la pudeur enveloppe Hector[23]

Et

> Polydamas serait le premier à m'accabler d'injures[24].

Et c'est là le courage civique.

Pourtant le vrai courage n'est ni ce dernier ni aucun des autres <genres> mais il leur est semblable, comme aussi celui des brutes qui, par passion, se précipitent droit devant les coups. En effet ce n'est pas parce qu'on sera déshonoré qu'en proie à la crainte on doit rester à son poste[25] ni par colère, ni par conviction d'échapper à la mort ni parce qu'on possède les moyens de se protéger car on ne pensera même pas, dans ce cas au moins, qu'il y a quelque chose à craindre. Mais puisque toute vertu implique un choix délibéré (nous avons dit plus haut ce que cela signifiait[26] : elle fait que l'on choisit tout en vue de quelque chose, qui est la fin, c'est-à-dire ce qui est beau), il est évident, qu'étant une vertu, c'est en vue d'un but que le courage fait supporter les périls, de sorte que ce n'est ni par ignorance (il fait plutôt juger correctement), ni par plaisir,

1383b13; ce passage de *Éthique à Eudème* va dans le même sens (B. St.-Hilaire emploie le plus souvent : « respect humain *et* honneur »). Pour L. Gernet ce terme n'est « guère traduisible », *Antropologie de la Grèce antique*, Paris, Maspéro, 1968, p. 181-182.

23. Ne se retrouve pas dans nos éditions d'Homère.

24. Iliade XXII, 100.

25. On peut aussi comprendre : « En effet ce n'est pas parce qu'il ne sera pas estimé qu'un homme doit faire face, bien qu'il craigne… » B. St.-Hilaire, p. 318, Sol.

26. 1227b5-11 ; 1227b34; 1228a7.

mais parce que c'est beau, étant donné que, si ce n'était pas beau mais insensé, on ne les supporterait pas, car ce serait honteux.

CHAPITRE 2
<Modération et intempérance>

On a sans doute parlé suffisamment pour notre présent projet de l'objet du courage, comme médiété, des extrêmes[27] entre lesquels il se situe et de ses causes, de la signification de ce qui est redoutable[28]. Il faut maintenant tenter de définir la modération et l'intempérance[29]. Or l'intempérant se dit de

27. C'est-à-dire, de quels vices il est l'intermédiaire.

28. Voir 1228b4 *sq.*

29. On traduira indifféremment σωφροσύνη par *modération* ou *tempérance* et ἀκολασία par *intempérance*. On trouvera un résumé commode des études faites sur l'évolution de ce mot, avec citations des auteurs, dans Gauthier-Joliff II, p. 236-238 (qui préfèrent *tempérance* à *modération*). Le résumé de G. de Vries, cité par G.-J., p. 236 est important pour comprendre le rapprochement avec la « guérison » : « *Sôphrosunè* est santé d'esprit, soit intellectuelle, soit éthique. Bien que ces deux moments divergent, ils ne sont pas séparés dans la conscience grecque primitive… Selon que l'accent porte sur l'idée intellectuelle ou sur l'idée éthique, on obtient pour *sôphrosunè* l'aboutissement à « santé d'esprit » en contraste avec « démence » et avec « déraison », – ce sens tout intellectuel du mot est notamment bien marqué chez Hérodote, qui six fois sur sept l'emploie en ce sens, mais on le trouve aussi chez des auteurs comme Sophocle ou Aristophane, – ou bien à « maîtrise de soi », « modération », « tempérance » (spécialisée en « chasteté »). *Sôphrôn* peut signifier alors : « jouissant de toutes ses facultés intellectuelles », « sensé », « prudent », « discret » (si l'on cherche la transition de ce qui est intellectuel à ce qui est éthique, la voici !), « maître de soi », « modéré », « pudique », « chaste » (p. 99). – Dans la *Rhétorique* I 9, 1366b13-15 la *tempérance*, « vertu grâce à laquelle

plusieurs manières car c'est celui qui, en un sens, n'a pas été
1230 b « tempéré » ou guéri[30], comme l'individu indivisé c'est celui qui n'a pas été divisé, et l'un d'eux peut l'être, l'autre ne le peut pas : car est indivisé et ce qui ne peut être divisé et ce qui peut l'être mais ne l'est pas[31]. Et cela vaut pour l'intempérant car il y a ce qui n'est pas naturellement fait pour se faire tempérant et ce qui est naturellement fait pour l'être mais ne l'a pas encore été, pour des fautes à l'égard desquelles le tempérant agit correctement, par exemple les enfants : on les appelle intempérants de cette sorte d'intempérance. En outre sont intempérants de l'autre manière les gens difficilement accessibles et ceux qui ne le sont pas du tout à un traitement destiné à les rendre tempérants[32].

Bien que l'intempérance ait plusieurs sens, il est clair que les intempérants ont affaire à des plaisirs et à des peines et que c'est parce qu'ils sont disposés de telle et telle manière envers eux qu'ils diffèrent entre eux et des autres gens.

Mais nous avons antérieurement montré d'une manière schématique[33] comment nous nommons l'intempérance par

l'on est, relativement aux plaisirs du corps, dans la disposition requise par la loi » s'oppose, non à l'ἀκολασία, mais à l'ἀκρασία (*absence de maîtrise de soi* que M. Dufour rend par *dérèglement*).

30. Pour garder le jeu de mots sur ἀ-κόλαστος, je traduis κεκολασμένος par « *tempéré*, comme on dit : « tempérer » l'ardeur de quelqu'un.

31. Cette distinction est présentée sous les noms d'oppositions de privation et de négation, voir *Métaphysique*, Δ 22 en entier.

32. Sur les corrections ou traitements, voir ci-dessus I 3, 1214b33-35. On notera le passage fréquent de la santé mentale à la santé physique.

33. D'après Dr., p. 232, référence à II 3, 1221a19-23 (a2); voir ci-dessus p. 91 et la longue note sur διεγράψαμεν, au sens de « montrer schématiquement » (*schematisch aufgezeichnet*); mais il s'agit plutôt d'une référence à ce qui précède immédiatement : a38-b8.

transfert de sens[34]. Car[35] ceux que, par suite de leur insensibilité, ces mêmes plaisirs n'émeuvent pas on leur applique tantôt le nom d'insensibles, tantôt d'autres noms semblables[36]. Mais cette affection n'est pas du tout connue et répandue : on pèche plutôt par l'autre excès, et il est inné en tous de se laisser vaincre par de tels plaisirs et d'y être sensibles. Ces êtres insensibles sont surtout les sortes de rustres que les auteurs comiques présentent et qui ne s'approchent pas des plaisirs, même quant à ce qui serait modéré et nécessaire[36a].

Puisque la tempérance[37] porte sur des plaisirs, il est nécessaire qu'elle porte aussi sur certains appétits[38] qu'il faut dès lors identifier : car ce n'est pas vis-à-vis de tous les appétits ni de tous les plaisirs que l'homme tempérant est tempérant mais, selon l'opinion[39], vis-à-vis des objets de deux sens, le goût et le toucher, toutefois, selon la vérité, du toucher seulement. Car il n'y a pas de modération à l'égard du plaisir que la vue prend aux belles choses – sans appétit sexuel – ni de la peine produite par des choses laides, ni à l'égard du plaisir ou de la peine que procurent à l'ouie les sons harmonieux ou discordants, ni à l'égard du plaisir ou de la peine de l'odorat devant de bonnes ou de mauvaises odeurs : personne n'est traité d'intempérant parce qu'il les éprouve ou non. Par exemple, si quelqu'un

34. Littéralement : « nous métaphorisons ».

35. γάρ Ms, et les éditions, Dr., δέ Sus.

36. τοιούτοις Ms, Bk., Rack., Dr., τοιούτους Sus. ; *cf.* 1231a26-34.

36a. Voir le personnage de Strepsiade, dans les *Nuées* et Dover, *Greek Popular Morality*, p. 113.

37. Ici comme en d'autres endroits, Aristote emploie l'adjectif (le tempérant) au lieu du substantif abstrait (la tempérance) ou le neutre, voir ci-dessus 1230b1-7.

38. ἐπιθυμίας : on hésite à employer constamment « concupiscence ».

39. Référence à Platon, voir entre autres passages *Philèbe*, 51b.

voit[40] une belle statue ou un beau cheval ou un bel homme ou écoute un chanteur et ne peut ni manger, ni boire, ni faire l'amour, mais veut regarder les belles choses et écouter les chanteurs, on ne pensera pas qu'il est intempérant, pas plus que ne l'étaient ceux qui furent charmés par les Sirènes.

Mais la tempérance et l'intempérance portent sur ces deux sortes d'objets sensibles qui en outre éveillent, et seuls, la sensibilité des animaux sauvages, dans la joie et dans la peine : ceux du goût et du toucher. Face aux plaisirs qu'apportent les
1231 a autres objets sensibles, ils sont visiblement tous uniformément insensibles – par exemple, vis-à-vis de l'harmonieux et du beau ; la vue de beaux objets ou l'audition de sons harmonieux ne les affecte évidemment pas d'une manièrc digne de mention, à moins que ne survienne quelque chose d'extraordinaire[41] ; et c'est la même chose pour les bonnes ou les mauvaises odeurs, quoique tous leurs sens soient assez aigus. Ils se réjouissent bien de certaines odeurs mais accidentellement et non en soi : par « non en soi » j'entends les odeurs dont nous jouissons non pas en les espérant ou en nous les remémorant – par exemple les plaisirs causés par les odeurs du manger et du boire (car c'est grâce à un autre plaisir que nous nous en réjouissons, celui de manger et de boire) ; les odeurs qui réjouissent en soi sont, par exemple, celles des fleurs[42]. C'est pourquoi Stratonicus disait élégamment que certaines odeurs sentent beau et d'autres, agréable[43].

40. θεώμενος l. 31 et l. 34 : θεωρεῖν : regarder, contempler.

41. L'exemple classique : Orphée.

42. Voir *De sensu*..., 5, 443b17-444a3, surtout b26-27. Pour a7-8, texte des Ms, avec Dr.

43. Les fleurs dans le premier cas, la nourriture dans le second. Stratonicus, musicien contemporain (410-360 A.C.).

En fait tous les plaisirs du goût n'excitent pas les animaux – ce ne sont pas ceux qu'ils perçoivent au bout de la langue mais dans le gosier, et la sensation éprouvée ressemble plus au toucher qu'au goût. (C'est pour cette raison que les gourmands ne demandent pas aux dieux d'avoir une grande langue mais d'avoir le gosier d'une grue, comme l'a relaté Philoxène, fils d'Eryxis[44]). Aussi faut-il affirmer que c'est sur les objets du toucher, pour parler simplement, que porte l'intempérance; de même façon aussi l'intempérant a affaire aux plaisirs du toucher. En effet l'ivrognerie, la gloutonnerie, la débauche, la gourmandise et tous les autres vices semblables relèvent des sensations déjà mentionnées, et ils forment les parties de l'intempérance. L'exagération dans les plaisirs de la vue, de l'ouïe et de l'odorat ne provoque pas l'appellation d'intempérance mais la réprobation, sans mépris, de ces fautes et, globalement, de toutes celles où on ne fait pas preuve de maîtrise de soi; or qui n'est pas maître de soi n'est ni intempérant ni tempérant[45].

Insensible donc, ou quel que soit le nom qu'il faille lui donner, est celui dont les dispositions sont telles qu'il manque à prendre sa part des plaisirs qui réjouissent nécessairement tout un chacun dans la plupart des cas, intempérant, celui qui exagère. Car tous s'en réjouissent naturellement et les désirent, et ils ne sont pas intempérants et n'en reçoivent pas l'appellation (car ils ne commettent d'excès ni par une joie anormale en

44. Philoxène, caractère de la comédie antique.

45. Dr., p. 327 rappelle et approuve la ponctuation de Kapp, p. 24 : arrêt *après* (et non avant) ἀκρατεῖς l. 25, à tort à mon avis : Aristote veut souligner ici la différence entre l'intempérance et l'absence de maîtrise de soi, confondues dans la *Rhétorique*, I 9, 1366b13-15 (où cette dernière s'opposait à la modération); voir ci-dessus, n. 24, et la conclusion du chapitre 1231b2-4.

leur présence ni par une affliction anormale en leur absence[46]); ils ne sont pas insensibles (car ils ne pèchent pas par défaut à l'égard du plaisir ou de la peine, mais plutôt par excès).

L'existence de l'excès et des défauts en ces matières entraîne évidemment celle d'une médiété, disposition qui est la meilleure et contraire aux deux autres. Il s'ensuit que, si la tempérance est la meilleure disposition à l'égard de ce à quoi l'intempérant a affaire, la tempérance sera la médiété par rapport à cette catégorie d'objets sensibles agréables déjà mentionnés, médiété entre l'intempérance et l'insensibilité;
1231 b et l'excès sera l'intempérance, et le défaut sera sans nom ou désigné par les noms donnés antérieurement[47].

Nous apporterons des distinctions plus rigoureuses sur le genre des plaisirs dans nos propos ultérieurs sur la maîtrise de soi et l'absence de maîtrise de soi[48].

CHAPITRE 3
<Douceur et difficulté de caractère>

Il faut comprendre de la même manière la nature de la douceur[49] et de la difficulté de caractère. En effet nous voyons que le caractère doux est en rapport avec la peine qui naît de l'emportement par suite de sa disposition à l'égard de cette peine.

46. « Anormale » traduit « plus qu'il ne faut ».

47. Voir 1230b15.

48. Voir *Éthique à Nicomaque* VII (*Éthique à Eudème* VI) 6 (Tr., p. 336). – Voir la remarque de Dr., citée *infra*, n. 62.

49. « Placidité », G.-J., I 301; voir la suite et Stewart I, p. 349. – Ne faudrait-il pas utiliser « sérénité » ?

Nous avons présenté d'une façon schématique[50] et nous avons opposé à l'homme colérique, difficile et sauvage (puisque tous ces qualificatifs appartiennent à la même disposition) l'homme servile et sot. Sans doute ces qualificatifs désignent-ils surtout ceux qui ne s'emportent pas quand il le faut, mais qui se soumettent aisément aux outrages et s'humilient face au mépris : car la lenteur à s'emporter s'oppose à la rapidité, la violence à la douceur, la longue durée de cette peine que nous appelons emportement à sa courte durée. Mais puisqu'il existe, ici comme ailleurs, ainsi que nous l'avons dit[51], un excès et un défaut (car le caractère difficile ressent plus rapidement cette émotion et plus vivement, et plus longtemps et quand il ne le faut pas, et à l'endroit de ceux qu'il ne faut pas, et fréquemment, tandis que le caractère servile fait le contraire), il y a clairement un caractère intermédiaire dans cette inégalité.

Donc, puisque ces dispositions sont l'une et l'autre fautives, il est manifeste que la disposition intermédiaire entre elles est bonne, car celui qui en est affecté ne se fâche ni trop tôt ni trop tard, ni contre qui il ne le doit pas mais bien contre qui il le doit.

Puisqu'en fait la douceur est la meilleure disposition à l'égard de ces sentiments, la douceur sera en conséquence une médiété et l'homme doux tiendra le milieu entre l'homme difficile et l'homme servile.

50. II 3, 1220b38, 1221b12-15; mais *cf.* n. 33.

51. Voir 1220b21 *sq.*

CHAPITRE 4
<La libéralité>

La grandeur d'âme, la magnificence et la libéralité sont aussi des médiétés. La libéralité se rapporte à l'acquisition et à la perte des richesses. Celui que toute acquisition réjouit ou que toute perte chagrine anormalement est illibéral[52], celui que les deux <affectent> moins qu'il ne faut est prodigue et celui que les deux affectent comme il faut est libéral. (Je veux dire par « comme il faut », ici et ailleurs[53], « selon la droite raison »). Mais puisque les deux premiers se manifestent dans l'excès et le défaut, et que, là où il y a des extrêmes, il y a un intermédiaire et que c'est le meilleur, et que ce meilleur est unique pour chaque espèce[54], il est nécessaire que la libéralité soit une médiété entre la prodigalité et l'illibéralité dans l'acquisition et la perte des richesses. Mais nous parlons de « richesses » et de l'« art de s'enrichir » en deux sens[55] : il y a d'abord l'usage
1232 a propre de la propriété (par exemple : l'usage d'une chaussure ou d'un manteau), ensuite l'usage accidentel, non certes à la façon dont quelqu'un se servirait de sa chaussure comme d'un poids mais comme d'un objet à vendre ou à louer, car c'est encore se servir d'une chaussure.

52. « Illibéral » trad. de B. St.-Hilaire, p. 329 pour ἀνελεύθερος. – Comme exemple de prodigalité Stewart I, p. 324 cite le portrait que Théopompe trace de Philippe et de ses amis (Athénée IV, 62).

53. Voir II 3, 20b27-28; 5, 22a6-17, b5-9 (avec référence à VIII 3, 49a21 *sq.*), III 1, 29a1-11 ; V (*Éthique à Nicomaque* VI) 1.

54. « Unique pour chaque espèce » (d'acte) plutôt que « spécifiquement un » (Dr.) ; voir 32a10, leurs « espèces ».

55. Voir *Politique*, I 9, 1246b40-57a14.

L'avare est celui qui se passionne pour l'argent, qui entre alors dans la catégorie de la possession, au lieu de garder son usage accidentel. Mais l'homme illibéral peut être aussi prodigue dans la manière accidentelle de s'enrichir, car c'est l'enrichissement naturel qu'il vise à accroître. Le prodigue manque du nécessaire, le libéral donne son superflu. Leurs espèces diffèrent par excès ou par défaut dans des domaines partiels, par exemple sont illibéraux l'économe, le pingre et le sordide ; l'économe : il ne dépense pas en pure perte, le sordide : il accepte n'importe quoi, et le pingre : il s'émeut violemment pour de petites sommes ; le tricheur et le spoliateur : celui qui commet une injustice par illibéralité. Et semblablement pour le prodigue : il y a le gourmand, qui dépense sans aucun ordre, et l'irréfléchi, qui ne se donne pas la peine de calculer.

CHAPITRE 5
<*La magnanimité*>

Quant à la magnanimité[56], c'est à partir des traits accordés aux magnanimes qu'il faut définir ce qui lui est propre.

En effet comme d'autres choses[57], en vertu de leur voisinage et de leur similitude jusqu'à un certain point, échappent à l'attention lorsqu'elles le dépassent, ainsi en est-il pour la magnanimité. C'est pourquoi les caractères contraires revendiquent parfois la même qualité[58], par exemple le prodigue celle

56. Sur la magnanimité voir R.-A. Gauthier, *La magnanimité*, p. 55-118 et G.-J., II, p. 272-298.

57. Texte des Ms, avec Sol., Dr. sans l'addition <ἄ> l. 21 de Fr., Sus.

58. C'est-à-dire, la qualité intermédiaire entre les extrêmes, et qui est la vertu.

de libéral, l'arrogant celle de l'homme grave, le téméraire celle du courageux; car ils s'intéressent aux mêmes choses et, jusqu'à un certain point, sont limitrophes[59] : l'homme courageux supporte les dangers, l'audacieux aussi mais de manière différente; et cette différence est très grande[60].

Nous reconnaissons l'homme magnanime, selon le mot qui le désigne, à une certaine grandeur et puissance d'âme. Ainsi il ressemble à l'homme grave et magnifique, car[61] la magnanimité accompagne apparemment elle aussi toutes les vertus; et juger correctement des biens, grands ou petits, c'est digne d'éloge.

Or ces biens sont grands, à ce qu'on croit, que poursuit le possesseur de la meilleure disposition à l'égard de tels plaisirs[62]. Mais la magnanimité est cette meilleure disposition; et chaque vertu juge correctement du plus et du moins dans son domaine, précisément ce que le sage et la vertu commanderaient, de sorte que toutes les vertus accompagnent la magnanimité ou bien elle les accompagne toutes[63].

59. « Limitrophes », B. St.-Hilaire, p. 333.

60. Voir ci-dessus, chap. 1.

61. « Parce que » (ὅτι : Sus., app. crit., Sol., Rac.) plutôt que ὅτε, 1232a31, des Ms défendu par Dr., p. 339.

62. τοιαῦτα [εἶναι] ἡδέα, 1232a34, Ric., Rac., Dr. – Sur « le plus et le moins » voir Kraemer, p. 350. – Comme le remarque Dr., p. 327, nous avons maintenant des renvois aux trois livres communs : 1227a2 à *Éthique à Nicomaque* V (*Éthique à Eudème* IV); 1218b16 et 1222b8 à *Éthique à Nicomaque* VI (*Éthique à Eudème* V); 1216a37, 1227b16 et 1231b3 à *Éthique à Nicomaque* VII (*Éthique à Eudème* VI).

63. Voir *Éthique à Nicomaque*, IV 3, 1124a1-4 : « La magnanimité semble donc être une sorte d'ornement des vertus, car elle les fait croître et ne se rencontre pas sans elles. C'est pourquoi il est difficile d'être véritablement un homme magnanime, car cela n'est pas possible sans une vertu parfaite » (ἄνευ

De plus un autre trait du magnanime veut qu'il soit méprisant. Chaque vertu porte les hommes à mépriser des 1232 b
grandeurs contraires à la raison, par exemple le courage à l'égard des dangers[64], (car ce qui est grand, pense-t-il, est honteux[65] et toute multitude n'est pas redoutable), et l'homme modéré face à des plaisirs grands et nombreux, le libéral, enfin, face aux richesses. De l'avis général, cette caractéristique appartient à l'homme magnanime, puisqu'il s'intéresse vivement à peu de choses, et qui sont grandes, et non parce qu'un autre les croit telles ; et il s'inquiétera plutôt de l'opinion d'un seul homme vertueux que de celle de la foule, comme Antiphon[66], après sa condamnation, l'a dit à Agathon qui le louait de sa défense. Être dédaigneux est le sentiment tout particulièrement propre au magnanime. Par ailleurs, en ce qui a trait à l'honneur, à la vie et à la richesse, biens que l'humanité semble rechercher, il ne s'inquiétera d'aucun d'entre eux sauf de l'honneur : il serait peiné s'il était déshonoré et commandé par quelqu'un d'indigne, et il se réjouit au plus haut point lorsqu'il l'obtient.

Ainsi il semblerait donc se contredire : en effet, rechercher[67] avant tout l'honneur et mépriser la foule et l'opinion ne

καλοκἀγαθίας), Tricot, p. 189 ; cette notion de *kalokagathia*, « vertu parfaite » reviendra à la fin de l'*Éthique à Eudème*, VIII 3, 1248b11-37, ci-dessous.

64. *Sc.* « contraires à la raison », à sous-entendre. Voir l'excellente explication de Dr., 341.

65. Texte difficile (1232b2), comme l'indiquent les corrections proposées par Fr., Jac., Sol., Rac. ; Dr. défend le texte des Ms, accepté par Von Fr., p. 135. Voir *Éthique à Nicomaque*, IV 7, 1123b30-32 où le magnanime est caractérisé comme celui qui ne saurait commettre de gestes honteux, « lui pour qui rien n'est grand ».

66. Discours prononcé en 411, voir Thucydide, VIII, 62, 2.

67. Avec Sol. et Dr. je lis τὸ (τῷ, Sus.) γάρ l. 14 et garde καί l. 16.

concordent pas. Il faut donc apporter des distinctions, car l'honneur est petit ou grand de deux manières : il diffère selon qu'il est accordé par une foule ordinaire ou par ceux qui méritent considération et, de nouveau, selon le motif. En effet un honneur est grand non seulement par le nombre de ceux qui le rendent et par leur qualité, mais aussi par le fait d'être honorable ; en vérité, le pouvoir et tous les autres biens honorables et dignes d'effort sont ceux qui sont vraiment grands, de sorte qu'il n'y a aucune vertu sans grandeur ; c'est pourquoi on reconnaît que chaque vertu rend magnanime dans le domaine qui la concerne, comme nous l'avons dit[68].

Néanmoins à côté de ces autres vertus, il y a une magnanimité particulière, qui fait qu'il faut appeler « magnanime » au sens propre son possesseur. Or certains biens sont honorables et d'autres, non, selon la distinction faite précédemment[69] et, de ces biens, les uns sont vraiment grands et les autres petits, et certains hommes en sont dignes et s'en estiment dignes, c'est donc parmi ces gens qu'il faut chercher le magnanime. Mais il est nécessaire de faire une quadruple distinction : en effet, il y a la personne qui est digne de grandes choses et qui s'en juge digne ; il y a de petites choses et la personne qui en est digne et qui s'en juge digne, et il y a l'inverse pour chacun de ces cas : en effet serait tel celui qui, étant digne de petites choses, se jugerait digne de grands biens honorables et celui qui, étant digne de grandes choses, se jugerait digne de petites. Donc d'un côté, la personne qui est digne de petites choses et qui se juge digne de grandes est blâmable car il est insensé et pas beau

68. Voir 1232a39 *sq.* ci-dessus.

69. J'accepte la correction de Sol. : τὰ δ' <οὔ>, ὥς… ; « précédemment », voir ci-dessus l. 10-23, et la note 26.

de viser au-delà de son mérite ; mais blâmable aussi la personne qui, digne que de tels biens lui appartiennent, s'en juge 1233 a
indigne. Reste alors le contraire de ces deux cas : la personne qui, étant digne de grandes choses s'en juge digne, et qui est telle qu'elle s'estime être ; cette dernière est digne d'éloges et est intermédiaire entre les deux autres.

Pour ce qui est donc du choix et de l'usage des honneurs et des autres biens honorables, la magnanimité est la meilleure disposition ; et nous rendons compte ainsi du magnanime (qui n'est pas en rapport avec l'utile) ; et, puisque du même coup, cette médiété apparaît comme la plus digne d'éloge, il est évident que la magnanimité elle aussi est une médiété[70].

Mais au sujet des dispositions contraires comme nous l'avons décrit[71] schématiquement, la première qui fait qu'on se juge digne de grands biens alors qu'on en est indigne est la vanité : en effet nous appelons vaniteux ceux qui se croient dignes de grands honneurs alors qu'ils ne le sont pas. La deuxième qui fait qu'on ne se juge pas digne de grands biens alors qu'on en est digne est la pusillanimité : de l'avis général est pusillanime celui qui possède les qualités qui font qu'on le considère, avec raison, digne de ces honneurs tandis qu'il ne se juge digne de rien de grand. Par conséquent, la magnanimité est nécessairement une médiété entre la vanité et la pusillanimité.

Le quatrième type d'homme que nous avons distingué[72] n'est ni tout à fait blâmable ni magnanime, n'ayant rien à voir

70. Ponctuation de Fr., adoptée par Sol., Rac., Dr. : ἐπαινετωτάτη, δῆλον (a8)… εἴη (a9). L'*utile* dont se désintéresse le magnanime, c'est la richesse, 36b10.

71. Voir II 3, 1221a10, 31 *sq.*, selon Dr., mais c'est plutôt 1232b30-33a4.

72. Voir ci-dessus, 1232b31 *sq.*

avec quelque grandeur : en effet cet homme n'est pas digne de grandes choses et ne s'en croit pas digne; aussi n'est-il pas le contraire du magnanime. Certes se juger digne de petites choses et l'être peut sembler le contraire d'être digne de grandes choses et de s'en juger digne. Mais ce n'est pas son contraire, même pas par le fait qu'il serait blâmable car il se comporte comme la raison l'ordonne, et il est par nature le même que le magnanime, car ce dont ils sont dignes, tous deux s'en jugent dignes. Et il peut devenir magnanime car il se jugera digne de ce dont il est digne alors que le pusillanime, lorsque de grands biens honorables[73] s'offrent à lui, s'en juge indigne, – que ferait-il s'il était digne de petits honneurs ? Car ou bien[74] il se jugerait digne de grands honneurs et il serait vaniteux ou bien alors, digne d'honneurs encore moindres que ceux qu'il a[75]. C'est pourquoi personne n'appellerait pusillanime un métèque qui se jugerait indigne de commander mais obéirait; ce serait le cas toutefois d'un bien-né qui estimerait aussi que le pouvoir est une grande chose.

73. Voir les « biens honorables » de 32b35 (Dr., p. 345).

74. ἤ, a27 : la plupart des Ms, Bk., Sol., Dr., εἰ Pb, Sus., qui indique une lacune après ἦν l. 27, lacune non retenue par Bk., Sol., Rac., Dr.

75. « Selon les définitions données au chap. 5 le pusillanime est digne de grands biens, mais il se considère digne de petits biens. Question : que ferait-il s'il était digne de petits biens ? – Réponse : il y a deux possibilités : ou bien il s'estime digne de grands biens; alors il est du type 3 (ἦν est un imparfait « logique » = il était selon la détermination donnée ci-dessus…), donc il est vaniteux. [Ou bien…] il s'estime digne de biens qui se trouvent inférieurs au niveau des « petites choses » : « c'est de choses encore plus petites (qu'il s'estime digne : *Éthique à Nicomaque*, IV 3, 1123b11) » Dr., p. 345.

CHAPITRE 6
<La magnificence>

L'homme magnifique aussi n'a pas affaire à n'importe quelle action et n'importe quel choix[76], mais à la dépense – sauf si nous parlons de manière métaphorique : sans dépense, la magnificence n'existe pas, car c'est la convenance dans la parure et la parure ne se trouve pas dans n'importe quelles dépenses mais dans le dépassement du nécessaire. Celui donc qui choisit délibérément la grandeur qui lui sied dans une grande dépense et qui aspire à une telle médiété et en vue[77] d'un tel plaisir, c'est le magnifique ; mais celui qui dépasse le nécessaire, et de façon discordante[78], est sans nom : certes il n'est pas sans avoir quelque affinité avec ceux que l'on appelle grossiers et affectés[79] ; par exemple, la personne riche qui dépense pour le mariage d'un être aimé et à qui semblc conve- **1233 b**
nable de faire les préparatifs à la mesure de petits buveurs[80] est mesquine ; et celle qui reçoit ces derniers comme à un repas de noces, ni pour l'amour de sa réputation ni en vue du pouvoir, ressemble à une personne affectée. Celui qui reçoit selon le

76. προαίρεσις a ici le sens de choix, non de choix délibéré, Dr., p. 346 avec référence à VIII 3, 1249a24 : « au sujet des actes et des choix » (αἱρέσεις).

77. ἐπὶ avec un sens final. – C'est le plaisir spécifique à la magnificence ; voir aussi 1232a33-34.

78. Au sens musical, c'est-à-dire sans harmonie.

79. « Grossiers », c'est-à-dire sans goût (ἀπειροκάλους) ; « ἀπειροκαλία est littéralement *l'inexpérience du beau*, le manque de délicatesse » (Tricot *Éthique à Nicomaque*, p. 180, n. 4) ; « affectés » (σαλάκωνας), voir la note de Burnet, p. 177-178 et *Rhétorique*, 1391a3 *sq*.

80. « Petits buveurs », « c'est-à-dire les personnes qui ne boivent que le dernier *toast* (À la bonne fortune !) qui terminait le repas » Rackham, p. 348.

mérite[81] et comme l'exige la raison est le magnifique : la convenance se mesure au mérite, car rien n'est convenable en dehors du mérite.

Il faut que ce qui convient soit selon chacun, étant en effet le propre de celui qui agit selon le mérite, et à l'égard de la personne concernée, et selon l'occasion[82] (par exemple, ce qui convient au mariage d'un serviteur est autre que ce qui convient au mariage d'un être aimé), et en fonction de lui-même si c'est une somme ou une qualité qui lui convient, par exemple, on pensait que l'ambassade qu'il avait menée à Olympie ne convenait pas à Thémistocle, à cause de ses antécédents très humbles[83], mais à Cimon. Toutefois l'homme indifférent par disposition au mérite n'entre dans aucune de ces catégories. Et il en est de même pour la libéralité : on peut n'être ni libéral ni illibéral.

CHAPITRE 7
<Autres dispositions louables ou blâmables>

En vérité, chacune des autres attitudes de caractère louables ou blâmables est soit un excès, soit un défaut, soit une

81. « Selon le mérite » (κατ' ἀξίαν) : voir tout particulièrement *Éthique à Nicomaque*, V 3, 1131a24 (avec les références, données *ad. loc.*, par Burnet, *Ethics*, p. 214 : Isocrate, *Panégyrique*, 21 et *Nic.*, § 12), VII 7, 1158b30-33.

82. Texte corrompu, dont Dr., p. 347 dit « qu'on ne peut le corriger ». Je lis 1233b8-9 : δεῖ δὲ πρέπον <περὶ ἕκαστον> εἶναι καὶ γὰρ τοῦ πράττοντος κατ' αξίαν καὶ περὶ ὅν, Jackson, Rack.

83. Voir Plutarque, *Vie de Thémistocle*, 5 : Thémistocle aurait, aux jeux Olympiques, fait montre d'une munificence qui convenait plutôt à la richesse de Cimon. – Sur θεωρία voir G.-J., II, p. 263 : « ambassade sacrée ou, si l'on préfère… pèlerinage officiel, à Olympie, par exemple, ou à Délos », avec référence au *Phédon* et à la *Constitution d'Athènes*, 56, 3.

médiété par rapport à une passion[84], par exemple, le jaloux et le malicieux ; selon les dispositions qui leur valent leur nom, la jalousie c'est de prendre chagrin de ceux qui sont heureux selon leur mérite alors que la passion de l'homme malicieux devant cela est sans nom mais, évident, son possesseur : il se réjouit des malheurs immérités. L'intermédiaire entre ces deux hommes c'est celui qui s'indigne – ce que les Anciens appelaient *indignation* – c'est-à-dire qui s'attriste de malheurs et de bonheurs immérités mais se réjouit s'ils sont mérités. C'est pourquoi on fait une divinité de l'indignation[85].

La pudeur[86] est le juste milieu entre l'impudence et la timidité. Qui ne considère l'opinion de personne est impudent mais celui qui considère uniformément toute opinion est timide, et celui qui considère celle des gens manifestement sensés est réservé.

L'amitié[87] est le milieu entre l'hostilité et la flatterie. En effet celui qui rencontre aisément les désirs de tous est un flatteur ; celui qui heurte tous les désirs est hostile et celui qui ne s'associe ou ne s'oppose pas à n'importe quel plaisir mais va au devant de ce qui lui paraît le meilleur est amical.

La dignité[88] est la médiété entre l'arrogance et le souci de plaire. Celui qui vit en ne faisant aucun cas des autres est arrogant ; celui qui vit en ne faisant cas que d'autrui ou aussi en

84. C'est-à-dire un « juste milieu dans la passion », G.-J., II, p. 321 ; sur παθητικός : voir *Catégories*, c. 8, 9a28 *sq.*

85. Il s'agit de la « juste indignation », Némésis, qui s'oppose à la jalousie et à la joie maligne.

86. Respect humain, pudeur, honte (αἰδῶς), voir ci-dessus n. 22.

87. Cette « amitié », qui est plutôt « amabilité », G.-J., II, p. 304, n'est pas une vertu et se distingue de la *philia* à laquelle Aristote consacre le livre VII.

88. Dignité, gravité : σεμνότης.

se soumettant à tous est soucieux de plaire, mais celui qui agit de la sorte en certains cas mais non dans les autres, et face à ceux qui le méritent, est digne.

Le véridique et le simple, qu'on appelle l'homme qui est « lui-même »[89], est intermédiaire entre le dissimulé[90] et le
1234 a vantard. Celui qui dit mensongèrement et en toute connaissance les pires choses à son sujet est dissimulé, celui qui dit les meilleures est vantard, et celui qui en parle conformément à la réalité est véridique et, selon le mot d'Homère, « sage »[91] ; en général l'un est ami de la vérité, l'autre du mensonge.

L'enjouement est aussi une médiété, et l'enjoué est intermédiaire entre le bourru ou celui qui est d'humeur difficile et le bouffon. En effet, comme dans la nourriture le délicat diffère du glouton en ce que l'un ne s'approche de rien, ou de peu et ce, difficilement, et que l'autre s'approche de tout facilement, ainsi en est-il du bourru par rapport au vulgaire et au bouffon, car l'un n'accepte rien de drôle sauf[92] difficilement, et l'autre accepte tout ce qui est drôle, facilement et avec plaisir. Toutefois ni l'une ni l'autre qualité n'est ce qu'il faut, mais il faut accepter dans certains cas et refuser dans d'autres,

89. αὐθέκαστον, 1233b38 : « qui est lui-même », voir G.-J., II, p. 307-308, plutôt que « l'homme qui appelle chaque chose par son nom », Bt., p. 194 ; lire chez G.-J., p. 308-309, le portrait qu'en trace Ariston de Céos.

90. εἴρων, 1233b39 : c'est l'*ironie* attribuée à Socrate. Voir Tricot *Éthique à Nicomaque*, p. 111, n. 1 : « Théophraste (*Caract.* 1) définit l'*ironie* : une *affectation d'humilité* dans les actes et les paroles. L'*eirôn*, est le réticent, le dissimulé, mais cette traduction ne rend qu'une partie du terme grec. On sait que Socrate employait l'*ironie*, en faisant le naïf, en singeant l'ignorant (v.g. *République*, I 337a) ».

91. πεπνυμένος, 1234a3 : « bien inspiré, prudent, sage ; voir entre autres passages, *Odyssée* 3, 20 ; Sol. traduit par *intelligent*, Rac. par *sagacious*.

92. ἀλλ' ἤ, 1234a9 Rac., approuvé par Dr., p. 355.

et selon la raison : ainsi fait l'homme enjoué. La démonstration en est la même : en effet cet enjouement – et non pas celui que nous dirions de façon métaphorique[93] – est la disposition la plus convenable, et la médiété est louable mais les extrêmes, blâmables. Mais parce qu'il y a un double enjouement (car l'un se trouve dans le fait de se réjouir de ce qui est drôle, même dirigé contre soi, si c'est vraiment drôle, ce dont fait partie même la raillerie, et l'autre dans le fait de pouvoir inventer de telles choses), ils sont différents l'un de l'autre mais sont cependant tous les deux des médiétés. En effet, celui qui est capable d'inventer des histoires susceptibles d'amuser un bon juge, même si la plaisanterie est dirigée contre lui, sera intermédiaire entre l'homme grossier et l'homme froid; cette norme est meilleure que (celle qui voudrait que) la raillerie ne soit pas cause de chagrin pour celui qui est raillé quel qu'il soit, car il vaut mieux se soucier de plaire à celui qui est dans un juste milieu : c'est le bon juge.

Toutes ces médiétés sont louables tout en n'étant pas des vertus, ni leurs contraires, des vices, parce qu'elles ne comportent pas de choix délibéré; et elles apparaissent toutes dans les divisions des affections[94], car chacune est une affection. Parce qu'elles sont naturelles elles contribuent aux vertus naturelles, car pratiquement chaque vertu, comme on le dira plus loin[95],

93. Voir *Éthique à Nicomaque*, IV 8, 1128a14-15 : « même les bouffons se voient gratifier du nom d'hommes d'esprit (εὐτράπελοι) », trad. Tricot, p. 207.

94. Voir ci-dessus II 3, 1220b36-21a13; 4, 1221b34-5; ou s'agit-il d'une œuvre distincte, la *Division des Biens*? Sur ce dernier point, voir la discussion chez Dr., p. 356-357 et la reconstitution du *Traité des Affections* chez Von Fr., p. 77-127.

95. Se retrouve dans un livre commun de *Éthique à Eudème* : voir *Éthique à Nicomaque* VI (*Éthique à Eudème* V) 13, 144b1-17, Tricot, p. 310-312) dont

existe d'une manière naturelle et d'une autre manière, où elle s'accompagne de sagesse[96]. Ainsi la jalousie contribue à l'injustice (car ses actions visent autrui), et la juste indignation à la justice, la pudeur à la modération (c'est pourquoi on classe aussi la modération dans ce genre[97]) ; mais l'homme véridique et le menteur sont respectivement sensé et insensé[98].

D'autre part l'intermédiaire est plus contraire aux
1234 b extrêmes que chacun d'eux l'un à l'autre, parce qu'il n'accompagne ni l'un ni l'autre et que les extrêmes apparaissent souvent ensemble, même que parfois les mêmes hommes sont braves et poltrons, ou prodigues en certains cas et illibéraux en d'autres, et généralement inconstants d'une mauvaise manière car, lorsqu'ils sont inconstants d'une bonne manière, les intermédiaires apparaissent puisque dans le terme intermédiaire se

voici la conclusion : « (...), pour la partie morale de l'âme il existe deux types de vertus, la vertu naturelle et la vertu proprement dite, et de ces deux vertus la vertu proprement dite ne se produit pas sans être accompagnée de sagesse » (φρόνησις : prudence Tr.). Sur les vertus naturelles voir ce que Bt. appellait déjà le *locus classicus, H.A.*, VIII 1, 588a18-b3 (Tr. II, p. 491-492).

Les divergences signalées par Dr. entre *Éthique à Eudème* et *Éthique à Nicomaque* VI (*Éthique à Eudème* V) ne me paraissent pas exister : 1) la référence porte sur la distinction entre la vertu « naturelle » et la vertu accompagnée de *phronêsis*, non sur le passage de l'une à l'autre ; 2) il ne s'agit pas de *toutes* les vertus : ἑκάστη πως (qu'omet Dr.) ἀρετή, 1239a29 : la conclusion générale est donc renforcée et il y a accord complet entre les textes.

96. Sagesse, φρόνησις, 1239a29, comme dans le texte cité à la note précédente.

97. C'est-à-dire « dans le genre des vertus naturelles », B. St.-Hilaire, p. 348, Dr., p. 358.

98. Voir VII 2, 1236a5 où Aristote oppose à l'insensé le *phronimos*, (« sensé »). Ce qui nous donne le sens de ἔμφρων (mot rare chez lui) dans le présent passage. Le véridique contribue donc à la *phronêsis* (1239a29) comme le menteur à la sottise.

trouvent en un sens les extrêmes. En revanche les contrariétés ne semblent pas appartenir toutes deux au même titre aux extrêmes dans leurs relations avec l'intermédiaire, mais c'est tantôt par excès, tantôt par défaut[99]. Les deux premières remarques faites en donnent la cause[100] : la rareté, par exemple, de ceux qui sont insensibles aux plaisirs, et le fait que ce sur quoi nous nous trompons davantage semble être plus contraire au moyen terme ; et la troisième, qui est que l'extrême qui ressemble davantage à l'intermédiaire lui paraît moins contraire : c'était le cas, par exemple, de la témérité en regard du courage[101] et de la prodigalité en regard de la libéralité.

Nous avons donc assez parlé des autres vertus dignes d'éloge ; il faut maintenant parler de la justice[102].

99. Ou, avec B. St.-Hilaire, p. 349 : « Mais l'opposition des extrêmes, dans leurs rapports avec le milieu, ne paraît pas toujours égale dans les deux sens ; et tantôt, c'est l'excès qui domine ; tantôt, c'est le défaut ».

100. Voir II 5, 1222a22-b4, ci-dessus.

101. Comme le remarque Dr., p. 361, en rappelant l'opposition « téméraire-courageux » de III 5, 1232a24-25 et *Éthique à Nicomaque*, II 8, 1108b31-32 (Tricot, p. 114), θάρσος » est ici synonyme de courage (ἀνδρεία). Cette discussion sur les contraires rejoint les premières lignes de ce livre et tout particulièrement la préoccupation majeure dans l'*Éthique à Eudème* de définir les vertus par référence à la catégorie de l'Excès et du Défaut, héritée du *De Bono* ; voir en particulier H.J. Krämer, *Arete...*, p. 346 *sq.*

102. Comme Aristote l'avait déjà annoncé en II 10, 1227a2-3.

LIVRE IV

Voir *Éthique à Nicomaque*, livre V (Tricot, p. 213-272).

LIVRE V

Voir *Éthique à Nicomaque*, livre VI (Tricot, p. 273-314).

Chapitre 1 *Passage aux vertus intellectuelles. La « droite règle »*
2 *Objet de la vertu intellectuelle ; combinaison du désir et de l'intellect*
3 *Énumération des vertus intellectuelles. Étude de la science*
4 *Étude de l'art*
5 *Étude de la prudence* (phronêsis)
6 *Étude de la raison intuitive*
7 *La sagesse théorétique*
8 *La prudence et l'art politique*
9 *La prudence et l'art politique, suite. L'intuition des singuliers*
10 *Les vertus intellectuelles mineures. La bonne délibération*
11 *Les vertus intellectuelles mineures, suite. L'intelligence et le jugement*
12 *Relations des vertus dianoétiques entre elles et avec la prudence*
13 *Utilité de la sagesse théorique et de la sagesse pratique (ou prudence) – Rapports des deux sagesses*

LIVRE VI

Voir *Éthique à Nicomaque*, livre VII (Tricot, p. 315-380).

LIVRE VII

CHAPITRE 1[1]
<L'amitié : sa nature>

Qu'est-ce que l'amitié, quelle est son espèce, qu'est-ce 1234 b 18
qu'un ami, amitié se dit-il en un ou plusieurs sens et, dans ce dernier cas, en combien de sens, encore, comment faut-il traiter un ami et qu'est-ce que la justice[2] dans l'amitié, voilà qui ne

1. Sur l'histoire des termes *philia, philos, philotês, philêsis, philikon*, dont le champ sémantique est beaucoup plus étendu que celui des équivalents français *amitié* et *ami*, on lira l'exposé de G.-J., II, p. 655-658, auquel on ajoutera P. Aubenque, *L'amitié chez Aristote*, reproduit en Appendice de *La prudence...*, p. 179-183, J.C. Fraisse, *Philia. La notion d'amitié dans la philosophie antique*, Paris, Vrin, 1974, p. 193-202.

On a depuis longtemps indiqué que le *Lysis* de Platon fournit l'arrière-plan de ce traité, auquel il faut joindre les ouvrages sur *L'amitié* de Speusippe (Diog. Laerce IV 4 : un livre), Xénocrate (D.L. IV 12 : deux livres), Philippe d'Oponte (un livre) : les « discours sur l'amitié » ne manquaient pas dans l'Académie ! – Sur la place de ce livre VII *avant* le livre VIII, voir ci-dessous VIII, note 1.

2. On voit les liens étroits qui existent entre justice, vertu et amitié chez Aristote : « c'est dans l'association que se trouve toute amitié », proverbe cité par Aristote, *Éthique à Nicomaque*, VIII 12, 1161b11. Comme le remarque Stewart I, p. 374, « τὸ δίκαιον (traduit ici par « justice », à la l. 21) est le principe

mérite pas moins l'examen que ce qui est beau et désirable dans le domaine des caractères[2a].

Car l'œuvre de la politique[3] consiste surtout, de l'avis général, à engendrer l'amitié ; aussi dit-on que la vertu est utile, car il est impossible à ceux qui sont injustes les uns envers les autres d'être amis entre eux. De plus nous disons tous que la justice[4] et l'injustice se manifestent principalement à l'égard des amis (et on reconnaît que le même homme est à la fois bon et ami, et l'amitié, un type de disposition d'ordre moral[5]), et qui voudra faire que les hommes ne se traitent pas avec injustice en fera des amis les uns des autres[6], car les vrais amis ne se

de la justice, ou la justice dans l'abstrait; δικαιοσύνη est l'habitude (*habit*) d'agir en accord avec le principe ».

2a. Cette périphrase désigne les vertus morales (ou éthiques) dont on suppose qu'elles ont déjà été étudiées (voir une expression analogue à III 7, 1233b17-17 et VI (*Éthique à Nicomaque* VII), 1, 1145a16 : elle implique un lien étroit entre la vertu et l'amitié, comme l'indiquent les lignes 26-28 ci-dessous et le passage parallèle de *Éthique à Nicomaque*, VIII 1. C'est aussi une référence au traité *Sur les Passions*, voir Von Fr., p. 298.

3. La politique, voir *Politique*, III 9 (Dr., p. 369) et surtout le passage suivant : « Mais l'État, c'est la communauté du bien-vivre et pour les familles et pour les groupements de familles, en vue d'une vie parfaite et qui se suffise à elle-même. (…) De là sont nées dans les cités, à la fois relations de parenté, phratries, sacrifices en commun et délassements de société. Or ces diverses formes de sociabilité sont l'œuvre de l'amitié car le choix délibéré de vivre ensemble n'est autre chose que de l'amitié » (1280b33-39, Tr., p. 209-210).

4. Voir ci-dessus, note 2 fin, sur la distinction entre « le juste » et « la justice ».

5. ἕξις : ici, disposition morale et (littéralement) « éthique », qui relève du *caractère*, *cf.* ci-dessus, 34b22) *stable*, par opposition à διάθεσις, disposition passagère cf. *Métaphysique*, Δ 20, *Catégories*, 8. Parenthèses : b26-28.

6. On peut hésiter entre les corrections ἀλλήλους, de Bk. (cf. *Protagoras*, 322b7), ἀλλήλοις de Casaubon, adoptée dans la traduction, avec Dr. et Von Fr.,

traitent pas avec injustice. Mais également, s'ils sont justes, ils ne se feront pas tort; c'est donc la même chose ou à très peu près que la justice et l'amitié. En outre, on admet qu'un ami compte parmi les plus grands biens, et que l'absence d'amitié et la solitude sont vraiment ce qu'il y a de plus terrible parce que la vie tout entière et l'association volontaire ont lieu avec
des amis, puisque nous passons nos journées avec nos proches, 1235 a
notre parenté, nos camarades[6a] ou alors avec nos enfants, nos parents ou notre épouse. Et les actes privés de justice posés à l'égard des amis dépendent de nous seulement mais ceux que nous posons à l'égard d'autres personnes sont régis par les lois et ne dépendent pas de nous[7].

Plusieurs apories se présentent au sujet de l'amitié[8]; tout d'abord, on la considère de l'extérieur et on lui donne trop d'extension, car on prétend que le semblable est ami du semblable, d'où l'on dit :

p. 298, et ἀληθινούς, proposée par J.M. Mingay, *Untersuchungen...*, p. 53-55 au lieu de ἀλλ᾽ εἰς b29 des Ms (ἄλις Jac.) : avec Mingay on traduira: « il en fera de véritables amis ». – 1234b29-32 : a) les vrais amis ne se font pas tort, b) les justes ne se font pas tort, c) donc les vrais amis sont justes.

6a. Sur les *Hetairiai* ou *Associations de camarades*, très répandues au IVe siècle, en particulier en Macédoine, voir entre autres, *Oxford Classical Dictionary*[2], p. 425, 512 et une inscription consacrée à Antigonos, « premier des camarades » d'Alexandre, *cf.* J. et L. Robert, *R.E.G.*, 1973, p. 117-118.

7. « Dépend de nous », 1235a2-3 : référence implicite à 1234b34 : toute association *volontaire* (voir ci-dessus II, 10); voir aussi 10, 42b22-32 et Von Fr., *ad. loc.*, p. 299.

8. Voir Dr., p. 370 et Platon, *Lysis, Lois*, 836e-837 a pour l'histoire de ces « apories ».

le divin conduit toujours le semblable vers le semblable[9]
le geai vers les geais[10]
le voleur connaît le voleur et le loup, le loup[11].

Et les philosophes de la nature ordonnent la nature entière selon le principe que le semblable tend vers le semblable; c'est ainsi qu'Empédocle a dit que le chien s'assied sur la tuile parce qu'elle lui est très semblable[12].

À cette définition de l'amitié s'oppose d'autre part celle qui voit dans le contraire l'ami du contraire; car ce qui est objet d'amour et de désir est ami pour tous, et le sec ne désire pas le sec mais l'humide, d'où l'on dit :

La terre aime la pluie[13]

et :

Le changement en toutes choses est agréable[14].

17 Or le changement tend vers son contraire et le semblable est l'ennemi du semblable puisque

9. *Odyssée*, XVII, 218.

10. Cité aussi dans *M.M.*, 1208b9 et *Éthique à Nicomaque*, VIII, 1155a35; voir *Rhétorique*, 1371b17 et Démocrite 68A128, 68B164 (Dr., p. 370).

11. Auteur inconnu.

12. Empédocle d'Agrigente (fl, *ca.* 490 A.C.), 31A20a. – « Les chiens couchés sur le toit pour protéger la maison (…) choisissaient chaque soir le même endroit : la tuile, expliquait Empédocle, qu'ils avaient imprégnée de leurs propres effluves et qui les attirait donc par l'affinité ainsi établie », J. Bollack, *Empédocle* III : *Les origines*, Commentaire I, Paris, Minuit, 1969, p. 169.

13. Euripide, tel que le cite l'*Éthique à Nicomaque*, VIII 1, 1155b3 = Fr., p. 698, n. 2.

14. Euripide, *Oreste*, 234, cité *Éthique à Nicomaque*, VII 15, 1154b28-29; voir *G. et C.*, 322a7 (Tricot, p. 53), Dr., p. 371.

> Le potier jalouse le potier [15]

et que les animaux qui tirent leur nourriture de la même source sont ennemis entre eux [16].

Ainsi donc ces croyances sont largement discordantes car les uns pensent que le semblable est ami et le contraire, ennemi :

> le moins est toujours l'ennemi du plus et commence la journée de haine [17] ;

de plus les lieux des contraires sont séparés, mais on reconnaît que l'amitié rassemble. Mais d'autres pensent que les contraires sont amis, et Héraclite fait des reproches au poète qui avait écrit :

> que la discorde disparaisse d'entre les dieux et les hommes [18],

car l'harmonie n'existerait pas sans l'aigu et le grave, ni les animaux sans les contraires que sont le mâle et la femelle. Voilà donc deux opinions sur l'amitié, trop générales et très éloignées l'une de l'autre.

Mais d'autres sont en fait plus proches des faits reconnus [19] et [20] leur sont pertinentes. En effet pour les uns, il semble

15. Hésiode, *Travaux*, 25 ; voir G.-J., II 2, p. 667.
16. Voir *Histoire des Animaux*, IX 608b19-21 (Dr., p. 371).
17. Euripide, *Phéniciennes*, 539-540.
18. Homère, *Iliade* XVIII, 107 ; voir Héraclite 22A22, 22B8.
19. Voir ci-dessus, *ad.* I 6, 16b28.
20. 1235a33-35 : On vient d'affirmer que seuls les bons peuvent être amis ; *mais* alors qu'en est-il des mères médiocres ? Même les animaux (qui échappent à toute qualification morale) aiment leur progéniture. (Cette interprétation de Von Arnim me paraît plus valable que celle de Dr. : les mères aiment leurs enfants même si ces derniers ne sont encore ni bons ni méchants, *ad. loc.*, p. 373.)

impossible aux méchants d'être amis, seuls les bons peuvent l'être; pour les autres, il serait étrange que les mères ne puissent aimer leurs enfants. (Il saute aux yeux que cette amitié existe même chez les bêtes sauvages; du moins choisissent-elles de mourir pour leurs enfants!); d'autres sont d'opinion que l'utile seulement est ami, à preuve que tous en fait poursuivent l'utile et que l'inutile, eux-mêmes le rejettent de leurs propres personnes, comme Socrate l'Ancien avait coutume de dire lorsqu'il mentionnait crachat, cheveux et ongles[21]; et on **1235 b** rejette les parties[22] qui sont inutiles et, à la fin, le corps quand il meurt puisque le cadavre est inutile; mais ceux pour qui il a une utilité le conservent, ainsi qu'on le fait en Égypte[23].

Certes toutes ces choses[24] semblent opposées les unes aux autres; en effet le semblable est inutile au semblable, et la contrariété est ce qu'il y a de plus éloigné de la similitude et le contraire est le plus inutile à son contraire puisqu'il est ce qui le détruit.

En outre, il semble facile aux uns de se faire un ami, aux autres, rarissime de le reconnaître et impossible en dehors d'une mauvaise fortune[25] (car de ceux qui sont heureux tous souhaitent paraître amis); d'autres enfin jugent indignes de confiance même ceux qui restent avec eux jusqu'à la fin de leurs mauvaises fortunes comme s'ils les trompaient à fond et

21. Voir Xénophon, *Mémorables* I 2, 53-54, que résume ici Aristote, et Deman, *Le témoignage d'Aristote sur Socrate*, p. 59-60.

22. Par exemple, l'amputation d'un membre, voir Xénophon, *ibid.* (Dr.).

23. Voir Hérodote II, 86, Platon, *Phédon*, 80c.

24. « Similitude, contrariété, utilité », Sol.

25. Plutôt que εὐτυχίας, 1235b8, des Ms, Bk., Bu., Fr., je garde avec Sol., Dr., Von Fr. 301, la variante ἀτυχίας de Vic. : voir 1235b9-12 (« mauvaise fortune », *bis*).

feignaient leur attitude pour obtenir, grâce à leur compagnie dans la mauvaise fortune, leur amitié au retour de la bonne fortune.

CHAPITRE 2

<Les fondements de l'amitié : le bien ou le plaisir>

Nous devons donc trouver une définition[26] qui, en même temps, rendra compte au mieux des points de vue sur ces sujets et dénouera les apories et les contrariétés. C'est ce qu'on obtiendra si les opinions contraires ont vraiment un fondement raisonnable[27] car une telle définition sera tout à fait en accord avec les faits reconnus[28]; mais du même coup[29] les positions contraires demeurent si ce qui est dit est vrai en un sens, mais non dans un autre.

Or il existe une difficulté : lequel du plaisant ou du bon est ce qui est aimé ? Admettons en effet que nous aimons ce que nous convoitons (ce qui est le cas surtout pour l'amour[30] car « personne n'est amoureux qui n'aime pas toujours »)[31] et que la convoitise ou appétit porte sur le plaisant : en ce sens ce qui

26. λόγος, 1235b13, avec Casaubon, Walzer, p. 67[3], Rac., Dr. voir ici b16 (ὁ τοιοῦτος … λόγος), que je rends par « définition », *cf.* 1236a25-28. Cette remarque de méthode rejoint les propos tenus en I, 6 et met en relief l'homogénéité de *Éthique à Eudème* λοιπὸς Ms, τρόπος, Sylb., Sus., Sol.

27. 1235b15 : εὐλόγως, *cf.* Le Blond, p. 114 : … les avis opposés ont un *fondement raisonnable*.

28. Voir ci-dessus 1235a31 et la note.

29. συμβαίνει, 1235b17 = à la fin : *in the end* Sol.; dans ce sens voir Stewart, ad *Éthique à Nicomaque*, VII 4, 1146b6 (II, 137-138).

30. *Erôs*, 1235b30; « amoureux » *erastês*.

31. Euripide, *Troyennes*, 1051.

est aimé, c'est le plaisant; si au contraire ce que nous aimons, c'est ce que nous souhaitons, ce qui est aimé, c'est le bien[32]. Mais le plaisant et le bien sont différents.

Nous devons donc essayer de définir ces questions et celles qui leur sont connexes en prenant le point de départ qui suit : ce qui est désiré et souhaité, c'est le bien ou ce qu'on s'imagine tel. Voilà bien pourquoi le plaisant est désiré car on l'imagine être un bien : bon pour les uns dans leur opinion, il l'est pour les autres dans leur imagination sans l'être dans leur opinion puisque ce n'est pas dans la même partie de l'âme que se trouvent l'imagination et l'opinion[33]. Il est donc évident que tant le bon que le plaisant est objet d'amitié[34].

Ce point défini, il faut prendre une autre hypothèse[35]. Certains biens sont bons absolument, d'autres, bons pour certains hommes mais non absolument[36]. Et ce sont les mêmes choses qui sont absolument bonnes et absolument plaisantes. En effet les choses qui sont avantageuses à un corps en santé, nous disons qu'elles sont absolument bonnes pour le corps,

32. Opposition entre l'appétit (« concupiscence », ἐπιθυμία) et le souhait-volonté, qui porte sur le bien : voir ci-dessus II 10, 1227a28-31.

33. Voir *De l'âme*, III 3, surtout 428b2-4 : le soleil paraît avoir un pied de diamètre, mais on est convaincu qu'il est plus grand que la terre, aussi *De Insomniis*, 3, 451b6-7 : opposition entre φαίνεται et δοκεῖ. Sur le bien apparent voir *Métaphysique*, Λ 7, 1072a27-29 (Tr., II, p. 676-678) : « L'objet de l'appétit est le bien apparent, et l'objet premier de la volonté est le beau réel ».

34. Littéralement : « amis ».

35. Au sens de proposition acceptée pour la discussion, voir Bz., 327b19-29, Tricot, *Seconds Ananalytiques*, p. 11, n. 4.

36. « Simplement » au sens de : « en général », « absolument », « sans restriction », par opposition à « bon pour certain » ; voir D.J. Allan, *The Fine and the Good*, dans *Untersuchungen...*, p. 63, note et *ibid.*, W.J. Verdenius, p. 285, n. 2, avec référence à Bz. 77a38 *sq.*

mais non pas celles qui sont avantageuses à un corps malade, par exemple les remèdes et les amputations. De la même façon, sont absolument plaisantes pour le corps les choses plaisantes pour un corps en santé et entier, par exemple d'exercer sa vue dans la lumière et non pas dans les ténèbres, quoique pour celui qui a mal aux yeux ce soit le contraire. Et le vin suffisamment agréable n'est pas celui qui plaît à l'homme dont la langue est gâtée par l'ivrognerie, puisque les ivrognes[37] y ajoutent du vinaigre, mais à l'homme qui a un sens intact. **1236 a**

Il en est de même pour l'âme : le plaisant n'est pas ce qui plaît aux enfants et aux animaux, mais aux adultes ; du moins quand on se remémore les deux[38], on choisit ce qui plaît aux adultes.

Mais l'enfant et la brute soutiennent avec l'homme adulte le même rapport que le méchant et le fou avec l'homme bon et le sage, pour qui est plaisant ce qui est conforme à leurs dispositions ; et c'est ce qui est bon et beau[39].

Puisque le terme « bon » a plusieurs sens[40] (en effet nous appelons bonne une chose par suite de telle qualité, une autre parce qu'elle est profitable et utile, et qu'en outre le plaisant est d'une part ce qui est absolument plaisant et absolument bon et d'autre part ce qui est plaisant pour certains et apparemment bon[41], il nous est possible de choisir et d'aimer des objets inanimés pour chacune des raisons qui viennent d'être

37. οὗτοι, 1235b39, Sus., apparat critique, Sol., Dr. : οὔτε Ms.

38. Les plaisirs de l'enfance et ceux de l'âge adulte, Dr., p. 379 ; voir aussi *Ph.*, VII, 3, 241b20-242a19.

39. καλά, 1236a6 : beau.

40. Voir ci-dessus I 8.

41. Ou bien : « l'agréable est ce qui, agréable en général, est bon en général tandis que ce qui est agréable à certains est un bien apparent ».

données ; et de même en va-t-il pour l'homme : pour celui-ci, notre motif est sa qualité d'être et sa vertu, pour un autre qu'il est profitable et utile, pour un autre qu'il est plaisant et nous apporte du plaisir. Un homme devient donc un ami lorsque, aimé, il aime en retour, et que ce fait n'échappe aucunement aux deux. Il est donc nécessaire qu'il y ait trois espèces[42] d'amitiés et qu'elles ne se disent pas toutes selon un seul sens, ni comme les espèces d'un seul genre, ni d'une manière tout à fait équivoque[43]. En effet elles se disent par rapport à une seule

42. εἴδη, 1236a16.

43. On sait que pour Aristote les mots peuvent I) n'avoir qu'un seul sens (*univoque*), par exemple le terme « homme » signifie la même chose appliqué à plusieurs individus ; II) en avoir plusieurs (*équivoque*) A) sans lien entre eux (homonymie due au hasard), par exemple le terme « rame » (rame de bateau et « rame » de papier ; B) reliés entre eux ou 1) dans un rapport d'*analogie* fondé : a) sur l'*égalité* des rapports (analogie mathématique) : 2 : 4 : ; 4 : 8 ; ou b) sur la *similitude* des rapports qui est alors soit i) *métaphorique*, par exemple dans la *Poétique*, soit ii) réelle, par exemple le bien : la nourriture de l'homme est à l'homme ce qu'est la nourriture du poisson au poisson, c'est-à-dire bonne, bien que la nourriture du poisson ne soit pas bonne pour l'homme ; ou 2) dans un rapport de dépendance causale (forme, fin, moteur) d'un être qui est premier à titre de cause, par exemple l'être a plusieurs significations : substance, qualité, quantité, etc., mais qui dérivent toutes de l'être au sens premier et par soi : la substance (cf. *Métaphysique*, Γ 2). C'est ce dernier cas qu'Aristote utilise ici : le mot « amitié » a plusieurs significations qui s'expliquent par référence à l'amitié « première », c'est-à-dire fondée sur la vertu tout comme le terme médical convient en premier lieu à l'homme qui est médecin et, de manière dérivée, à l'instrument qu'il utilise.

Sur cette question fort complexe et longuement discutée depuis Aristote, à travers les moyen-âges arabe, juif et latin, la Renaissance et jusqu'à nos jours, je n'indiquerai que quelques ouvrages facilement accessibles où on trouvera les renseignements nécessaires à un approfondissement ultérieur : J. Owens, *The Doctrine of Being in the Aristotelian Metaphysics*[2], Toronto, 1964 (1re éd. 1951), chap. 2 H. Lyttkens, *The Analogy between God and the World*, Uppsala,

d'entre elles qui est première, tout comme dans le cas du médical ; et nous appelons « médical » ou une âme ou un corps ou un instrument ou un acte mais, à proprement parler, ce qui est premier. Est premier ce dont la définition se retrouve en tous[44] : par exemple, l'instrument médical est celui dont le médecin se sert, mais la définition de l'instrument ne se retrouve pas dans celle du médecin.

On recherche donc le sens premier partout mais parce que l'universel est premier, on croit que le[45] premier est universel : c'est une erreur. Par conséquent, en ce qui concerne aussi l'amitié, on ne peut pas rendre compte de tous les faits reconnus[46], car lorsqu'une définition unique ne convient pas, on pense que d'autres[47] amitiés n'existent pas ; pourtant elles existent, mais pas de la même manière, et lorsque l'amitié première ne convient pas (car on croit qu'elle doit être universelle dans l'hypothèse où elle est première) on dit que les autres ne sont en rien de l'amitié.

Pourtant il existe plusieurs espèces d'amitiés : ceci était déjà mentionné ci-dessus[48] puisque nous avons défini trois manières d'affirmer le mot amitié : la première se définit par la vertu, la seconde par l'utilité, une troisième par le plaisir.

1953, V. Décarie, *L'Objet de la Métaphysique*[2], *passim*, P. Aubenque, *Le Problème de l'être chez Aristote*[3], p. 94-205, G.E.L. Owen, article cité ci-dessous note 90, p. 25 (à qui on doit l'expression *focal meaning*) et en dernier lieu W. Leszel, *Logic and Metaphysics in Aristotle*, Padoue, Antenore, 1970.

44. πᾶσιν, 1236a20 : Bz., Bu., Jac., Rac. au lieu du ἡμῖν des Ms, Sus., défendu par Dr. et accepté par V. Frag., p. 307-308, Patzig, p. 192.

45. <τὸ> πρῶτον, 1236a24 Sp, Sol., Cherniss, I 316, n. 269, Dr.

46. Voir ci-dessus 1235b15-18.

47. Sans l'addition τάς, 1236a26.

48. Lignes 7-17.

L'amitié fondée sur l'utilité est celle de la majorité : c'est parce que ces gens sont utiles et dans la mesure où ils le sont, qu'ils s'aiment les uns les autres. Comme le dit le proverbe :

> Glaucos, un homme auxiliaire est un ami aussi longtemps qu'il combat…

et :

> Les Athéniens ne connaissent plus les Mégariens.

38 L'amitié fondée sur le plaisir appartient aux jeunes gens car ils ont le sens du plaisir. Aussi l'amitié des jeunes gens est-elle changeante : comme ils changent de caractère avec
1236 b l'âge, leur plaisir change aussi. Mais l'amitié fondée sur la vertu appartient aux meilleurs. Ces considérations montrent à l'évidence que l'amitié au sens premier, celle des hommes bons, est une amitié réciproque[48a] et un choix mutuel l'un de l'autre, car ce qui est aimé est aimable à celui qui aime, mais l'homme même qui aime est aimable à celui qui est aimé[49]. Cette amitié ne se trouve donc que chez les hommes car eux seuls perçoivent le choix délibéré[50].

Mais les autres sortes d'amitié existent même chez les animaux et l'utilité se trouve évidemment quelque peu entre les hommes et les animaux domestiques, et entre les animaux, eux-mêmes. À titre d'exemple : l'amitié du roitelet et du

48a. 1236b3 : ἀντιφιλία, *Éthique à Eudème* ; ἀντιφίλησις *Éthique à Nicomaque* ; ce dernier terme n'apparaît pas dans *Éthique à Eudème*, voir Hall.

49. αὐτὸς ὁ φιλῶν, 1236b4 : W.D. Ross dans Sol., accepté par Rac.; ἀντιφιλῶν Ms, Sus.

50. « Choix délibéré » ou « intention » ; voir ci-dessus l. II, P. Aubenque, *La Prudence*, p. 116, 132 et pour le passage 1236b3-12, Fraisse, p. 213, n. 12.

crocodile dont parle Hérodote[51], et la façon dont les devins parlent des rassemblements et dispersions <des oiseaux>. Même les méchants pourraient être amis les uns des autres et par utilité et par plaisir. Or, parce qu'ils n'ont pas l'amitié au sens premier, on nie qu'ils soient amis. Le méchant en effet fera tort au méchant et ceux qui subissent des torts ne s'aiment pas entre eux. Pourtant ils aiment, mais non de l'amitié première puisque, selon les autres amitiés du moins, rien ne les empêche d'aimer car le plaisir les fait se supporter les uns les autres malgré le tort qu'ils se causent, à la manière de gens qui ne sont pas maîtres d'eux-mêmes.

Selon toute apparence maintenant ceux qui s'aiment les uns les autres par plaisir, eux non plus ne sont pas des amis, à y regarder avec précision : on n'y trouve pas l'amitié au sens premier, car cette dernière est stable tandis que la première est instable. Elle est bien de l'amitié pourtant, comme on l'a dit, mais ce n'est pas l'amitié première : elle n'en est qu'un dérivé. Donc parler de l'amitié seulement au premier sens, c'est forcer les faits reconnus et dire nécessairement des paradoxes ; mais il est impossible de parler de toutes les amitiés selon une seule définition. Il reste donc qu'il en est bien ainsi : la première amitié est en quelque sorte la seule, mais d'une autre manière, elles le sont toutes non pas comme des homonymes liés par hasard les uns aux autres, ni davantage comme si elles appartenaient à une seule espèce mais plutôt comme ayant un rapport à une espèce unique[52].

51. II, 68.
52. Voir ci-dessus, 1236a16-21.

Mais puisque ce qui est absolument[53] bon et ce qui est absolument plaisant s'identifient si rien ne s'y oppose, et que l'ami vrai au sens absolu est le « premier » ami[54], et que c'est celui qu'on choisit pour lui-même (et il est nécessaire qu'il soit tel : celui à qui[55] on veut du bien pour lui-même doit pouvoir être choisi pour lui-même), l'ami vrai est au sens absolu plaisant : c'est pourquoi on reconnaît que n'importe quel ami est agréable. Mais il faudra apporter de nouvelles distinctions car ce problème demande réflexion[56] : est-ce ce qui est bon pour soi ou ce qui est bon absolument qui est aimable, est-ce qu'aimer en acte s'accompagne de plaisir, de sorte que même la chose qu'on aime est plaisante, ou bien non ? Car il faut ramener les deux points à un seul : au fait les choses qui ne sont pas absolument bonnes mais possiblement[57] mauvaises sont à éviter et ce qui n'est pas bon pour soi n'est rien pour soi ; mais voilà ce qu'on cherche, que les choses absolument bonnes
1237 a soient bonnes de cette manière[58]. Car est désirable le bien au sens absolu, mais pour une personne en particulier, c'est ce qui

53. Voir ci-dessus la note sur « absolument », p. 155. – D.J. Allan note que cette distinction n'apparaît que dans *Éthique à Eudème, Politique*, VII et quelques passages des livres communs (c.r. de Dr., *Gnomon*, p. 146).

54. C'est-à-dire, conformément à l'amitié première, fondée sur la vertu, voir ci-dessus.

55. ᾧ, 1236b30, Sp., avec Sol., Rac. (Dr. implicitement p. 390 : « dem A wird von B… », mais non dans sa traduction) ; si on garde ὡς avec les Ms, Sus. et Dr. traduction, on comprendra: « Comme on veut les biens en vue de soi, il y a nécessité qu'on veuille être choisi soi-même (en vue de soi) ».

56. A 1236b33 je lis avec Fr., Sol., Rac., Dr. : ἔχει γὰρ ἐπίστασιν πότερον τὸ γ' αὑτῷ ἀγαθὸν…

57. ἄν πως b37 (ἁπλῶς Ms) : Jac., Sol., Rac., Dr., Von Fr.

58. Pour soi.

est bon pour elle[59] : et les deux doivent s'harmoniser. C'est ce que fait la vertu; et la science politique existe pour produire cette harmonie chez ceux où elle n'existe pas encore. Étant homme, tout être humain est bien disposé[60] et sur cette voie, car, par nature, est bon pour lui ce qui est bon absolument; et il en est ainsi pour l'homme plutôt que pour la femme[61], pour les biens doués plutôt que pour les non doués, mais la voie passe par le plaisant; ce qui est beau est nécessairement plaisant. Cependant, lorsqu'il y a désaccord, c'est qu'on n'est pas encore parfaitement vertueux car une absence de la maîtrise de soi[62] peut survenir : un désaccord entre le bon et le plaisant dans le domaine des passions, voilà qui constitue l'absence de maîtrise de soi.

Par conséquent, puisque l'amitié première est fondée sur la vertu, ces amis seront eux aussi bons au sens absolu, non parce qu'ils sont utiles l'un à l'autre mais d'une autre façon. En effet il faut distinguer ce qui est bon pour quelqu'un et ce qui est bon au sens absolu; et comme il en va de même pour l'utile, il en va ainsi aussi pour les dispositions car ce qui est utile au sens absolu est autre que l'utile pour quelqu'un, par exemple[63],

59. On voit clairement ici le sens des termes « absolu » et « relatif » (ou « pour quelqu'un »).

60. εὔθετος, 1237a3 Rag., Dr., εὐθέτως Ms, Sus.; « sur cette voie », de la perfection, *De Coelo* 292b9-10, Dr., p. 393.

61. 1237a5 : *cf.* G.-J., II, p. 704 et *Politique*, I 13, 1260a3-24 : supériorité de l'homme sur la femme !

62. L'intempérance ou incontinence, voir ci-dessus II 7, *passim*, et ci-dessous 1246b13 : « l'*akrasie* est le vice de la partie irrationnelle de l'âme ». Voir R. Robinson, *L'acrasie selon Aristote*; M. Bédard dans *Dialogue*, 1976.

63. τὸ αὑτω οἷον τὸ, 1237a14, Bz. (mais voir Dr., p. 393-394) : τὸ καλὸν τοιοῦτον, Ms, Sus.

prendre de l'exercice par rapport à prendre des remèdes[64]. Aussi la disposition, celle qui est vertu de l'homme, <est-elle double> : admettons en effet que l'homme est l'un des êtres naturellement vertueux : la vertu d'un être naturellement vertueux est donc un bien absolu, mais celle d'un être qui ne l'est pas est bonne pour lui seul.

Il en est de même pour le plaisant; car il faut s'arrêter ici et se demander si l'amitié existe sans plaisir, et en quoi elle est différente de lui, et dans lequel des deux, <de la vertu ou du plaisir>, se trouve le fait d'aimer : est-ce qu'on aime un homme parce qu'il est bon même s'il n'est pas agréable, et non point parce qu'il est agréable[65] ? Certes « aimer » se prenant en un double sens[66], est-ce parce qu'être en acte est bon[67] qu'aimer ne semble pas sans plaisir ? Il est évident que, comme dans la science les études et les connaissances fraîches[68] sont très senties à cause de leur caractère plaisant[69], il en est ainsi pour la reconnaissance des êtres familiers, et la raison est la même

64. Prendre de l'exercice est utile à tous, donc en général ou absolument, prendre des remèdes l'est aux malades seulement.

65. ἢ οὔ, <ἀλλὰ>, 1237a21, Sp., défendu par Dr. (ἀλλ' οὐ Ms, Sus.) : c'est parce qu'un être est agréable qu'on l'aime.

66. « En acte et en puissance », Sol.

67. Voir plus haut II 11, 1228a13; ci-dessous 1241a40-b7 (« L'acte est ce qu'il y a de meilleur »), Dr., p. 396, et de plus agréable, cf. *Métaphysique*, Λ 7, 1072b15-24 où la sensation est donnée comme exemple.

68. J'emprunte cette traduction de πρόσφατος à J. Brunschwig, *Aristote, Cinq œuvres perdues*, p. 84.

69. 1237a25 : τῷ ἡδεῖ, Fr., Sus., Dr. : εἴδει Ms, défendu par Von Fr., p. 315 qui le traduit par *vor Augen* : « sous les yeux »; texte corrompu d'après Sol. J'avais pensé à τῷ ἤδη : très senties du fait de leur actualité. – Sur le sens de ἤδη comme intermédiaire entre le passé et l'avenir, voir Bz., *s.v.* et Bt., p 209; pour la confusion de ἡδεῖ et de ἤδη dans les Ms, *cf.* G.-J., II, p. 794. Voir toutefois *Éthique à Eudème* VI (*Éthique à Nicomaque* VII) 13, 1153a20-23.

dans les deux cas[70]. Quoi qu'il en soit, par nature, l'absolument bon est absolument plaisant et ce qui est bon pour certains est plaisant pour eux. Aussi le semblable plaît-il immédiatement au semblable, et l'homme est-il ce qui est le plus plaisant à l'homme; par conséquent, puisqu'il en est ainsi pour celui qui n'est pas parfait, cela vaudra aussi pour celui qui a atteint la perfection; or l'honnête homme[71] est parfait. Mais si l'amitié en acte est un choix réciproque[72], accompagné de plaisir, de la connaissance mutuelle, il est clair qu'en général l'amitié première est le choix réciproque d'êtres absolument bons et plaisants parce qu'ils sont bons et plaisants, et cette amitié est cette disposition qui fait naître un tel choix, car son œuvre est un acte, qui n'est pas extérieur mais intérieur à celui qui aime alors que l'œuvre de toute puissance est extérieure: elle se trouve ou dans un autre ou dans le même être en tant qu'autre[73].

C'est pourquoi aimer, c'est se réjouir, mais non pas être aimé, car être aimé est l'affaire de l'objet aimé mais l'acte se prend du côté de l'amitié; et aimer se trouve chez les êtres animés mais être aimé se retrouve aussi chez les êtres inanimés, car on aime aussi les êtres inanimés[74].

70. C'est-à-dire, parce que l'acte est bon et agréable; voir *Éthique à Nicomaque* X 5 (Tricot, p. 498-504).

71. Le vertueux, σπουδαῖος.

72. « Choix réciproque » traduit ἀντιπροαίρεσις, 1237a31, 32 et marque le lien avec « choix », προαίρεσις, 1237a34.

73. Voir *Métaphysique*, Δ 12, 1019a16, la définition de la puissance (Tricot I, p. 284) et, sur l'action immanente et transiente, ci-dessus, note à II 1, 1219a18.

74. Sur le même acte pour l'agent et le patient, voir *Métaphysique*, Θ 1.

1237 b Mais puisque aimer en acte consiste à user de l'objet d'amour[75] en tant qu'il est aimé – or l'ami est objet d'amour pour son ami en tant qu'ami, et non en tant que musicien ou médecin –, le plaisir de l'amitié, c'est celui qui provient de l'ami en tant que tel : son ami l'aime pour lui-même, non parce qu'il est autre. Par conséquent s'il ne se réjouit pas de lui en tant qu'il est bon, ce n'est pas de l'amitié première; et aucune circonstance accidentelle ne doit créer davantage d'obstacle que le bien ne crée de joie[75a]. Eh quoi, un homme ayant très mauvaise odeur est délaissé? il doit se satisfaire de notre bienveillance sans vivre en notre société[76].

Telle est donc l'amitié première, celle que tous admettent; c'est en fonction d'elle que les autres sont reconnues pour des amitiés et sont aussi contestées, car l'amitié est reconnue pour une chose stable, mais seule la première est stable; en effet une décision réfléchie est stable, et ce sont les décisions qui ne surgissent pas vite et facilement qui font un jugement droit.

Or il n'y a pas d'amitié stable sans confiance, mais il n'y a pas de confiance sans le temps. Il faut en effet la soumettre à l'épreuve du temps comme le dit Théognis :

> Il n'est pas possible de connaître l'esprit d'un homme ou d'une femme.

75. 1237a40 : τῷ φιλουμένῳ Fr., Rac., Dr., τὸ φιλούμενον, Sus.

75a. Ou bien : « aucun obstacle ne doit dépasser en grandeur la joie qu'apporte sa bonté ».

76. 1237b6-7 : ἀγαπητὸν (W.D. Ross, ἀγαπᾶται Ms, Sus., Dr.) γὰρ τὸ (Ross; τῷ Ms, Dr.) εὐνοεῖν, συζῆν (Sol., συζῇ Ms, Sus. Dr.) δὲ μή. – Sur ἀγαπητόν « faute de mieux », voir Bt., XXVI n. 1.

Avant d'en avoir fait l'épreuve comme pour une bête de somme[77].

Il n'y a pas d'amis sans le temps, mais un souhait d'être amis. Et très souvent une telle disposition se fait prendre pour de l'amitié : des gens empressés d'être amis parce qu'ils se rendent les uns aux autres toutes les preuves de l'amitié croient, non qu'ils souhaitent être amis, mais qu'ils le sont. Ceci se produit dans le cas de l'amitié comme dans les autres cas, car ce n'est pas parce qu'on a souhaité être en santé qu'on l'est, si bien que ce n'est pas pour l'avoir souhaité qu'on est ami déjà. En voici le signe : ils sont facilement désunis ceux qui, sans épreuve, sont dans cette disposition, mais dans les domaines où ils se sont éprouvés les uns les autres, ils ne sont pas facilement désunis, tandis que dans les domaines où il ne se sont pas éprouvés, ils seront facilement persuadés quand ceux qui veulent les séparer apporteront des preuves[78].

En même temps il est clair que cette amitié n'existe pas non plus chez les méchants, car le méchant est méfiant et malveillant à l'endroit de tous : il jauge les autres d'après lui-même. C'est pourquoi les bons sont plus faciles à tromper, s'ils ne sont pas devenus méfiants par expérience. Les méchants préfèrent les biens naturels[79] à un ami, et aucun d'entre eux n'aime un être humain plus que les choses. Aussi ne sont-ils pas amis car

77. Théognis, 125.

78. 1237b26 : σύμβολα : voir ci-dessous 39b1, au sens de « parties » ; ici synonyme de « signes » : *evidence*, Rac., *Tatsachen*, Dr. Dans *Génération et Corruption*, II 4, 331a24 = « tessères », Tr., p. 109.

79. Littéralement : « les choses naturellement bonnes » : voir VIII 3 ci-dessous, plus particulièrement 1248b26-30 : les biens naturels sont l'honneur, la richesse, les vertus du corps, les bonnes fortunes et les puissances qui, tout en étant bons, peuvent nuire à certains.

ils ne connaissent pas ce qu'on appelle la « communauté entre amis » puisque l'ami devient alors une partie adventice des choses[80] et non les choses, des amis.

L'amitié première n'existe donc pas entre des personnes nombreuses parce qu'il est difficile de mettre de nombreux hommes à l'épreuve : il faudrait vivre avec chacun.

Il ne faut pas choisir un ami comme on choisit un vêtement. Certes en tout c'est le signe d'un homme sensé que de choisir le meilleur d'entre deux biens : s'il s'est servi depuis longtemps d'un mauvais vêtement et qu'il ne se soit pas encore servi du meilleur, il doit choisir ce dernier, mais il ne doit pas choisir, à la place d'un ami de longue date, quelqu'un dont il ignore s'il
1238 a est meilleur. Car il n'y a pas d'ami sans épreuve et d'ami d'un seul jour, mais il faut du temps. C'est pourquoi « le boisseau de sel » est passé en proverbe[81].

En même temps il faut qu'il soit non seulement bon d'une manière absolue mais aussi bon pour vous, si de fait cet ami doit être votre ami. Car d'une part, il est bon absolument du fait d'être bon, mais il est ami du fait d'être bon pour un autre ; mais il est bon et ami absolument lorsque ces deux qualités s'harmonisent de sorte que ce qui est absolument bon est aussi tel pour un autre, ou bien s'il n'est pas absolument vertueux[82] mais bon

80. 1237b33 προσνέμεται, *cf.* B. St.-Hilaire : « L'ami n'est pris alors que comme surcroît des choses » (p. 380).

81. « C'est-à-dire qu'il faut avoir mangé un boisseau de sel avec quelqu'un avant d'en répondre » B. St.-Hilaire (p. 381, avec référence en note à *Éthique à Nicomaque*, VIII 3, § 8 (c. 4, 1156b26-27).

82. 1238a7-8. Texte très difficile : les nombreuses corrections proposées en sont la preuve : j'accepte le texte de Dr. (p. 404) ; ὥστε ὅ ἐστιν ἁπλῶς ἀγαθὸν τοιοῦτον (τὸ τοῦτου Ms) καὶ ἄλλῳ, <ἢ> εἰ καὶ μὴ ἁπλῶς μὲν σπουδαῖος (-αίῳ Ms)… On notera que σπουδαῖος, vertueux, signifie : « absolument bon ». – Mingay, p. 57-58 propose : … ἀγαθόν, τοῦτο <καὶ> ἄλλῳ.

pour un autre, parce qu'il lui est utile. Et aussi le fait d'aimer empêche d'être l'ami de nombreuses personnes en même temps car il n'est pas possible d'être en acte à l'égard[83] de nombreuses personnes en même temps.

Ces points indiquent donc clairement l'exactitude de cette affirmation que l'amitié fait partie des choses stables, comme le bonheur, des choses auto-suffisantes. Et il était exact de dire.

Car la nature est stable, mais non les richesses[84].

Mais il est beaucoup plus beau de dire : « la vertu », plutôt que : « la nature ».

Et le temps, dit-on, révèle l'aimé[85], et l'infortune le révèle aussi plutôt que la fortune; car alors il est évident que « les biens des amis sont en commun » car seuls ces derniers choisissent, à la place des biens ou des maux naturels soumis à la fortune et à l'infortune, l'être humain de préférence à l'existence des uns et à l'absence des autres[86]. Et l'infortune fait voir ceux qui ne sont pas réellement[87] amis mais qui se trouvent à l'être par utilité passagère. Mais le temps révèle les deux : car l'ami utile non plus ne se manifeste pas rapidement au contraire de celui qui est plaisant, à l'exception toutefois de celui qui est absolument plaisant, qui lui aussi ne se révèle pas rapidement.

83. « Agir à l'égard de » (B. St.-Hilaire, p. 382) traduit ἐνεργεῖν, 1238a10, c'est-à-dire être actif ou en acte.

84. Euripide, *Électre* 941.

85. 1238a15 : Ms; Jac. suggère l'« ami », suggestion retenue par Sol., Rac., mais que rejette Dr., p. 405. – Voir Sophocle, *Œdipe-roi*, 614-615 (Dr.).

86. 1238a18, c'est-à-dire des biens ou des maux naturels. – On notera la redondance.

87. τοὺς μὴ ὄντως ὄντας φίλους, 1238a19-20 : on notera le ὄντως « platonicien ».

Les hommes sont semblables aux vins et aux aliments : leur caractère agréable se manifeste rapidement mais, le temps se prolongeant, il devient désagréable et non sucré ; et il en est ainsi pour les humains.

En effet ce[88] qui est agréable de manière absolue doit être défini par sa fin et par le temps. La majorité serait d'accord pour juger non pas[89] seulement à partir des résultats, mais comme dans le cas d'un breuvage dont on dit qu'il est assez doux : car ce n'est pas[90] à cause du résultat immédiat qu'il n'est pas agréable, mais parce que cela ne dure pas, quoique de prime abord il nous ait trompés complètement[91].

En conclusion, l'amitié première, celle qui permet de nommer les autres, est fondée sur la vertu et apparaît grâce au plaisir de la vertu, comme on l'a dit auparavant[92].

Les autres formes d'amitié se produisent et chez les enfants et chez les animaux et chez les méchants. D'où les proverbes :

> chaque âge se plaît avec ceux de son âge

et :

> le méchant vers le méchant tend par plaisir[93],

Les méchants peuvent se plaire les uns aux autres, non pas en tant qu'ils sont méchants ni en tant qu'ils ne sont ni l'un ni

88. Texte des Ms, avec Sol., Dr., sans addition de καί, 1238a25 : Sus.

89. οὐκ, 1238a27 avec les Ms, Jack., Sol., Dr. ; ὅτι Fr., Sus.

90. <οὐ>, 1238a28, avant διά, Jac., approuvé par Sol., et que semble exiger le parallélisme avec le οὐκ de la ligne précédente ; contre, Dr., p. 407-408.

91. 1238a27-29 : de prime abord, ce vin produit une impression agréable (résultat), mais non continue ou durable.

92. 1238a30-32 : voir : 1236b2-1237b8.

93. Euripide, *Bellérophon, Fr.*, p. 298 n. ; voir 1239b22 et *M.M.*, II 11, 1209b35.

l'autre[94], mais – par exemple dans le cas de deux musiciens, ou bien, l'un étant amateur de musique, l'autre musicien – en tant que tous les hommes ont quelque chose de bon et ainsi s'accordent les uns avec les autres.

De plus ils peuvent être utiles et profitables les uns aux autres, non pas absolument, mais en vue d'une intention **1238 b** particulière qui ne les rendra ni bons ni méchants[95].

Il est aussi possible qu'un homme équitable soit l'ami d'un homme méchant car ils peuvent se rendre service selon leurs intentions, le méchant pouvant être utile à l'homme vertueux selon l'intention actuelle de ce dernier et celui-ci à l'incontinent selon son intention actuelle et au méchant selon l'intention conforme à la nature. Et il leur souhaitera de bonnes choses : de façon absolue celles qui sont absolument bonnes et de façon conditionnelle celles qui sont bonnes pour eux, en tant qu'elles peuvent être avantageuses dans la pauvreté et la maladie, et ces dernières en vue de biens absolus (par exemple prendre un médicament : il ne le veut pas en lui-même mais en vue d'un but particulier)[96].

De plus ces rapports d'amitiés peuvent s'établir selon les manières dont sont amis entre eux ceux qui ne sont pas vertueux ; le méchant peut être agréable non en tant qu'il est méchant, mais en tant qu'il partage quelque point commun avec l'autre, par exemple s'il est musicien ou encore en tant

94. C'est-à-dire, ni bon ni méchant.

95. 1238b1 : « intention » : προαίρεσιν ᾗ (Ross, ἣ Ms, ἣ<ᾗ> Sus., Dr. ; on notera le sens de προαίρεσις dans ce passage : 1238b1, 3, 4, 5. – 1238b6-7 (227 [1]) : ᾖ πενίᾳ συμφέρει ἢ νόσοις, Bz. défendu par Dr.

96. 1238b8 : καὶ [αὐτὸ] τὸ φάρμακον πιεῖν · οὐ γὰρ βούλεται <αὐτό>, ἀλλὰ… Fr., Rac., Dr.

qu'il y a quelque chose de bon en tous (c'est pourquoi certains sont sociables même s'ils ne sont pas vertueux)[97] ou en tant qu'ils s'accordent avec chacun : tous les hommes ont quelque chose du bien[98].

CHAPITRE 3
<Amitiés et égalité>

Voilà donc les trois espèces d'amitié. Et dans toutes ces espèces, l'amitié exprime une certaine égalité[99]. En effet, même les amis selon la vertu le sont les uns des autres dans une certaine égalité de vertu.

Mais il y a une autre variété dans les amitiés : c'est l'amitié qui se fonde sur la supériorité, par exemple la vertu de la divinité par rapport à l'homme : c'est une autre espèce d'amitié et[100], globalement, c'est celle du gouvernant et du gouverné, tout comme la justice aussi est différente : c'est par analogie qu'elle est égale, non par le nombre[101] ; dans ce genre se trouvent celle d'un père pour son fils et celle du bienfaiteur

97. 1238b12-13 : ... εἴσιν (Ms : εἶεν, Sus.) ἂν καὶ <μὴ> (Bz., Dr.) σπουδαῖοι (Π^2, Bz., Rac., Dr. ; σπουδαίῳ Sus.). – Sur ce passage, 1238b5-12, voir *Politique*, VII 13, 1332a10-21 (Tricot, p. 519-520).

98. Voir ci-dessus 1237a37-38 et I 6, 1216b30-31, une affirmation semblable concernant la vérité.

99. Litt… « se dit selon l'égalité ».

100. 1238b19 : on voit ici que le terme φιλία déborde de beaucoup le sens moderne d'amitié ; *cf.* ci-dessous II, 1238b24-25, l'affection (amitié) du père et du fils, celle de l'époux pour l'épouse.

101. Sur l'analogie dans la justice cf. *Éthique à Eudème* IV (*Éthique à Nicomaque* V), chapitres 3-4.

pour son protégé. Et parmi ces sortes elles-mêmes, il y a des variétés : l'affection du père pour son fils diffère de celle de l'homme pour son épouse : la dernière ressemble à celle du chef pour son sujet tandis que la première ressemble à celle du bienfaiteur pour son protégé. Mais, dans ces sortes d'amitié, il n'existe pas ou du moins pas de la même manière, d'« amour-en-retour ». Ce serait ridicule en effet de reprocher à la divinité de ne pas aimer en retour de la façon même dont elle est aimée ou, pour le gouverné, de faire des reproches au gouvernant, car c'est le propre du chef d'être aimé, non d'aimer, ou alors d'aimer d'une autre façon.

Le plaisir aussi est différent : celui qu'apporte à l'homme qui se suffit à lui-même sa propriété ou son enfant n'est pas identique [102] à celui de l'homme dans le besoin à l'égard de ce qui lui arrive.

Et il en est de même pour les amis par utilité ou par plaisir : l'amitié des premiers se fonde sur l'égalité, celle des autres sur la supériorité.

Pour cette raison, ceux qui pensent être sur un pied d'égalité se plaignent s'ils ne sont pas utiles et bénéficiaires de la même manière ; et il en est de même pour le plaisir [103]. C'est clair chez les amoureux, puisque c'est souvent une cause de querelles réciproques : en effet l'amoureux ne voit pas que

102. 1238b30 : … <ἡ> ἡδονὴ … οὐδ᾽ ἕν (Jack., οὐδέν Ms, Sus., οὐδὲν <ἧττον> Bz., Dr.).

103. 1238b34-35 : « quand ils ne retirent pas de leur liaison un égal profit ou des avantages égaux, ou autant de plaisir », B. St.-Hilaire, p. 338.

la proportion n'est pas la même pour eux relativement au désir[104]. C'est pourquoi Eunice[105] a dit :

> Un aimé, non un amant, tiendra de tels propos.

Mais eux pensent que la proportion est la même.

CHAPITRE 4
<*Amitié et inégalité*>

1239 a Comme nous l'avons dit[106], il y a trois espèces d'amitié : selon la vertu, selon l'utilité et selon le plaisir, qui se divisent à leur tour en deux : selon qu'elles se fondent sur l'égalité ou la supériorité ; et toutes deux certes sont des amitiés quoique les vrais amis soient ceux entre qui existe l'égalité, car il serait étrange pour un homme d'être l'ami d'un enfant, bien qu'il l'aime et en soit aimé ; parfois il faut que le supérieur soit aimé, mais s'il aime on lui fera reproche d'aimer un être indigne car l'amour se mesure à la dignité de ceux qui s'aiment et à une certaine égalité : dans certains cas donc on ne mérite pas d'être aimé comme on aime, par défaut d'âge, dans d'autres, par suite

104. 1238b37, 39 : ὁ αὐτὸς λόγος cf. *Éthique à Eudème* IV (*Éthique à Nicomaque* V) 6, 1131b3 : « la justice se retrouve au moins dans quatre termes, et le rapport est le même » (καὶ ὁ λόγος ὁ αὐτός) *cf.* « l'égalité de rapports (λόγων) » de 1131a31. Voir le rappel du début de ce chapitre 3, 1238b20-22 : « La justice est l'égalité selon l'analogie, non selon le nombre ». Il faudrait donc traduire λόγος par « rapport », puisqu'il s'agit aussi d'égalité et de supériorité : 1238b33-34.

105. 1238b38-39 : διὸ εἴρηκεν Αἴνικος· ἐρώμενος τοιαῦτ' ἄν, οὐκ ἐρῶν λέγοι Jack., Sol., Rac., Dr. Ces reproches sont ceux de l'aimé.

106. Voir 1236a7-37b15. – La double division qui suit vaut plus pour l'acte d'aimer que pour l'« amitié » au meilleur sens : J.C. Fraisse, p. 202, n. 1.

d'une supériorité en vertu ou en naissance ou en autre chose semblable du côté du partenaire. Car on doit[107] s'attendre à ce que le supérieur juge bon d'aimer moins ou de ne pas aimer du tout dans l'amitié, qu'elle soit fondée sur l'utilité, le plaisir ou la vertu.

Chez ceux qui sont légèrement supérieurs naissent naturellement des controverses : en effet ce qui est petit n'a pas d'importance en certain cas (comme dans la pesée du bois, mais non dans celle de l'or ; mais on juge mal ce qui est petit car son propre bien paraît grand par suite de sa proximité mais celui d'autrui paraît petit par suite de son éloignement). En revanche lorsque la supériorité est excessive, même ceux qui sont en cause ne se demandent pas si on doit ou être aimé en retour ou l'être comme on aime, – par exemple, si on réclamait de la divinité la réciprocité d'amour.

Les hommes sont donc évidemment amis lorsqu'ils sont sur un plan d'égalité mais on peut s'aimer réciproquement sans être amis. Et on voit clairement pourquoi les hommes recherchent l'amitié de supériorité plutôt que celle d'égalité, puisqu'il leur arrive ainsi et d'être aimés et d'être supérieurs. C'est pour cette raison que certains jugent le flatteur de plus de prix que l'ami : il fait que la personne flattée semble posséder les deux[108] ; tels sont surtout les amis des honneurs car être admiré, c'est être supérieur.

Par nature les uns naissent affectueux, les autres amis des honneurs[109]. Celui qui se réjouit davantage d'aimer que d'être

107. 1239a11 : δεῖ Wilson (ἀεί Ms, Sus.) avec Sol., Rac.

108. 1239a25 : l'amitié et la supériorité.

109. 1239a27 : φιλητικοί : « capables d'aimer » ; φιλοτιμοί : amis des honneurs, ambitieux, J.C. Fraisse, 277 traduit : « qui aime aimer » et « qui aime être aimé » respectivement.

aimé est affectueux; mais l'autre, qui préfère être aimé, est surtout ami des honneurs.

Celui qui se réjouit d'être admiré et aimé est un ami de la supériorité tandis que celui qui aime le plaisir d'aimer[110] est l'affectueux car il le possède nécessairement en lui du fait de son activité[111]; être aimé en effet est un accident car il est possible d'être aimé sans le savoir mais non d'aimer sans le savoir. Et il convient à l'amitié d'aimer, plutôt que d'être aimé, mais être aimé relève davantage de l'objet d'amour. En voici la preuve: un ami choisirait, si les deux ne lui étaient pas possibles, de connaître plutôt que d'être connu, comme le font les femmes dans les cas d'adoption, par exemple l'Andromaque d'Antiphon[112]. En effet vouloir être connu semble être un sentiment égoïste[113] et visant à recevoir quelque bien et non à le faire, tandis qu'on veut connaître pour agir et aimer.

1239 b C'est pour cette raison que nous louons ceux qui continuent à aimer leurs morts car ils connaissent mais ne sont pas connus.

110. 1239a31 : τῆς … ἡδονῆς avec les Ms et les éditeurs, sauf Sus. : τῇ … ἡδονῇ (Sp.).

111. 1239a31-32 : ἀνάγκῃ ἐνεργοῦντι Sol. accepté par Rack., Dr.; ἀνάγκη ἐνεργοῦντα Ms, Sus.

112. 1239a38 : Antiphon, poète tragique qui vécut à la cour de Denys l'Ancien, à Syracuse et mourut sous le fouet (Aristote, *Rhétorique*, II 6, 1385a9). – Voir *Éthique à Nicomaque*, VIII 9, 1159a28 *sq.* : « Certaines mères mettent leurs enfants en nourrice, et elles les aiment en sachant qu'ils sont leurs enfants, mais ne cherchent pas à être aimés en retour, si les deux choses à la fois ne sont pas possibles, mais il leur paraît suffisant de les voir prospérer ».

113. Littéralement « en vue de soi-même ».

CHAPITRE 5
<*Amitié et ressemblance*>

On a donc dit qu'il existe plusieurs modes[114] d'amitiés et leur nombre, c'est-à-dire trois, et qu'il y a une différence entre être aimé et être aimé en retour, et entre les amis qui ont une relation d'égalité et ceux qui ont une relation de supériorité.

Mais puisque le mot revêt un sens plus universel, comme on l'a dit au début[115], chez ceux qui font intervenir des considérations extérieures au sujet (pour les uns, c'est en effet le semblable, pour d'autres, le contraire), il nous faut aussi nous exprimer sur les relations de ces derniers avec les amitiés dont nous avons parlé.

Le semblable se ramène au plaisant et aussi au bien car le bien est simple mais le mal est polymorphe : l'homme bon est toujours semblable à lui-même et ne change pas de caractère ; le méchant et l'insensé, pour leur part, ne paraissent en rien semblables le matin et le soir. C'est pourquoi, à défaut d'un arrangement, les méchants ne sont pas amis entre eux, mais divisés ; or une amitié instable n'est pas une amitié. Par conséquent c'est ainsi que le semblable est ami, parce que le bon est semblable. Mais c'est aussi, en un autre sens, du point de vue du plaisir puisque les mêmes plaisirs appartiennent à ceux qui se ressemblent et que chaque être est par nature plaisant à lui-même. Pour cette raison, les voix, les manières et la compagnie des membres de la même famille sont plaisantes aux uns et aux autres, même chez les vivants autres que l'homme. Et c'est

114. 1239b3 : « modes » = τρόποι.

115. Voir 1235a4 *sq.* On notera ἐλέχθη, b6 qui annonce des précisions qu'ignorait le passage auquel on renvoie, par opposition à εἴρηται, b5. – Sur l'origine platonicienne de la solution d'Aristote, voir G.-J., II, p. 694.

ainsi qu'il est possible que même les méchants s'aiment les uns les autres :

> le plaisir lie le méchant au méchant[116].

Par ailleurs, le contraire est ami du contraire comme de ce qui lui est utile, car le semblable est inutile à soi-même : aussi le maître a-t-il besoin de l'esclave, et l'esclave du maître, et la femme et l'homme ont besoin l'un de l'autre ; et le contraire est plaisant et objet de convoitise en tant qu'il est utile, non qu'il soit compris dans la fin mais comme un moyen pour la fin[117]. En effet, lorsqu'on atteint ce qu'on convoite, on atteint la fin et on ne désire pas le contraire ; par exemple, le chaud ne désire pas le froid, le sec, l'humide.

Mais, dans un sens, l'amitié du contraire est aussi celle du bien. En effet les contraires se désirent l'un l'autre à cause de l'intermédiaire : comme les deux faces d'un jeton ils se désirent l'un l'autre car il naît ainsi à partir des deux une réalité une qui est intermédiaire[118].

Ajoutons que l'amitié porte par accident sur le contraire, mais en soi elle porte sur la médiété. Car les contraires désirent, non pas l'un l'autre, mais l'intermédiaire. En effet, lorsque les hommes ont extrêmement froid, en se réchauffant, ils s'établissent dans le juste milieu et lorsqu'ils ont très chaud, en se refroidissant, et ainsi de suite pour le reste. Autrement, ils seraient toujours dans un état de convoitise, non pas dans le juste milieu. Mais celui qui est dans le juste milieu jouit sans

116. 1239b22 : déjà cité ci-dessus, 1238a34.

117. « Le mari et la femme, en se désirant l'un l'autre, désirent en réalité l'enfant, sorte de juste milieu qui naît de leur union », G.-J., II, p. 695.

118. 1239b31 : comme les deux parties séparées d'un jeton, une fois réunies, permettent à leurs possesseurs de s'identifier.

convoitise des choses plaisantes par nature, les autres se réjouissent de tout ce qui les transporte hors de leur état naturel. Cette espèce de relation existe aussi chez les êtres inanimés; mais l'amitié apparaît dès qu'il s'agit d'êtres vivants. C'est **1240 a**
pourquoi on se réjouit parfois de ce qui est dissemblable; par exemple, les gens austères se réjouissent des rieurs, et les personnes vives, des paresseux car ils se rétablissent les uns les autres dans le juste milieu.

C'est par accident donc, comme nous l'avons dit[119], que les contraires sont amis, et c'est à cause du bien.

CHAPITRE 6
<L'amour de soi>

Combien il y a d'espèces d'amitiés, quels sont les différents sens où l'on parle d'amis, d'amants ou d'aimés et cela, à la fois dans des conditions où ils sont amis et sans qu'ils le soient, voilà qui est dit.

Le problème de[120] savoir si un homme est ou non un ami pour lui-même requiert un examen approfondi. En effet certains croient que chacun est avant tout un ami pour lui-même; et se servant de l'amour de soi comme d'une règle[121], ils jugent de l'amitié qu'on porte à ses autres amis.

Selon les arguments et les traits reconnus comme caractéristiques des amis, il y a tantôt opposition et tantôt similitude de vues entre les deux cas car c'est d'une certaine manière

119. Voir 1239b32.

120. 1240a8 : … δὲ τοῦ αὑτὸν… τοῦ a été oublié dans Sus.

121. κανόνι, 1240a10, *cf.* 1237b29 et *Protreptique*, 39, 17P (5a W., 5 Ross, p. 33, Düring, B 39) traduit dans *L'Objet*…, p. 19.

analogique qu'existe cette amitié mais non d'une manière absolue, puisqu'être aimé et aimer exigent deux éléments distincts. C'est pourquoi un homme est un ami pour lui-même plutôt à la façon dont il en va de celui qui est maître de soi et de celui qui ne l'est pas : on a dit[122] comment cela avait lieu, volontairement ou involontairement, à savoir du fait que les parties de l'âme soutiennent une certaine relation les unes avec les autres. Et toutes ces questions sont semblables : si on peut être à soi-même son ami ou son ennemi, si on peut se traiter injustement ; car toutes ces relations exigent deux éléments distincts : en tant que l'âme est d'une certaine manière double, ces relations peuvent exister mais en tant que ces éléments ne sont pas distincts, elles ne peuvent exister.

C'est à partir de la disposition[123] envers soi-même qu'on[124] distingue les modes d'aimer qui restent et sur lesquels, dans les arguments[125], nous avons l'habitude de faire porter l'examen. En effet, l'opinion veut qu'un ami soit celui qui souhaite de bonnes choses – ou ce qu'il croit être de bonnes choses – à quelqu'un, non pour son propre bien, mais pour le bien de l'autre ; et, en un autre sens, l'est aussi celui qui

122. Voir II 8, 1224b21-29 (plutôt que 1223a, 36b17, Dr.).

123. 1240a22 ἕξεώς εἰσιν (Sp., Jac., Dr.) à la place de ὡς, Ms. L'ἕξις a toujours ce sens de disposition stable et dynamique que le mot « habitude » rend mal en français.

124. Littéralement : « que sont définis ».

125. 1240a23 : « les arguments » ou « discours » (ἐν τοῖς λόγοις) *cf.* a11 *sq.* ; voir P. Moraux, *À la recherche de l'Aristote perdu...*, Louvain, 1957, p. 34-53, où ces doctrines auraient été discutées. Je suis d'accord avec Von Arnim, *Die drei arist. Etkiken*, p. 109-112, soutenu par G.-J., II, p. 726 pour reconnaître dans ces « sortes d'amitié » des prises de position de l'Académie, en particulier de Speusippe et de Xénocrate qui ont écrit sur le sujet. Au surplus on traduirait aussi bien εἰώθαμεν par « *on* a l'habitude ».

souhaite l'existence à quelqu'un en vue du bien de ce dernier et non du sien propre ; même s'il ne partage pas ses biens, encore moins son existence [126], on jugera qu'il est par-dessus tout ami de l'autre.

En un troisième sens, est ami celui qui choisit de vivre avec quelqu'un en raison de sa compagnie et non en raison d'autre chose ; à titre d'exemple : les pères souhaitent l'existence pour leurs enfants mais ils vivent avec d'autres personnes qu'eux.

Toutes ces sortes d'amitiés sont certes en conflit les unes avec les autres. En effet les hommes ne pensent pas être aimés à moins qu'on ne veuille, pour les uns, un bien pour eux-mêmes, pour d'autres, l'existence, pour d'autres enfin, partager leur vie.

Nous considérerons encore comme une marque suffisante d'amitié le fait [127] de souffrir avec celui qui souffre, non pas pour une raison étrangère comme les esclaves à l'égard de leur maître : ils sympathisent parce que ces derniers sont durs lorsqu'ils souffrent, mais non pas par amour de ces derniers, comme les mères à l'égard de leurs enfants et comme les oiseaux ressentent la douleur de leurs semblables [128].

Car par-dessus tout l'ami souhaite non seulement d'avoir de la peine en même temps que son ami, mais aussi de partager la même peine (par exemple, d'avoir soif s'il a soif), si c'est possible ou, si c'est [129] impossible, d'en avoir une très proche.
Et le même argument vaut pour la joie : en effet se réjouir sans **1240 b**
raison étrangère à l'ami mais à cause de lui, parce qu'il est dans la joie, est une marque d'amitié.

126. 1240a27 : μὴ ὅτι, Bender, Dr. : μὴ τῷ, Ms Sus.

127. 1240a33 : <τὸ> τῷ : Fr., avec Sol., Rac.

128. Voir *Histoire des Animaux*, IX, 7, 612b34-13a2 (Dr.).

129. 1240a38 : ὅτι [μὴ] Sus. ; μάλιστά τε(γε Sus.) (a37) … εἴ τε μή, ἐγγύτατα (a38) Jac., Sol., Dr.

On dit encore sur l'amitié des choses telles que « l'Amitié est l'Égalité », « les vrais amis n'ont qu'une seule âme ».

Toutes ces affirmations se laissent transférer à l'individu seul; car l'individu se souhaite ainsi, à lui-même, son bien : en effet personne ne se fait du bien à soi-même en vue de quelqu'autre fin ou pour gagner la faveur de quelqu'un[130] pas plus qu'on ne dit, en tant qu'être unifié, qu'on s'est fait du bien[131] : car il veut paraître aimer[132] celui qui rend manifeste qu'il aime, mais non pas aimer. Se souhaiter par-dessus tout l'existence, vivre ensemble, partager joie et peine, et donc être une seule âme, ne pas pouvoir vivre l'un sans l'autre mais, s'il le faut, mourir ensemble, tel est le lot de l'individu : il est pour ainsi dire son propre compagnon. Or tous ces sentiments appartiennent à l'homme bon dans sa relation avec lui-même; dans l'homme méchant, ils sont dissociés, c'est-à-dire chez l'homme qui n'est pas maître de lui-même.

Aussi semble-t-il possible qu'un homme soit à lui-même son ennemi; mais en tant qu'il est un et indivisible, il se désire lui-même. Tel est l'homme bon, l'ami selon la vertu, car l'homme méchant, du moins, n'est pas un mais multiple et, durant une même journée, il est autre que lui-même et inconstant.

Par conséquent, même l'amitié d'un homme pour lui-même se ramène à l'amitié de l'homme bon. En effet parce qu'un homme est en quelque sorte semblable à lui-même et un et bon pour lui-même, il est ainsi pour lui-même son ami et

130. 1240b6 : χάριν τινός Apelt *cf.* Dr., p. 426; οὐδὲ <δεῖ> χάριτος, E. Lavielle, communication orale.

131. 1240b6 : et non en tant qu'être dédoublé, *cf.* ci-dessus 1240a19-21.

132. 1240b7 : δοκεῖν (Jac.) γὰρ φιλεῖν βούλεται Ms, Jac., Sol.

l'objet de son désir ; et c'est par nature qu'il est tel tandis que le méchant est contre nature.

L'homme bon ne s'adresse pas, en même temps qu'il agit, des reproches à lui-mêmes – comme celui qui n'est pas maître de soi –, et le nouvel homme d'aujourd'hui ne fait pas de reproches à celui d'hier – comme celui qui a des remords, ni l'homme du passé à celui de demain – comme le menteur et, globalement, s'il faut faire des distinctions comme en font les Sophistes, comme le couple « Coriscos » et « vertueux Coriscos »[133] : car il est évident que c'est le même être, vertueux d'une certaine manière, qui se fait des reproches à lui-même, puisque, lorsqu'on s'accuse, on se tue ; pourtant toute personne s'estime bonne pour elle-même. Et l'homme absolument bon cherche à être un ami pour lui-même, comme on l'a dit[134] : il possède en lui-même deux parties qui par nature veulent être amies et qu'il est impossible de séparer.

C'est pourquoi il semble que, chez l'homme, chacun est un ami pour soi-même, mais pas chez les autres vivants : par exemple, le cheval n'est pas en désaccord avec lui-même[135], il

133. 1240b25 : voir *Réfutations sophistiques*, c. 17, part. 175b15-27 (Tricot, p. 77-78) ; *Physique*, IV 11, 219b20-21 : les deux Coriscos.

134. Voir 1240a13-21. – Le texte de 1240b26 est particulièrement difficile : τὸ αὐτὸ πόσον σπουδαῖον αὐτῶν. Ou bien : δῆλον γὰρ ὡς τὸ αὐτὸ πως ὂν σπουδαῖον αὑτῷ (le πως étant tombé est remplacé par που M b Fr. Dr.) : trad. : « il est en effet évident que c'est de quelque manière le même être, étant bon pour lui-même » (αὑτῷ : αὐτόν Ms, ed., αὑτῶν, Fr., Sus. ; voir l. 26 : αὐτὸς αὑτῷ ἀγαθός ; et b28 : ὁ ἁπλῶς ὢν ἀγαθός).

135. 1240b32 : Sus. indique une lacune : οἷον ἵππος αὐτὸς αὑτῷ…, οὐκ ἄρα φίλος. Dr. suggère d'accepter la correction de Rieckher <οὐκ ὀρεκτός> ou de lire <οὐκ ἀγαθός>. – Nous partirons de l'exemple des petits enfants, qui suit immédiatement : ils ne peuvent être à eux-mêmes leurs propres amis que

n'est donc pas un ami pour lui-même. Pas davantage les petits enfants jusqu'à ce qu'ils aient en fait la possibilité du choix délibéré car alors l'enfant[136] est en désaccord avec la concupiscence.

L'amitié envers soi-même ressemble à celle des membres d'une famille, car il n'est en notre pouvoir de rompre ni l'une ni l'autre; mais, même s'ils ont un différend, ces derniers sont encore parents tout comme l'individu reste encore un, tant qu'il est en vie.

CHAPITRE 7
<Concorde, bienveillance et amitié>

Les différents sens du mot aimer et le rapport de toutes ces amitiés à l'amitié première ressortent clairement de nos propos[137].

lorsqu'apparaît le choix délibéré, la raison qui s'oppose au désir, ce qui indique qu'ils sont en quelque sorte « doubles », condition explicative de ces phénomènes : voir 1240b29 : « parce qu'il a en lui deux parties », avec référence explicite à la raison première de tous ces dédoublements : 40a14-21. Chez les animaux, tout comme chez les petits enfants, on ne peut distinguer deux aspects : la raison (impliquée dans le choix délibéré) et l'appétit; aussi ne peut-on parler d'amitié avec soi-même. Je suggère donc : <οὐ διαφωνεῖ> ou quelque chose d'équivalent (sur διαφωνεῖν avec le datif, voir *Éthique à Nicomaque*, X 1, 1172a36).

136. Je lis παῖς avec tous les Ms, Bk., en 1240b34; νοῦς Fr., accepté par Sus.; ce n'est que lorsqu'il possède le choix délibéré que *l'enfant* – tout comme le petit enfant de la ligne précédente – peut s'opposer au désir; voir aussi ci-dessus, II 8, 24a27-30, *Politique*, VII, 15, 34b23-25.

137. 1240b39 : voir 1234b20, 1236a18, 1236b2-37b9, 1238a30, 1239b3, 1240a5, 22, 1240b17 (Dr., 429).

Il convient à notre étude d'examiner aussi la concorde et la bienveillance[138] : aux yeux de certains elles s'identifient à l'amitié mais pour d'autres elles sont corrélatives[139]. **1241 a**

La bienveillance ne diffère pas entièrement de l'amitié ni ne lui est identique. En effet l'amitié se divise selon trois modes, et la bienveillance n'appartient ni à l'amitié fondée sur l'utilité, ni à l'amitié fondée sur le plaisir. Car c'est pour son utilité personnelle qu'un homme souhaite du bien à quelqu'un, ce n'est pas pour ce dernier mais pour lui-même qu'il le souhaite, mais il apparaît que comme l'amitié fondée sur la vertu[140], la bienveillance ne vise[141] pas celui qui l'éprouve mais celui à qui elle s'adresse. Par ailleurs si elle se trouvait dans l'amitié fondée sur le plaisir, alors on serait aussi bienveillant envers les êtres inanimés. Par conséquent il est évident que la bienveillance concerne l'amitié fondée sur le caractère[142]. Mais celui qui est bienveillant s'arrête aux souhaits tandis que le propre de l'ami c'est de faire aussi ce qu'il souhaite; la bienveillance en effet est le commencement de

138. 1241a1 : « Concorde » traduit ὁμόνοια et « bienveillance », εὔνοια; malheureusement le français ne peut rendre la racine identique des deux mots : il faudrait écrire : « communauté de *pensée* » et « bienveillance de *pensée* ». – Sur l'histoire de cette notion, voir J. de Romilly, dans *Mélanges Chantraine*, Paris, 1972, p. 200.

139. En 1241a2 et 1241a15, Aristote vise l'Académie, voir [PL.] *Définitions*, 413b1 et 8, et Von Fr., p. 329.

140. 1241a7 : La lacune décelée par Bz. est acceptée par Sus., Sol., Jac., Dr.; Sus. conjecturait : « mais il semble que comme <l'amitié suivant la vertu>, la bienveillance… ».

141. 1241a8; ἕνεκα Jac., Sol., Rac.; εὔνοια, Ms, Sus. – εὐνοϊζομένου rencontré seulement dans *Éthique à Eudème*, selon Hall, 200.

142. 1241a10 : littéralement « l'amitié éthique » (ou morale), c'est-à-dire l'amitié suivant la vertu; voir ci-dessous 1242b39-43a1.

l'amitié : tous les amis sont bienveillants mais tous les hommes bienveillants ne sont pas des amis. Celui qui n'est que bienveillant s'apparente en effet à quelqu'un qui commence quelque chose ; pour cette raison la bienveillance est le commencement de l'amitié mais non l'amitié.

On est d'opinion[143] en effet que les amis sont d'accord et que ceux qui sont d'accord sont amis. Mais la concorde, celle qui relève de l'amitié, ne s'étend pas à tout mais seulement aux actes des personnes en accord, particulièrement à ceux qui tendent à la vie en commun ; et ce n'est pas seulement un accord en pensée ou en désir (car il est possible de penser et de désirer des choses contraires ; par exemple : chez celui qui n'est pas maître de lui, cette discordance existe) et si on est d'accord dans le choix délibéré on ne l'est pas nécessairement dans l'appétit[144]. Chez les bons, la concorde existe ; mais les méchants font les mêmes choix et ont les mêmes désirs, et se nuisent les uns aux autres.

Et la concorde apparemment ne se dit pas d'une manière simple, pas plus que l'amitié, mais celle qui est la première est aussi naturellement bonne, moyennant quoi il est impossible aux méchants d'être d'accord : mais il y en a une autre qui permet aux méchants de s'accorder sur un point lorsqu'ils choisissent et convoitent les mêmes choses. Ainsi il leur faut désirer le même objet de telle façon qu'à tous deux puisse

143. 1241a15 : Je n'accepte pas la suggestion de Dr. : <φιλίᾳ δὲ ἐγγὺς ἡ ὁμόνοια>, pour combler la lacune détectée par Bz. (reçue par Sus., refusée par Jac., ignorée par Sol., Rac.). Voir G.-J., II, p. 738. – Von Fr. la rejette et explique la transition, p. 330.

144. J'adopte les corrections de Sol., acceptées par Rac. : νοεῖν καί, au lieu de τὸ κινοῦν, 1241a19, et οὐδ' εἰ … ὁμονοεῖ (avec Pb) à la ligne 20 ; … dans ce sens voir *M.M.*, II 12, 1212a18 *sq.*, cité par Fr., p. 222.

appartenir ce qu'ils désirent, car si l'objet du désir est tel qu'il ne puisse appartenir à tous deux, ils se battront ; or ceux qui sont d'accord n'iront pas se battre.

Il y a donc[145] concorde lorsqu'on fait le même choix délibéré en ce qui touche au commandement et à l'obéissance, chacun ne se choisissant pas lui-même mais tous les deux choisissant la même personne. Bref, la concorde est l'amitié politique[146].

CHAPITRE 8
<Bienfaiteur et bénéficiaire>

Assez parlé de la concorde et de la bienveillance !

On se demande pourquoi les bienfaiteurs aiment davantage leurs bénéficiaires[147] que ces derniers leurs bienfaiteurs. Apparemment certes le contraire serait juste. Ce serait, pourrait-on croire, par utilité et profit personnels, car on a une dette à l'endroit du bienfaiteur alors que le bénéficiaire doit rembourser cette dette ; cependant ce n'est pas tout mais, en plus, c'est une loi de nature puisque l'activité[148] est préférable ; et le **1241 b**
rapport est le même qu'entre l'œuvre et l'activité, le bénéficiaire étant en quelque sorte l'œuvre du bienfaiteur. C'est

145. ἔστι δὴ, 1241a30 : Fr., V. Frag.

146. Voir les chapitres 9 et 10, ci-dessous.

147. Pour garder le parallélisme avec le mot *bienfaiteur*, je traduis ainsi celui qu'on rend habituellement par « obligés » (B. St.-Hil., Tr., G.-J.) ou « protégés ». – Pour cette aporie traditionnelle Dr., p. 433 renvoie à Thucydide, II 40, 4, auquel on peut ajouter Platon, *Lois*, V, 729b-c et Démosthène, *Pour la couronne*, 269, avec G.-J., p. 740-741.

148. 1241a40 : « activité » traduit ἐνέργεια (acte).

pourquoi, même chez les animaux, il existe une impulsion à l'endroit des petits et pour les mettre au monde et pour les protéger une fois nés. De fait, les pères (et les mères plus que les pères) aiment leurs enfants davantage qu'ils n'en sont aimés. Et ceux-ci à leur tour aiment leurs propres enfants plus que leurs parents parce que l'activité est ce qu'il y a de meilleur. Et les mères aiment leurs enfants plus que les pères parce qu'elles croient que les enfants sont davantage leur œuvre : en effet, on juge de l'œuvre à la difficulté, et la mère souffre davantage de la naissance.

CHAPITRE 9
<Amitié, justice et associations>[149]

Voilà pour la définition de l'amitié envers soi-même et de l'amitié entre plusieurs. Mais on est d'opinion que ce qui est juste[150] est quelque chose d'égal, et que l'amitié se trouve dans l'égalité – si ce n'est pas sans raison qu'on dit qu'« amitié est égalité ». Or toutes les constitutions sont une certaine espèce de justice, car ce sont des communautés[151], et toute mise en commun se fonde sur la justice. Par conséquent, les espèces

149. On notera de nouveau le souci constant de souligner les articulations de ce livre dont les chapitres suivants (9-11) pourraient s'intituler *Amitié et droit* (*cf.* Dr., p. 434). Pour les rapprochements avec la *Politique* voir Dr., p. 435 *sq.*

150. Dans ce chapitre, Aristote n'emploiera que l'adjectif neutre : le « *juste* », le « *droit* » et non le substantif abstrait ; la « justice ».

151. Sur la notion de communauté ou association (κοινωνία) voir l'excellent résumé de G.-J., II, p. 696-697 : c'est l'association de deux ou plusieurs individus dans la poursuite d'une fin commune par une action commune.

d'amitié sont aussi nombreuses que celles de la justice et de l'association; et toutes ces espèces confinent les unes aux autres et présentent des différences à peine sensibles.

Mais la relation semblable entre l'âme et le corps, l'ouvrier et l'outil, le maître et l'esclave, ne donne pas lieu à association car ils ne forment pas deux êtres distincts, mais le premier est unifié alors que l'autre en relève et n'est pas unifié[152]. Le bien n'est pas non plus divisible entre les deux mais ce bien de l'un et l'autre n'appartient qu'à un seul, pour qui il existe[153]. En effet le corps est l'instrument connaturel[154] de l'âme, et l'esclave est comme une partie et un instrument séparables du maître, l'instrument étant en quelque sorte un esclave inanimé[155].

Par contre les autres communautés sont une fraction des communautés civiles : par exemple les phratries ou les confréries religieuses[156] ou les communautés financières. Et toutes les constitutions correctes aussi bien que dégénérées se retrouvent dans la famille (car comme il en va dans les harmonies musicales il en va aussi dans les constitutions[157]).

152. 1241b20, correction de Jac. : οὐδ' ἕν au lieu de οὐδέν des Ms, mis entre crochets par Sus., Dr. – Cf. *Politique*, I 6, 1255b4-15 (cité par Dr., p. 436).

153. 1241b22 : Sol. et Rac. traduisent au pluriel : « pour qui ils existent ». Voir *Politique*, I 6, 1255b4-15.

154. 1241b22 : ὄργανον σύμφυτον : B. St.-Hilaire traduit : « congénital » (p. 410).

155. Voir *Éthique à Nicomaque*, VIII 6, 1161a32-b8 (Tricot, p. 416), *Politique*, I 4 1253b25-33 (Tricot, p. 34-35) sur l'esclave comme instrument animé, avec la correction de *Éthique à Nicomaque*, 1161b5-8.

156. 1241b26 : ὀργίων Sus., ὀργεώνων Dietsche, Sol., Dr. Avec Fr., Sol., Dr. je mets ἔτι πολιτεῖαι entre crochets droits.

157. Sur ce rapprochement des formes de constitution et des harmonies voir *Politique*, IV 3, 1290a19-29 (Tr., p. 267), d'après Dr., p. 437.

Monarchique est la relation du père à ses enfants, aristocratique celle du mari à son épouse, démocratique, celle des frères[158] entre eux. Les formes déviées en sont : la tyrannie, l'oligarchie et la démocratie[159]. Voilà donc le nombre de formes de justice !

Toutefois, puisque l'égalité est tantôt numérique, tantôt proportionnelle[160], il y aura aussi différentes espèces de justice, d'amitié et d'association. C'est sur l'égalité numérique que se fondent l'association[161] et l'amitié des camarades puisque c'est d'après la même norme[162] qu'elles sont mesurées. C'est sur l'égalité proportionnelle que se fondent

158. 1241b30 : Aristote emploie ici le terme générique πολιτεία, qu'éclaire un passage de l'*Éthique à Nicomaque*, VIII 12, 1160a32-35 : « La troisième constitution, celle qui est fondée sur le sens et qui, semble-t-il, peut recevoir le nom de timocratie, mais qu'on a coutume d'appeler *politeia* ». Voir la longue note de Tr., *ad. loc.*, p. 410-411 ; dans sa brièveté la note de Burnet, p. 384 est encore utile avec sa référence à la πάτριος πολιτεία et à *Politique*, 1279a37-39 : « Lorsque la foule est gouvernée d'après le bien commun, on donne à ce régime le nom commun de toutes les constitutions, la « constitution » (πολιτεία) ».

159. 1241b32 : « le peuple », δῆμος : « c'est seulement dans l'*Éthique à Eudème* et la *Politique*, qu'Aristote emploie simplement le mot "peuple" pour démocratie » Dr., p. 438, avec renvoie à Bz., *Index* 176b14-22.

160. Sur les égalités numérique et proportionnelle voir *Éthique à Nicomaque* V (*Éthique à Eudème* IV) cc. 3-4, déjà indiqués *supra* n. 85a (p. 74).

161. 1241b35 : Je garde à κοινωνία, « association », « communauté » le sens qu'il doit avoir à la fin de ce chapitre, à la l. 39 et en 1242a1-2 ; l'addition d'un qualificatif (« démocratique », Sus., « politique » V. Frag.) ne me semble pas nécessaire, cette précision étant apportée par les mots qui suivent : l'amitié de camaraderie (καὶ ἡ ἑταιρικὴ φιλία). – Sur ἑταῖρος voir G.-J., II, p. 687.

162. 1241b36 : τῷ γὰρ αὐτῷ ὅρῳ μετρεῖται : on pourra verser ce texte au dossier de l'interprétation du terme « norme » dans le *Protreptique*, 10 (55, 1-3, P., fr. 13 W., R., B 47 Düring), voir *L'Objet de la Métaphysique*, p. 27, n. 2.

l'aristocratie (celle qui est la meilleure [162a] forme) et la monarchie (car ce n'est pas la même chose qui est juste pour le supérieur et pour l'inférieur, mais c'est quelque chose de proportionnel à chacun) : telle est l'affection du père et de l'enfant ; et c'est la même manière dans les associations.

CHAPITRE 10
<Amitié politique>

On parle d'amitiés entre parents, entre camarades, entre 1242 a 1
associés, cette dernière étant ce qu'on appelle l'amitié politique [163].

L'amitié entre parents comprend plusieurs espèces [164] : une première entre frères, une seconde entre père et fils, car l'une se fonde sur l'égalité proportionnelle, par exemple, l'affection paternelle, l'autre sur l'égalité numérique, celle des frères entre eux, car cette dernière est proche de l'amitié entre camarades puisque là aussi l'ancienneté donne certains avantages [165].

De son côté l'amitié politique s'est constituée en fonction de l'utilité et ce, tout particulièrement : c'est parce que chacun ne se suffit pas à soi-même que les hommes, croit-on, se sont rassemblés, encore qu'ils se soient rassemblés aussi pour vivre

162a. 1241b37 : <ἡ> ἀριστή Ross., Sol., Dr., p. 438 qui sous-entend κοινωνία ; « la meilleure association ».

163. L'amitié civique (politique) s'identifie évidemment à l'amitié entre associés.

164. « Formes », c'est-à-dire « espèces » (*eidê*, 1242a3).

165. 1242a6 : πρεσβείων, Π^2, Rac., Dr. (*cf.* Hall, p. 199, class. 3. – 8 : αὐταρκεῖν, *cf.* Hall, p. 200, 14. – G.-J., p. 698).

ensemble[166]. Toutefois seules l'amitié politique et sa corruption ne sont pas seulement des amitiés, mais aussi des associations à titre d'amis[167]; les autres amitiés se fondent sur la supériorité. Ce qui est le plus juste se trouve dans l'amitié par utilité vu que c'est là ce qui constitue la justice politique[168].

D'un autre ordre en effet est l'association de la scie et de l'art[169] : ce n'est pas en vue d'un but commun qu'elles s'unissent (car elles sont comme l'instrument et l'âme) mais dans l'intérêt de celui qui les emploie. Il arrive en effet que l'instrument lui-même[170] reçoive de l'attention dans la mesure même où c'est juste[171] pour sa fonction : il existe pour elle; et l'essence d'une vrille est double, dont la principale est son acte, la perforation[172]. C'est dans cette espèce que se trouvent le corps et l'esclave, comme on l'a dit ci-dessus[173].

Dès lors, chercher comment il faut se conduire avec un ami, c'est chercher une certaine justice car, en général, la justice entière est en rapport avec un être ami : il y a justice pour certains hommes, y compris des associés, et l'ami est un associé ou dans la famille ou dans la vie. En effet l'homme n'est pas seulement un animal politique mais aussi un animal

166. Voir *Politique*, III 6, 1278b20-21 : « C'est pourquoi même quand ils n'ont pas besoin de l'aide les uns des autres, les hommes n'en désirent pas moins vivre en société » (Tr., p. 194), et la suite, sur la douceur de vivre.

167. Voir 1239a4-5, ci-dessus; elle se distingue donc des « amitiés » déjà citées qui, elles, ne regroupent pas des « amis ».

168. Ou « civique ».

169. *Technè*, art, technique.

170. 1242a15 : αὐτὸ τὸ Bz. avec Sol., Rac.; τοῦτο Sus., Dr.

171. « Dans la mesure même où » B. St-Hilaire, p. 414.

172. « La principale » traduit τὸ κυριώτερον, 1242a17 (la plus « propre »).

173. Voir 9, 1241b17-24, ci-dessus.

de maison[174] et, contrairement à tous les autres animaux, il ne s'accouple pas à un temps déterminé et avec une femelle ou | un mâle d'occasion; mais, en un sens particulier, l'homme n'est pas un animal solitaire[175], mais fait pour l'association[176] avec ceux qui sont naturellement ses parents. Il y aurait donc une certaine association et une certaine justice, même s'il n'y avait pas d'état : la famille est une amitié. De son côté la relation du maître et de son serviteur est celle de l'art et de l'instrument, de l'âme et du corps, mais ce ne sont ni des amitiés, ni des formes de justice, mais quelque chose d'analogue, comme ce qui est sain[177] n'est pas quelque chose de juste, mais quelque chose d'analogue. L'amitié d'une femme et d'un homme existe dans la mesure de son utilité et c'est une association; celle du père et du fils est la même que celle de la divinité[178] pour l'homme, du

174. « De maison » traduit οἰκονομικόν qu'on serait tenté de rendre, si ce n'était de fausser le sens, par *économique*.

175. Texte corrompu en 1242a25; Sp. (approuvé par Sol., Rac.) suggère : ἀλλ' ἰδίᾳ οὐ μοναυλικόν; Fr. (défendu par Dr., p. 443 et accepté par Von Fr., p. 3, 34) : ἄλλοτε δ' ἰδιάζει μοναυλικόν. Je suis Sp.

176. *Fait pour l'association* B. St.-Hilaire, p. 414.

177. 1242a31 : texte des Ms, mal défendu par Dr., p. 443, qui ne renvoie pas aux chapitres 3, 4, 9 (1241b33-40), que reprennent les lignes 28-30 (auxquelles il faut ajouter 1242b2-21) : la justice et l'amitié au sens strict, se trouvent dans l'égalité arithmétique, les relations entre supérieur et inférieur dans l'égalité analogique, qui comporte l'égalité ou la similitude des rapports entre quatre termes; pour éviter toute ambiguïté il y a avantage à garder le terme « analogue » dans les traductions. – La santé est au corps ce que la justice est à l'âme (sa vertu) même si la santé n'est pas la justice, voir *République*, 444c-e, *Gorgias*, 504b-d, passages indiqués par Dr., auxquels il faut ajouter *Topiques*, I 15, 106b30-35. Le rapport de l'esclave au maître, de l'instrument à l'art, du corps à l'âme est celui du moyen à la fin, voir 1217a35-40, 1218b20.

178. Sur les rapports entre la divinité et l'homme (1242a32-35), voir Dr., *M.M.*, p. 437 (qui nie l'existence d'une amitié de la divinité pour l'homme),

bienfaiteur pour le bénéficiaire et, en général, de celui qui naturellement gouverne pour celui qui naturellement est gouverné.

Celle des frères entre eux est surtout l'amitié des camarades, fondée sur l'égalité :

> car il ne m'appela jamais bâtard,
> mais à tous deux on reconnaissait le même père,
> Zeus, mon roi[179].

Voilà qui est parler comme des gens qui cherchent l'égalité. C'est pourquoi c'est dans la maison que se trouvent
1242 b d'abord les commencements et les sources de l'amitié, de l'état et de la justice.

Puisqu'il existe trois espèces d'amitiés fondées respectivement sur la vertu, l'utilité, le plaisir, se subdivisant chacune en deux variétés (car chaque espèce comporte la supériorité ou l'égalité), la justice dans ces amitiés ressort des discussions précédentes; dans l'amitié fondée sur la supériorité, on réclame la proportionnalité mais non de la même manière, le supérieur renversant la proportionnalité : sa relation à l'inférieur ressemble à celle qui existe entre les services rendus par l'inférieur et les siens propres[180], sa situation étant comme celle d'un chef vis-à-vis de son sujet; et si ce n'est pas ce rapport, il réclame au moins l'égalité numérique. Car c'est ce qui arrive aussi dans les autres associations où les amis font le partage selon une égalité tantôt numérique, tantôt

W.J. Verdenius, *Traditional and personal elements in Aristotle's Religion*. Phronesis V (1960), 67, n. 29.

179. Sophocle, *Fr.* 688 Nauck, 755 Pearson.

180. Avec Burnet, p. 225 n., je traduis τὰ παρά et le génitif (l. 8, 9) par « services ».

proportionnelle : si l'argent est apporté d'une façon numériquement égale, ils se le répartissent également selon une égalité numérique, mais si c'est d'une façon inégale ils se le répartissent proportionnellement. L'inférieur au contraire inverse la proportionnalité et accouple les termes selon la diagonale[181]. Mais il semblera ainsi que le supérieur s'amoindrisse et que l'amitié ou l'association soit un service rendu[182]; il faut donc rétablir l'égalité par autre chose et faire la proportionnalité : c'est l'honneur, qui appartient à celui qui par nature gouverne et au dieu à l'égard du gouverné; il faut donc que le profit s'égalise par l'honneur.

L'amitié fondée sur l'égalité est d'autre part l'amitié politique; or celle-ci repose d'une part sur l'utilité; les villes sont amies les unes des autres comme le sont leurs citoyens; et de même que « les Athéniens ne connaissent plus les Mégariens », de même aussi des citoyens, lorsqu'ils ne sont plus utiles les uns aux autres, mais que l'amitié consiste en

181. Le « couplage en diagonale », voir *Éthique à Nicomaque* V 8, 1133a6 (Tricot, p. 240 et la note 3, qui s'inspire de la note de Burnet *ad. loc.*, p. 225, sans la référence à Jackson); G.-J. résument bien notre passage : « Jackson a le premier rapproché de notre passage un texte intéressant de l'*Éthique à Eudème* (VII 10, 1242b6), qui illustre bien l'opposition que nous venons de souligner entre distribution et réciprocité. Il s'agit dans ce texte des amitiés qui comportent une inégalité de valeur entre les amis. Les deux amis sont bien d'accord pour penser qu'il doit y avoir, entre les services qu'ils se rendent, une proportion; mais ils diffèrent quant à la nature de cette proportion. Celui des deux qui est supérieur prétend qu'elle doit être conforme au rapport qui existe entre lui-même et son ami, qu'il doit en d'autres termes recevoir plus de services qu'il n'en rend; l'autre au contraire voudrait que cette proportion fut celle qui correspond à l'addition des termes opposés : l'un se réclame donc de la justice distributive, l'autre, de la justice par réciprocité proportionnelle » (II, p. 377).

182. « Service rendu » (*liturgie*) au sens de service charitable, Rac.

paiements de main à main [183]. Il y a là, d'autre part, une relation gouvernant-gouverné qui n'est ni la relation naturelle ni celle qui existe dans la royauté, mais celle qui fait que tour à tour chacun gouverne et est gouverné; ce n'est pas non plus pour faire du bien comme la divinité, mais pour rendre égaux le bien reçu et le service rendu. L'amitié politique souhaite [184] donc être fondée sur l'égalité. Mais il existe deux espèces d'amitié d'utilité: l'une légale, l'autre morale [185]. L'amitié politique regarde l'égalité et la chose, comme chez les vendeurs et les acheteurs; d'où le proverbe :

> Un gage pour l'homme ami [186].

Donc, quand elle se fonde sur une entente, cette amitié est politique et [187] légale; mais lorsque les gens s'en remettent les uns aux autres, l'amitié souhaite être morale et de l'ordre de la camaraderie; aussi y a-t-il des récriminations surtout dans cette amitié, et pour cause : elle est contre nature. En effet les amitiés diffèrent selon qu'elles se fondent sur l'utilité ou la vertu, mais ces personnes désirent avoir les deux à la fois et se
1243 a rassemblent en vue de l'utilité, mais en font une amitié morale, comme entre gens de bien : agissant à la manière de ceux qui se font confiance, ils n'en font pas une amitié légale. En général,

183. Voir *Éthique à Nicomaque*, VIII 15, 1162b24-26 (Tricot, p. 424), c'est-à-dire au comptant.

184. 1242b31 : « Souhaite être » (βούλεται εἶναι) voir Bz. *Index*, p. 140, 141 *sq.* : Aristote désigne ainsi « le but vers lequel une chose tend par nature ».

185. Ou « éthique »; sur le sens de *êthos* et *êthikos* voir aussi W.J. Verdenius, *Mnemosyne* III 12 (1944), p. 241-257 (*La Poétique*).

186. Hésiode, *Travaux*, p. 368 et *Éthique à Nicomaque*, IX 1, 1164a28. – B. St-H. traduit : « Les bons comptes font les bons amis » (p. 419).

187. Je lis avec Fr., Sol., Rac., Dr. : ... ἦ, πολιτικὴ ... καὶ ... (1242b35).

d'entre les trois, c'est en effet dans l'amitié d'utilité que se trouvent les plus nombreuses récriminations (car la vertu est sans reproches, et les amis par plaisir, après avoir reçu et donné de part et d'autre, se quittent; mais les amis par utilité ne se séparent pas aussitôt, s'ils ne se comportent pas d'une façon légale mais comme des camarades); pourtant l'amitié d'utilité, celle qui est légale, est sans reproche. La séparation légale est une question d'argent (car c'est par ce dernier qu'on mesure l'égalité), tandis que la séparation morale est de gré à gré. C'est pourquoi, en certains lieux, une loi interdit à ceux qui ont cette relation d'amitié les procès pour les contrats acceptés de plein gré, et à bon droit : en effet, les gens de bien ne courent pas naturellement à la justice[188], et ces gens établissent leurs contrats comme des gens de bien et de confiance. Mais dans cette amitié les reproches de l'un et de l'autre sont douteux des deux côtés : comment pourra-t-on, chacun, se faire des reproches alors que la confiance repose sur le caractère moral et non sur la loi.

Il y a donc aporie : quel critère permettra de juger de ce qui est juste, la quantité du service rendu ou la qualité qu'il représentait pour le récipiendaire ? En effet, ce que dit Théognis peut se présenter :

pour toi, ceci est petit, déesse, mais pour moi, c'est grand[189].

Mais il est possible que le contraire arrive, comme dans le discours :

188. Je garde le texte de Sus., δίκαιον εἶναι, 1243a11, que Dr., p. 447 défend par référence à *Éthique à Nicomaque*, V 7, 1132a20-22 : « Aller devant un juge c'est aller devant la justice, car le juge tend à être une justice vivante (δίκαιον ἔμψυχον) » (Tricot, p. 235).

189. Théognis, *Élégies*, 14.

c'est une bagatelle pour toi, mais pour moi, c'est la mort.

D'où les reproches, comme on l'a dit[190]. En effet le premier croit qu'on a une dette à son endroit parce qu'il a rendu de grands services et qu'il l'a fait à la demande de l'autre, ou pour quelqu'autre raison du genre, faisant état de ce que son service représentait pour l'autre et non pas de ce que c'était pour lui; le second, au contraire, insiste sur l'avantage qui en résultait pour le premier, mais non sur celui que lui-même en retirait. Parfois le bénéficiaire renverse la situation; il mentionne le petit profit qui en est résulté pour lui-même alors que le bien-faiteur insiste sur ce qui lui en a coûté – par exemple, si dans un cas où à grand risque il y a eu service de la valeur d'une drachme, l'un insiste sur la grandeur du risque, l'autre sur celle de l'argent, comme dans la remise d'une dette; dans ce cas, en effet, la dispute porte sur ce point : l'un demande la valeur de l'argent d'alors, l'autre sa valeur actuelle, à moins qu'ils ne se soient clairement expliqués dans le contrat[191].

L'amitié politique considère donc l'entente[192] et la chose, l'amitié morale considère l'intention; par conséquent celle-ci est davantage juste, d'une justice amicale. La raison de la dispute est que l'amitié morale est plus belle mais, plus nécessaire, l'amitié utile. Les hommes commencent comme des amis moraux, c'est-à-dire des amis par vertu[193], mais lorsqu'un

190. Ci-dessus, 1242b37 (Sol.), 1243a2 (Dr.).

191. Ce mot (διειπεῖν, 1243a31 et b7), particulier à *Éthique à Eudème*, y est employé dans un sens légal, d'après Hall, p. 198, § 6.

192. Voir 1242b35.

193. Littéralement « des amis *éthiques* et par vertu ».

intérêt particulier fait obstacle[194], il devient manifeste qu'ils étaient différents. Car c'est en superflu[195] que la foule poursuit ce qui est beau, et donc aussi l'amitié plus belle. 1243 b

On voit ainsi clairement les distinctions qu'il faut faire à leur sujet. Dans le cas d'amis vertueux il faut regarder si leur intention est égale et voir à ce qu'aucun ne demande rien d'autre à l'autre ; mais dans le cas d'amis utiles et politiques, il faut regarder comment ils auraient pu tirer profit de leur entente. Mais si l'un affirme qu'ils sont amis d'une manière et l'autre d'une autre, il n'est pas beau, quand un geste de retour est dû, de faire de beaux discours ; et de même dans l'autre cas[196] : mais puisqu'ils n'ont pas prévu la situation dans un contrat, sous prétexte que c'était à la manière d'une amitié morale, il faut un juge, et ni l'un ni l'autre ne doit tenter de tromper sous un faux prétexte ; aussi chacun doit-il se contenter de sa chance. Ce qui prouve clairement que l'amitié morale se fonde sur l'intention, c'est que si quelqu'un, après avoir reçu de grands services, ne les rend pas faute de le pouvoir

194. 1243a37 : ἀντικρούσῃ τι, Jac. et Apelt, accepté par Sol., Rac. Dr. : ἄντικρυς ᾖ τι Ms, Sus.

195. 1243a38 : « superflu » (ἐκ περιουσίας), voir la définition des *Topiques*, III 2, 118a6-15 (Dr., p. 448) : « Ce qui est du superflu est meilleur que le strict nécessaire, parfois aussi il lui est préférable ; de fait bien vivre est meilleur que vivre ; or bien vivre est du superflu, alors que vivre même est de l'ordre du strict nécessaire (…). Il y a du superflu dès que, disposant du strict nécessaire, on se procure en sus d'autres choses qui sont belles », trad. Brunschwig, I, p. 69 (à l'exception du dernier mot : « belles » au lieu de : « qui ont de la valeur ») ; lire aussi la note *ibid.*

196. « C'est-à-dire, dans une amitié morale, ce n'est pas honorable d'insister sur une réciprocité fondée sur des exigences d'affaires », Rackham, p. 428.

mais seulement dans la mesure de ses moyens, c'est bien. Et l'être divin[197] se satisfait de recevoir des sacrifices proportionnés à nos capacités. Mais le vendeur ne sera pas satisfait si on lui dit qu'on ne peut donner plus, pas plus que le créancier.

Beaucoup de récriminations surgissent dans les amitiés pour ceux qui ne sont pas amis selon une ligne droite[198]; et il est malaisé de voir ce qui est juste. En effet, il est difficile de mesurer par un critère unique ce qui n'est pas selon la ligne droite, comme cela se vérifie chez les amoureux : puisque l'un poursuit l'autre comme quelqu'un avec qui il est agréable de vivre, tandis que le second recherche parfois le premier comme quelqu'un d'utile. Mais lorsque l'amour a cessé, le premier changeant, l'autre change, et alors ils calculent ce qui revient à chacun[199] et se querellent comme Python et Pammène[200] et, en général[201], le maître et son élève (car la science et l'argent n'ont aucune commune mesure), comme aussi le médecin Hérodicos avec celui qui lui paya de petits honoraires, comme enfin le cithariste et le roi : le premier était en relation avec son

197. Voir *Éthique à Nicomaque*, VIII 16, 1163b15-18 (Tricot, p. 429).

198. C'est-à-dire, qui sont d'espèces différentes, par exemple, si l'un poursuit son plaisir, l'autre son intérêt. Rac. traduit : « amitiés qui ne sont pas fondées sur une réciprocité directe » et Sol. : « où les actions et les réactions ne sont pas dans la même ligne droite ». – Voir ci-dessus, note 181.

199. 1243b20 : τί ἀντὶ τίνος Jac., approuvé par Sol., Rac., Dr., au lieu de παντί τινος Ms, Sus.

200. Python et Pammène, voir la longue note de Dr., p. 450 : Pammène, général thébain chez qui Philippe de Macédoine serait descendu en 368; il aurait été connu comme « amoureux » (Plutarque, *Moralia*, 618d, 761b); Python serait donc son contemporain.

201. 1243b21 : καὶ ὅλως, Ms, Sol., Rac. ; ὡς Fr., Sus.

partenaire parce qu'il était plaisant, l'autre parce qu'il était utile; mais le roi, lorsque vint le moment de payer prétendit se considérer comme plaisant et dit que, comme le cithariste l'avait réjoui en chantant, lui-même avait réjoui le cithariste par sa promesse[202].

Cependant on voit clairement comment il faut ici aussi distinguer : car, dans ces cas aussi il faut utiliser un seul critère, non pas numériquement un[203], mais proportionnellement; car il faut mesurer selon la proportion tout comme l'association de citoyens se mesure; comment un cordonnier s'associera-t-il avec un fermier, si on ne rend pas leurs travaux équivalents par une proportion ? Pour ceux qui ne sont pas sur une ligne droite, c'est l'analogue qui est la mesure, par exemple si l'un se plaint d'avoir donné de la sagesse et l'autre de l'argent, il faut examiner ce qu'est la sagesse[204] par rapport à l'argent, ensuite ce qui a été donné pour chacun; car si le premier a donné la moitié du plus petit objet et l'autre pas même une infime partie du plus grand, il est clair que le dernier commet une injustice. Mais dans ce cas aussi il y a ambiguïté au début, si l'un affirme que leur relation se fonde sur une amitié d'utilité et l'autre, non pas là-dessus mais sur quelqu'autre amitié[205].

202. Même histoire dans *Éthique à Nicomaque*, IX 1, 1164a15; d'après Plutarque, *Moralia* 333 *sq.*, il s'agirait de Denys le tyran (Dr., p. 450).

203. οὐκ ἀριθμῷ Jac., accepté par Sol., Rac. : ὅρῳ Ms., Sus., Dr. (qui renvoie à 1241b36).

204. 1243b34 : τί (Bz., Buss.) σοφία (Sol.); τῇ σοφίᾳ Sus. – L'un des très rares emplois (voir b33) de « *sophia* » dans les livres non communs de l'*Éthique à Eudème*

205. Soit selon la vertu soit selon le plaisir.

CHAPITRE 11
<Quelques problèmes particuliers de l'amitié>

1244 a Au sujet de l'homme bon et ami dans la vertu, il faut se demander si on doit lui rendre service et lui venir en aide dans l'utile de préférence à l'homme qui retourne un service et en a le pouvoir. C'est le même problème que de savoir à qui, de l'ami ou de l'homme vertueux, il faut de préférence faire du bien. Si l'ami est aussi vertueux, sans doute n'est-ce pas très difficile, pourvu que l'on n'exagère pas un aspect en abaissant l'autre, en le faisant très ami mais modérément bon; s'il n'en est pas ainsi[206], plusieurs problèmes surgissent: par exemple, si l'un était <ami>[207] mais ne le sera plus, tandis que l'autre dit l'être mais ne l'est pas encore, ou bien le premier l'était devenu mais ne l'est pas alors que l'autre l'est, mais ne l'était pas et ne le sera plus. Mais le premier problème[208] est plus difficile. Peut être en effet Euripide a-t-il raison lorsqu'il écrit:

> Des mots sont une juste récompense pour tes mots mais un acte,
> pour qui a posé un acte[209].

Et on ne doit pas tout à son père, mais il y a aussi d'autres gestes qu'on doit à sa mère; pourtant le père est supérieur. Et on ne sacrifie pas non plus tout à Zeus, pas plus qu'il ne reçoit tous les honneurs mais seulement certains.

Sans doute y a-t-il donc des services qu'il faut rendre à l'ami utile et d'autres à l'ami bon: par exemple, si quelqu'un te donne la nourriture et le nécessaire, tu n'es pas tenu de vivre

206. S'il n'y a pas coïncidence de l'amitié et de la bonté.
207. Avec Sol., Rac. et Dr., je sous-entends « ami ».
208. Voir début du chapitre.
209. Euripide, Fr. 890, Nauck^{2} (1964).

avec lui; de même vivre avec quelqu'un ne t'oblige pas non plus à lui donner à lui ce qu'il ne te donne pas mais vient de l'ami utile; en revanche ceux qui, en agissant ainsi, donnent tout à l'objet de leur amour[210], ne méritent rien[211].

Et les définitions de l'amitié déjà données dans les discours sont toutes, en un sens, des définitions de l'amitié, non pas toutefois de la même[212]. En effet souhaiter à l'ami utile ce qui est bon pour lui, de même à son bienfaiteur et, en somme, à n'importe qui[213] (car cette définitionci de l'amitié ne manifeste pas une signification distincte), d'autre part à une sorte d'ami souhaiter d'exister et à une autre sorte, de vivre ensemble, à l'ami enfin selon le plaisir, de partager ses souffrances et ses joies, toutes ces définitions certes se disent d'une certaine amitié, mais aucune ne se réfère à une amitié qui serait unique[214]. C'est pourquoi il existc plusieurs définitions et chacune, à cc qu'on pense, s'applique à une amitié unique[215], tout en ne l'étant pas, par exemple, le choix de l'existence de quelqu'un : en effet l'ami supérieur, le bienfaiteur, souhaite à son œuvre propre d'exister (et celui qui donne l'existence doit être payé de retour) et non de coexister avec elle tandis que c'est avec l'ami plaisant qu'il désire vivre.

210. Je mets entre crochets droits [τούτῳ] 1244a18 avec Rac. et Dr.

211. Littéralement « sont des vauriens »; voir *Éthique à Nicomaque*, VIII 15, 1163a7 et G.-J., II, p. 713.

212. Voir ci-dessus 6, 1240a22 *sq.*

213. 1244a23 : τῷ ὁποίῳ δὴ Jac., approuvé par Sol., Rac., Dr. : ὁποῖος δεῖ Sus.

214. C'est la dénomination commune par référence à un premier terme, voir ci-dessus l. 20-21 et cc. 1, 2.

215. Voir H 6, 1240a28-30 (ci-dessus p. 174).

Certains amis se font mutuellement tort[216] car ils préfèrent les objets au possesseur; c'est pourquoi ils sont amis des possesseurs, comme on choisirait un vin, parce qu'il est agréable, et la richesse, parce qu'elle est utile : en effet elle est plus utile. Aussi s'indigne-t-il[217], comme si on l'avait plutôt choisi en le comparant à un bien inférieur[218]; mais les autres se plaignent, car ils cherchent maintenant en lui l'ami bon après avoir cherché l'ami agréable et utile.

CHAPITRE 12
<Auto-suffisance et amitié>

1244 b 1 Il faut aussi étudier l'auto-suffisance[219] et l'amitié, et les rapports qui s'établissent entre leurs significations[220] respectives. On pourrait en effet se demander si quelqu'un, se suffisant en tout à lui-même, aura un ami ou, à supposer qu'on se

216. C'est une restriction apportée à l'affirmation du début 1, 1234b29-30.

217. 1244a34 : δὴ ἀγανακτεῖ Pb, Sol., Rac., Dr. : <οὐ> δεῖ αγανακτεῖν Sus. ; il s'agit du possesseur.

218. Le possesseur s'indigne de ce qu'on préfère son argent à sa personne.

219. L'*autarcie* : suffisance à soi-même; on serait tenté d'adopter : *self*-suffisance comme on parle de *self*-portrait. J'emprunte « auto-suffisance » à P. Aubenque, *La Prudence*, p. 183; j'utiliserai aussi « autosuffisant ». – Sur cette question voir ci-dessus 10, 1242a6-10 et aussi G. Widmann, *Autarkie und Philia in der ar. Ethiken* (Diss.), Tübingen, 1969, qui traduit ce chapitre et le commente en parallèle avec les chapitres de *Éthique à Nicomaque*, et *M.M.* – Le problème est déjà posé chez Platon, *Lysis* 215a; voir J.C. Fraisse, dans *Untersuchungen...*, p. 245-251 et *Philia*, p. 238-245.

220. Sur δύναμις, au sens de signification, voir *Métaphysique*, I 1, 1052b7 et Ross, *ad. loc.*, et ci-dessous VIII 3, 1248b9.

cherche un ami par insuffisance, si l'homme bon sera le plus autosuffisant[221].

Si l'homme vertueux est heureux, en quoi aurait-il besoin d'un ami ? Car ce n'est pas le fait de la personne autosuffisante d'avoir besoin ni de gens utiles, ni de gens pour l'amuser, ni de compagnie : elle est bien capable de se servir de compagnie à elle-même. C'est surtout manifeste pour la divinité : il est clair que, n'ayant besoin de rien, elle n'aura pas besoin d'ami et n'en aura pas, et elle n'aura rien du maître[222]. Par conséquent, l'homme le plus heureux n'aura pas besoin d'amis, sauf dans la mesure où il lui est impossible d'être autosuffisant. Il est donc nécessaire, quand on vit la vie la meilleure, d'avoir très peu d'amis et qu'ils deviennent de moins en moins nombreux et

221. Le texte de ce passage 1244b3-4 est controversé et il y a un flottement dans les Ms, voir l'apparat critique de Sus., et Dr., p. 457. Je lis, 1244b4 : <ἢ> εἰ κατ᾽ ἔνδειαν ζητεῖται φιλός, εἰ [Sus. : ἢ Ms] ἔσται ἀγαθὸς αὐταρκέστατος.

222. À l'exception du οὐθὲν de Widmann, je garde le texte des Ms : οὔ[τε μη]θὲν δεσπότου, 1244b9-10 : tous les éditeurs et traducteurs modernes le considèrent comme corrompu et proposent des corrections. – Mais ne peut-on en tirer un sens acceptable ? La divinité est d'une autarcie absolue : elle n'a donc besoin d'aucun ami – à la différence de l'homme vertueux et heureux, « dans la mesure où il lui est impossible d'être autosuffisant », b11 –, ni de serviteurs (*cf.* déjà b6, les êtres utiles) : elle n'a donc rien de ce qui fait le maître ! C'est ce qu'affirme la conclusion de l'*Éthique à Eudème* : « le dieu ne commande pas (ce n'est donc pas un maître), *puisqu'il n'a besoin de rien* » VIII 3, 49b13-16 (et depuis b6). Voir aussi dans le même sens : « le maître a besoin du serviteur » (δεσπότης δούλου δεῖται), VII 5, 1239b24. – Avec οὐθὲν δεσπότου on peut comparer οὐδὲν φιλίας, *Éthique à Nicomaque*, VIII 13, 1161a32. G. Widmann, *Autarkie...*, p. 71 suggère avec hésitation : ουδ᾽ ἔσται αὐτὸς οὐθὲν δεσπότου. La conjecture de Von Fr., p. 344 me paraît peu vraisemblable (τῷ εὐδαιμονεστάτῳ); d'ailleurs le texte de Xénophane qui aurait inspiré Euripide, *Herc.* 1341 : « Dieu n'a besoin de rien » favorise la présence de δεσπότου dans notre texte, voir D-K, 21A32, p. 122, 24 (δεσποζέσθαι).

qu'on ne s'efforce pas d'en avoir : au contraire, on se préoccupera très peu non seulement des amis utiles mais aussi de ceux avec qui on choisirait de vivre.

Assurément on serait alors d'opinion que, évidemment, ce n'est pas pour l'usage ou le profit qu'un ami existe, mais que[223] l'ami vertueux est le seul ami : lorsque nous n'avons besoin de rien, nous recherchons tous alors des gens pour partager notre plaisir, et des bénéficiaires, plutôt que des bienfaiteurs. Et nous avons un meilleur jugement dans l'autosuffisance que dans le besoin, et c'est alors, surtout, que nous avons besoin d'amis dignes de partager notre vie. Il faut donc examiner cette aporie de crainte qu'elle n'exprime quelque chose de bon mais qu'autre chose ne nous échappe par suite de la comparaison[224]. Ce sera clair pour qui saisira ce qu'est la vie en acte et comme fin : manifestement, elle consiste à percevoir et à connaître, de sorte qu'alors, vivre ensemble, c'est percevoir et connaître ensemble[225]. Mais se percevoir et se connaître[226] sont ce qu'il y a de plus désirable pour chacun et c'est pourquoi le désir de vivre est inné en chacun de nous : car, vivre, on doit affirmer que c'est une certaine connaissance[227].

223. 1244b16 : ἀλλ᾽ ὁ Bk., Sol., Dr. ; ἀλλὰ Sp., Sus.

224. « Comparaison », avec la divinité ; 1245b13 *sq.*

225. On aimerait pouvoir traduire : « vivre avec », percevoir, connaître « avec », voir *De l'âme*, III 2, 425b12-25 ; 4, 429b26-29 ; G.-J., II 759, Fraisse, *Autarcie...*, p. 246-247.

226. Plutôt que αὑτὸ τὸ, 1244b26, 27 avec Jac., Sol., Rac., ou que τὸ αυτὸ (*bis*) Ms, αὑτοῦ et αὑτόν avec Bz., Sus., Dr., p. 459, cf. *infra* 1244b33-34, 1245a4-5, *Éthique à Nicomaque*, IX 9, 1170a25-b14.

227. Voir *Protreptique* Fr. 6 et 7 Walzer, Ross, avec les commentaires *ad. loc.* de I. Düring, *Aristotle's Protrepticus; Métaphysique*, A 1.

Si donc on séparait le connaître lui-même et qu’on le posât par soi, et non par référence à quelque chose d’autre[228] (mais ce point est resté caché tel qu’on l’a écrit dans le discours[229],

228. 1244b29-30 : Texte difficile, comme l’indiquent les nombreuses suggestions de corrections, Dr., p. 460. La solution me semble fournie par la conclusion de cette discussion : « la divinité se connaît directement elle-même sans l’intermédiaire d’autre chose, alors que pour nous l’intermédiaire (καθ’ ἕτερον, b18) est nécessaire » (voir 1245b16-19). Il s’agit donc, dans notre passage, de considérer la connaissance, abstraction faite de toute référence à l’objet connu, ce qui, dans le cas de la connaissance de soi, élimine le sujet connaissant (voir ci-dessous 1245a5-9) ; je suggère donc de lire : … τὸ γινώσκειν αὐτὸ καθ’ αὑτὸ καὶ μὴ <κατ’ ἄλλο> (ἀλλὰ… ; καὶ μὴ ἄλλο τοῦτο…, Bender, p. 119). – Dr. suggère <ἅμα> accepté par Gaiser, *Zwei Protreptikos-Zitate*… et Widmann, *Autarkie*…, p. 89, n. 2. Toutefois, de quoi sépare-t-on la connaissance ? – De la vie, répond Dr. (*cf.* sa traduction, p. 91) : on ne voit pas cependant comment Aristote pourrait conclure, de cette séparation, qu’une autre personne pourraît connaître à notre place (1244b31-32). – Une autre correction conviendrait bien au contexte καὶ μὴ <αὐτόν>, voir 1244b27, 34.

229. Littéralement : « comme il a été écrit dans le discours », 1244b30-31 ; voir ci-dessus I 8, 1218a36. – Il s’agit bien d’un livre, mais lequel ? *Le Protreptique* : d’après Jaeger, *Aristotle*, p. 256-258, R. Walzer, *Aristotelis Dialogorum Fragmenta*, p. 37, n. 3, I. Düring, *Aristotle’s Protrepticus*, Göteborg (1961), p. 135, 242-244, et récemment, avec beaucoup plus de précision dans l’analyse, K. Gaiser, « Zwei Protreptikos-zitate in der Eudemischen Ethik, des Aristoteles », dans *Rheinisches Museum* 110 (1967), p. 314-345, auquel se rallie Von Fr., p. 345 ; un livre de *Divisions* : Dirlmeier, *Éthique à Eudème*, p. 211, 461, *Merkwürdige Zitate in der Eudemischen Ethik des Aristoteles* 1962, qui s’inspirerait étroitement des leçons *Sur le Bien* de Platon ; pour H.J. Krämer, *Arete*…, p. 354-356, il s’agirait justement de ce dernier ouvrage (*Sur le Bien*) par le biais de l’ὡρισμένη φύσις ; enfin P. Moraux dans *L’Antiquité classique*, 33 (1964), p. 171-173 et P. Aubenque s’opposent à l’interprétation de Dirlmeier : « ce qui est écrit dans le *logos* cité, c’est que cette distinction est peu apparente, remarque qui semble bien sortir du cadre d’une table de concepts, à laquelle on imagine difficilement accolée, comme est obligé de l’admettre M. Dirlmeier, une note marginale : il nous paraît plus simple d’attri-

bien que, dans la réalité, il ne puisse pas rester caché), il serait totalement indifférent qu'un autre connût à votre place, et cette situation ressemblerait à celle[230] qui voudrait qu'un autre vécût à votre place. Mais[231] il est rationnel[232] de penser que se percevoir soi-même et se connaître soi-même sont plus désirables. Car il faut poser ensemble deux points présentés dans le discours : que la vie est désirable et que le bien l'est aussi,
1245 a et en conséquence, qu'il est désirable qu'une telle[233] nature appartienne[234] à tous deux pour la même raison.

Si donc dans de telles séries coordonnées[235] l'une se retrouve toujours dans la position de ce qui est désirable, ce qui

buer cette remarque à un argument articulé », *Revue d'Études Anciennes*, 66 (1964), p. 174. Il ne me paraît pas assuré qu'Aristote utilise ici l'un de ses ouvrages : il semble dénoncer une confusion qui s'est glissée dans ce discours auquel il s'oppose, discours qui, de l'autarcie divine, concluait à l'inutilité des amis pour l'homme vertueux et heureux, en se fondant sur l'auto-connaissance de la divinité, ce qui constitue son bien et son bonheur; au surplus ce discours, opposé aux faits, est trompeur (1245a26-29) et obscur (1245b12)! Ce serait l'*Éthique à Nicomaque* d'après Kenny, voir *supra*, p. 31.

230. 1244b33 : τῷ Sol., Dr. τοῦ Sus.

231. 1244b33 : δὲ Ms avec Sol., Dr. : δὴ Sp., Sus.

232. Le Blond, p. 80. – On notera que sur huit emplois de εὔλογος dans *Éthique à Eudème* signalés par Le Blond, p. 56 cinq se trouvent dans le chap. 12.

233. C'est-à-dire une nature bonne ou une vie bonne.

234. J.C. Fraisse résume très bien cette argumentation : « Si l'on pouvait, en effet, concevoir une connaissance absolument prise, c'est-à-dire une connaissance séparée d'un sujet, il serait indifférent qu'un autre connût et vécût à ma place. Mais précisément, l'homme désire à la fois la vie et le bien; la vie n'est bonne que par son caractère déterminé; le senti et le connu n'existent, et ne sont désirables pour moi, que par l'actualisation qui m'est propre des puissances de sentir et de connaître, et par la conscience de cette actualisation », *Autareie et amitié* dans *Untersuchungen...*, p. 246-247.

235. « Le terme συστοιχία a le sens de *colonne* : c'est l'une des *séries parallèles* dont les articles se correspondent exactement, une *rangée*. *Cf.* Bz.,

est connu et ce qui est perçu existent, pour parler globalement, par participation à la nature définie; aussi souhaiter se percevoir soi-même, c'est se souhaiter d'exister d'une certaine manière particulière – puisqu'alors nous ne sommes pas chacune de ces choses par nous-mêmes mais par participation à ces facultés dans le percevoir et le connaître (car lorsqu'on perçoit, on devient perçu de la manière et du point de vue dont on a antérieurement perçu, et en tant qu'on perçoit, et qu'on perçoit cet objet même, et on devient connu en connaissant)[236]; aussi c'est pour cette raison qu'on désire toujours vivre, parce qu'on veut toujours connaître, c'est-à-dire parce qu'on désire être soi-même l'objet connu[237].

Choisir de vivre en compagnie semblerait donc être sous un certain angle, sot – d'abord pour ce que l'homme a aussi en commun avec les autres animaux comme de manger ensemble

736b33. D'une façon générale, c'est donc tout ce qui, à quelque point de vue, peut être considéré comme formant une *ligne* ou une *colonne*, soit au sens positif (Λ 7, 1072a31; *de Generatione et Corruptione*, I 3, 319a15 [et ici même], soit au sens négatif et privatif (*Physique*, III 2, 201b25, *Métaphysique*, III 2, 1004b27) ». Tricot, trad. de *La Métaphysique*, I, p. 45, n. 4 (ad 986a22 *sq.*), voir les références.

236. On trouve ici l'une des doctrines fondamentales de l'aristotélisme : l'homme ne se connaît pas directement lui-même, mais seulement indirectement : il se connaît en connaissant quelque chose d'autre; cf. *Éthique à Nicomaque*, IX 9, 1169b33-35 (Tricot, p. 463, et G.-J. II, p. 753-754). Voir *De l'âme*, 425b12 et *De Somno*, 455a15; R. Mondolfo dans *R.P.L.* (1953), p. 359-378. – A 1245a8 : « et en tant qu'on perçoit cet objet même » traduit καὶ ᾗ καὶ οὗ; mais on aimerait rattacher ces mots à γνωστός qui suit immédiatement, pour éviter ce qui semble une répétition de ταύτῃ καὶ κατὰ τοῦτο.

237. Le désir naturel de connaître (« Tous les hommes désirent naturellement savoir » : ce sont les premiers mots de la *Métaphysique*) serait donc lié à la connaissance de soi. L'*Éthique à Nicomaque*, IX 9 fournit le meilleur commentaire de ce passage.

ou de boire ensemble; car en quoi cela diffère-t-il de poser ces gestes les uns à côté des autres ou séparément, si tu fais abstraction de la parole? Mais de plus partager n'importe quelle parole est quelque chose d'analogue; et en même temps, pour les amis autosuffisants, il n'est possible ni d'enseigner ni d'apprendre: car celui qui apprend n'est pas dans l'état qu'il faut, et pour qui enseigne, c'est son ami qui n'y est pas; or la ressemblance constitue l'amitié; – mais pourtant c'est bien ce qui paraît évident, et pour nous tous il est plus agréable de partager de bonnes choses avec nos amis, dans la mesure où cela appartient à chacun[238], et de partager le bien le meilleur possible; mais à l'un de ces amis revient le plaisir physique, à l'autre les études artistiques, à un autre la philosophie: il faut donc être avec son ami. C'est pourquoi on dit:

Qu'il est dur aux amis de n'être pas ensemble!

aussi faut-il éviter l'éloignement dans les cas d'amitié. C'est pourquoi l'amour paraît ressembler à l'amitié: l'amoureux désire vivre avec l'aimé, non cependant comme il le devrait principalement mais en suivant ses sens[239].

C'est là en tout cas à quoi[240] en arrive le discours, en développant la difficulté, mais les faits[241] semblent aller dans

238. 1245a20: ἑκάστῳ Ross accepté par Sol., Rac., Dr.: ἕκαστον Sus.

239. Il me paraît difficile de donner à ce passage le sens restrictif que lui prête G.-J., II, p. 719: c'est « un désir d'intimité sensible, mais sensible justement plutôt que sensuelle: le sens qui définit cette intimité, c'est la vue (*Éthique à Nicomaque*, IX 5, 1167a4-7; 12, 1171b25-31; VIII 5, 1157a6-12; *Rhétorique*, I 11, 1370b19-24; *fr.*, 96 R) ».

240. Voir ci-dessus 1244b2-45a17. – Littéralement: « le discours affirme… ».

241. On notera l'opposition classique entre le *logos* et l'*ergon*.

un tel sens[242] que, de toute évidence, celui qui a développé la difficulté doit nous tromper d'une certaine façon. Nous devons examiner ce qui est vrai, en partant de ce qui suit : l'ami veut être, comme le dit le proverbe[243], « un autre Hercule », « un autre soi-même ». Toutefois il existe une séparation et il est difficile de provoquer l'unité. Mais si du point de vue de la nature la similitude est très étroite[244], un homme ressemble à son ami du point de vue du corps, l'autre du point de vue de l'âme, et parmi eux l'un a sa ressemblance du point de vue d'une partie et un autre, d'une autre.

Mais néanmoins un ami veut exister comme un « soi-même » séparé. Donc percevoir un ami, ce doit être, en un sens, se percevoir soi-même et se connaître soi-même[245]. Par conséquent, partager même les plaisirs vulgaires et les vivre avec un ami est plaisant, et c'est rationnel (car la perception de soi-même[246] se présente toujours en même temps), mais plus
encore partager des plaisirs plus divins ; la cause en est qu'il est **1245 b**
toujours plus agréable de se voir soi-même en possession du bien supérieur. Et celui-ci est tantôt une passion, tantôt une action, tantôt quelque chose d'autre[247]. Mais si on doit[248] bien

242. Voir 1245a18-26.

243. Sur l'histoire de ce proverbe, voir Dr., *Magna Moralia*, p. 470-471.

244. ὅ b32, des Ms avec Sol., Rac. ; τὸ Sus., [ὅ] Dr.

245. Sans l'addition de Sp., reçue par Sus., en 1245a36-37.

246. Par ἐκείνου, 1245a38, on comprend le « soi-même » des l. 1245a36-37 avec Dr., p. 464 : « ami » a38 étant le dernier terme mentionné, « celui-là » (ἐκεῖνος) se refère au « soi-même » des l. 36, 37.

247. À quoi pense Aristote ? – La connaissance, qui n'est ni passion ni action, mais acte, *cf.* b4-5 : « faire ensemble des études » et *Éthique à Nicomaque*, VII 15, 1154b21-31, surtout b26-27 : « il n'y a pas d'acte que du mouvement mais aussi de l'immobilité ».

248. εἰ δὲ <δεῖ> αὐτὸν, 1245b2-3 : Dr., p. 465 ; εἰ δ' αὐτόν Sus.

vivre et son ami aussi, et que vivre en commun inclut l'agir en commun, l'association portera sur les choses comprises dans la fin, et même éminemment[249]. C'est pourquoi il faut faire ensemble des études[250] et des fêtes, non pas celles qui ont pour objet les plaisirs de la nourriture et les nécessités de la vie ; car elles ne semblent pas constituer des rencontres de tel type mais de simples jouissances. Toutefois pour chacun la fin qu'il peut atteindre est celle dans laquelle il désire vivre avec d'autres ; à défaut de quoi, on préfère de beaucoup rendre des services à ses amis et en recevoir de leur part.

Il est dès lors manifeste qu'il faut vivre ensemble et que tous les hommes le souhaitent par dessus tout, et il en est ainsi tout particulièrement pour l'homme le plus heureux et le meilleur ; mais que le contraire soit apparu en suivant le discours, cela aussi est rationnel car il présentait une certaine vérité : au fait, c'est dans la ligne de la synthèse, la comparaison étant vraie, que se trouve la solution[251]. En effet parce que la divinité n'est pas telle qu'elle ait besoin d'un ami, le discours estimait[252] que cela vaut aussi pour l'homme qui lui ressemble ; cependant, selon ce discours, l'homme vertueux ne pensera rien, car ce n'est pas ainsi que la divinité est

249. On peut aussi traduire : « leur vie en commun fera partie des choses comprises dans la fin, et par-dessus tout » : on verra dans l'expression τῶν ἐν τέλει b4 une précision apportée à ἐν τῷ βελτίονι ἀγαθῷ b1 : voir aussi le « bien vivre » de b3 et la « vie… comme fin », 1244b24.

250. Ou littéralement : « contempler ensemble ».

251. Avec Sol., Dr., sans l'addition <οὐκ>, 1248b14, de Sus. (rejetée ultérieurement par ce dernier, *Bursian*…, 88 (1896), p. 21, d'après Widmann, *Autarkie*…, p. 71, n. 2. – Sur la « solution dans la ligne de la synthèse », voir *Rhétorique*, II 24, 1401a25-b3 (lieux des enthymêmes apparents) et *Réfutations Sophistiques*, 4, 165b23-32.

252. ἠξίου, 1245b15 Dr. : ἀξίου Ms, ἀξιοῦμεν Sus.

heureuse[253] : elle est trop bonne pour penser elle-même autre chose qu'elle-même; et la raison en est que, dans notre cas, notre bien-être dépend d'autre chose que de nous, mais que, dans son cas, elle est à elle-même son bien-être.

Chercher pour nous-mêmes et nous souhaiter plusieurs amis, et dire en même temps que l'homme qui a plusieurs amis n'en a aucun, ce sont là deux affirmations vraies en même temps. En effet, s'il est possible de partager sa vie avec plusieurs, du même coup il est aussi très souhaitable de partager ses perceptions avec le plus grand nombre possible : mais comme c'est chose fort difficile, nécessairement cette communauté de perception[254] n'aura lieu en acte qu'entre très peu de personnes; aussi est-il malaisé non seulement d'avoir beaucoup d'amis (car il faut les éprouver) mais de s'en servir lorsqu'on les a.

Tantôt nous souhaitons que l'être aimé soit, s'il y est heureux, loin de nous, tantôt qu'il partage la même existence : vouloir être ensemble est un signe d'amitié car tous choisissent d'être ensemble et d'être heureux, si c'est possible; mais si

253. C'est-à-dire en pensant : l'homme parfait n'aurait pas besoin d'amis parce que, comme la divinité, il se suffit à lui-même; mais le même argument de l'*autarcie* devrait conclure à l'indépendance de la pensée humaine vis-à-vis de l'objet de pensée : or chez l'homme il est d'abord extérieur. – Sur Dieu se pensant lui-même cf. *Métaphysique*, Λ 7 et 9, et *Politique*, VII 1, 1323b25 : « Dieu est heureux par lui-même » (δι' αὑτὸν αὐτός); P. Aubenque, *La Prudence*, p. 182-183, *Problème*..., p. 501, note.

254. Il s'agit encore ici de συναίσθησις. Sur la conscience de soi, cf. *Éthique à Nicomaque*, IX 9, 1170a25 *sq.*, avec G.-J., p. 758-759. Cette remarque modifie la conclusion de 1244b10-11, tirée de l'analogie de l'homme heureux avec la divinité : contrairement à la divinité, l'homme heureux peut avoir quelques amis. D'ailleurs ce paragraphe est une réponse au problème soulevé en 1244b12 *sq.*

c'est impossible, alors on agira comme la mère d'Hercule qui aurait sans doute préféré qu'il fût dieu plutôt que d'être, en sa compagnie à elle, serviteur chez Eurysthée[255]. En fait, on pourrait s'exprimer comme le fit ironiquement le Lacédémonien que quelqu'un exhortait, au cours d'une tempête, à invoquer les Dioscures[256]. Il semble que ce soit le propre de l'amant de tenir l'aimé loin du partage de ses difficultés, et de l'aimé de vouloir les partager; et ces deux désirs adviennent avec raison car rien ne doit être aussi affligeant pour l'ami que de ne pas voir son ami; on admet toutefois qu'il ne faut pas choisir en fonction de soi-même. C'est pourquoi on évite à ses amis de partager ses propres difficultés; on trouve
1246 a qu'en souffrir suffit, de sorte qu'on ne paraisse pas considérer ses propres intérêts et préférer sa joie, au prix de la peine d'un ami et, en outre, de se sentir plus léger en ne supportant pas seul ses maux.

Puisqu'il est désirable d'être heureux et d'être ensemble, il est évident que c'est en un sens plus désirable d'être ensemble et de partager un plus petit bien que de jouir séparément d'un plus grand. Mais puisque le poids qu'on doit attacher au fait d'être ensemble n'est pas clair, les gens diffèrent sur ce point et pensent, les uns, que de partager toutes choses ensemble est un signe d'amitié : par exemple, qu'il est plus agréable de prendre ensemble les mêmes aliments; d'autres, néanmoins, ne désirent pas partager toutes choses ensemble car, si on prend des cas extrêmes, on ira jusqu'à admettre qu'il est plus agréable

255. Voir *Éthique à Nicomaque*, VIII 9, 1159a3-10 (Tr., p. 403).

256. « Il a sans doute dit qu'étant lui-même en difficulté il ne voulait pas y voir les Dioscures » Solomon, *ad. loc.*

d'être malheureux ensemble que très heureux séparément[257]. Il y a quelque chose de similaire dans les cas de mauvaise fortune : nous souhaitons tantôt que nos amis soient absents et qu'ils n'aient pas de peine lorsqu'ils ne sont pas en mesure de nous aider, tantôt nous pensons qu'il est très agréable pour eux d'être présents. Et l'existence de cette contradiction est tout à fait rationnelle[258], car cette situation se présente par suite de ce que nous avons déjà dit[259] et aussi parce que nous évitons généralement de regarder l'ami qui a de la peine ou qui est dans une mauvaise situation, comme nous le faisons pour nous-mêmes; mais voir un ami est agréable comme rien d'autre ne peut l'être pour la raison déjà mentionnée[260], et même[261] le voir malade, si on l'est soi-même ! Par conséquent l'aspect le plus plaisant des deux fait pencher la balance dans le sens de souhaiter ou non la présence.

Et cela se produit aussi[262] chez les hommes les pires, et pour la même raison, car ils s'efforcent surtout de faire en sorte que leurs amis ne soient pas heureux et n'existent pas si eux-mêmes ont à être malheureux[263] (c'est pourquoi certains se

257. Je suis l'interprétation et le texte de Dr., p. 468 : οἱ δὲ ἅμα μετέχειν οὐ βούλονται, 1246a7-8 ; ὁμολογοῦσιν, a9, après quoi on sous-entendra ἥδιον εἶναι ἅμα.

258. Trad. Le Blond, *op. cit.*, p. 81.

259. Voir 1245b26-1246a2.

260. Cette raison ne serait-elle pas donnée dans la ligne précédente, a16, l'identification de l'ami à son ami ?

261. A 1246a18, je lis avec Sol. μήν au lieu de μή Ms, Sus., Dr. : même si, *en général*, on préfère ne pas voir un ami affligé, il arrive (δ', a16) qu'il soit agréable de voir un ami malade si on l'est soi-même.

262. καὶ τοῦτο <καὶ>, 1246a20, avec Ross, approuvé par Dr.

263. Texte corrompu : le sens est toutefois assuré, quelle que soit la correction adoptée : ἂν ἀνάγκη αὐτοῖς κακῶς, Ross, suivi par Sol., Rac. (« if

tuent avec[264] ceux qu'ils aiment) : car ils perçoivent davantage leur propre malheur, tout comme si, de se souvenir qu'on a déjà été heureux, on souffrait plus que de penser avoir toujours été malheureux[265].

they themselves have to fare badly », Sol.); ἂν καὶ αὐτοὶ[ς] κακῶς *sc.* πράττωσιν Dr. (« wenn sie (die Minderwertigen) ihrerseits im Unglück sind »).

264. συναποκτιννύασι, 1246a23, appartient à ce groupe de mots en σύν- créés par Aristote dans l'*Éthique à Eudème* pour traiter de l'amitié, selon R. Hall, p. 198.

265. Texte particulièrement difficile (voir Dr., p. 469). Il me semble qu'on peut lever la difficulté en comprenant comme une remarque parenthétique la phrase « c'est pourquoi… ils aiment » et en faisant de μᾶλλον γὰρ, l. 23-25 une explicative des l. 21-22 : « car ils s'efforcent… malheureux », et non de : « c'est pourquoi… ils aiment ». Ces méchants préfèrent voir leurs amis malheureux et même ne plus exister quand eux-mêmes sont malheureux parce que, par contraste, le bonheur de leurs amis leur fait sentir leur malheur, – tout comme le souvenir des jours heureux du passé rend plus aigu le sentiment des difficultés présentes.

LIVRE VIII [1]

CHAPITRE 1
<Vertu et savoir>

On pourrait se poser la question suivante : est-il possible de **1246 a 26**
se servir de chaque chose et pour sa fin naturelle et pour une autre fin et, dans ce dernier cas, par soi ou au contraire par accident, par exemple, l'œil en tant qu'œil, pour voir, ou autrement aussi, pour voir « à côté », lorsqu'on le force à voir de travers,

1. Avec la majorité des Ms, Fr. et Sus., je sépare ces trois chapitres du livre VII pour en former un livre distinct. On sait que le texte des deux premiers chapitres est particulièrement corrompu. (Voir les remarques pessimistes de Richards, *Aristotelica*, p. 67-68, qui renonce à toute suggestion de correction : « si par un heureux hasard quelqu'un tombe sur les mots originaux, il n'a pas de raison suffisante de se sentir sûr qu'il en est bien ainsi »). Je me suis largement inspiré de l'admirable article de Jackson, du commentaire de Dr., qui fournit un texte pour les passages les plus difficiles et, en tout dernier lieu, pour le chapitre 1, de l'édition avec commentaire de P. Moraux, *Das Fragment VIII*, 1, dans *Untersuchungen...*, p. 253-284, auquel on peut joindre l'apparat des variantes procuré par D. Harlfinger, *ibid.*, p. 33-37, pour l'ensemble du livre VIII. – Je n'indiquerai pas tous les passages où je m'écarte du texte de Sus. : je suis surtout celui de Dr., tout en tenant compte des remarques de Von Fr.

de sorte qu'un objet unique paraît double[2] : dans ces deux usages[3], l'œil est utilisé parce qu'il est œil ; mais il en aurait un autre, par accident, par exemple, si on pouvait le vendre ou le manger[4]. – Il en va donc de même aussi pour la science, car on l'utilisera d'une manière vraie et d'une manière erronée : par exemple, lorsque volontairement on écrit incorrectement, en utilisant dans ce cas l'ignorance tout comme on transforme la main en pied : c'est ainsi que les danseuses se servent du pied comme d'une main et inversement.

Si donc toutes les vertus sont des sciences[5], on pourra aussi se servir de la justice comme si c'était l'injustice : on commettra donc des injustices, grâce à la justice, en faisant des actes injustes, tout comme on fait des actes d'ignorance grâce à
1246 b la science. Mais si c'est impossible, il est clair que les vertus ne peuvent être des sciences. Et si la science ne peut produire

2. Sur ce double usage des êtres voir ci-dessus, II 10, 1227a22-30 (usage exclusivement naturel de la vue par opposition à l'usage naturel *et* contre nature de la science) ; III 4, 1231b38-32a4 (usage par soi ou par accident d'une chaussure, ce dernier usage étant double : a) comme poids, b) comme objet de commerce). Dans *Politique*, I 9, 1257a6-14, la *vente* de la chaussure (qui sera utilisée comme chaussure) est considérée comme un usage par soi, mais impropre de l'objet, ce qui ne peut en aucun cas s'appliquer à la vente d'un œil, du moins au temps d'Aristote (G.-J., II, p. 552, traduisent στρέφεται par *loucher*).

3. αὗται (1246a29) reprend le sens contenu dans χρήσασθαι, l. 26 = *usages* (comme καὶ ταῦτα, voir Kuhner Gerth, 467, *Anm.* 8) ; il n'est pas nécessaire d'y voir une référence à un passage antérieur disparu, qui obligerait d'ailleurs à remonter au-delà de la phrase précédente.

4. « Avait », référence à 1246a27-28 ; l'« absurdité » de l'exemple de la vente ou de la manducation (voir le texte de la *Politique* indiqué à la note 2 ci-dessus) de l'œil est voulue (on notera l'irréel) puisqu'il n'y a pas d'usage contre nature de la vue (voir n. 2).

5. Position de Socrate, voir ci-dessus I 5, 1216b2-10 et Th. Deman, *Le témoignage d'Aristote...*, p. 82-98.

l'ignorance, mais seulement l'erreur et les actes que ferait aussi l'ignorance, on ne pourra pas, grâce à la justice du moins, agir comme on le ferait grâce à l'injustice.

Mais puisque la sagesse[6] est une science et une forme de la vérité, elle produira les mêmes effets que la science : il arrivera qu'on agisse d'une manière insensée grâce à la sagesse et qu'on fasse les mêmes erreurs que l'insensé. Mais si l'usage de chaque chose, en tant que telle, était simple[7], on agirait sagement même en agissant ainsi. Pour le reste des sciences donc, c'est une science autre et supérieure[8] qui cause la perversion (de la fin propre) : mais quelle science en fera autant pour la science supérieure à toutes ? Car il n'y a plus de science, à tout le moins, ni d'intellect[9]; certes ce n'est pas non plus la vertu, car la science suprême[10] s'en sert : la vertu de ce qui commande se sert en effet de celle de ce à quoi il commande. En conséquence, qui remplira ce rôle ? Ou bien, serait-ce comme dans le

6. *Phronêsis*, 1246b4 : c'est l'hypothèse de Socrate; assimilation de la *phronêsis* à la science : aussi faut-il entendre « puisque, *à leur avis...* » voir ci-dessous, la conclusion du chapitre, 1246b35-36 et P. Moraux, *op. cit.*, p. 263, n. 15. – « Dans la dernière partie du chapitre (1246b4-36), on examine avec soin les relations entre *phronêsis* et science d'une part, et *phronêsis* et vertu, c'est-à-dire vertu morale, d'autre part ; et la doctrine de *Éthique à Eudème* V (*Éthique à Nicomaque* VI), que la vertu et la *phronêsis* sont inter-dépendantes est énergiquement affirmée », Jackson, p. 203 (cf. *Éthique à Nicomaque* VI, 13). – Sur ma traduction de ce terme, voir ci-dessus, livre I, n. 16; dans le sens d'une équivalence entre *phronêsis* et *gnôsis cf.* Dr., p. 478. Voir sur ce problème, P. Moraux, *loc. cit.*, p. 262.

7. Contrairement à ce qu'on a affirmé plus haut, 1246a28-33.

8. « Supérieure » = κυρία, 1246b9 (*maîtresse* ?) : sur cette science suprême voir ci-dessus I 8, 18b12-14 : « c'est la politique... et la sagesse ».

9. Texte des Ms, avec Dr., Von Fr.

10. On sous-entend la science « maîtresse » de 46b9.

cas de l'incontinence[11], qu'on dit être le vice de la partie irrationnelle de l'âme : l'incontinent est en quelque sorte déréglé[12] tout en possédant la raison ? Mais si, en fait, le désir est fort, il le détournera de la raison, et il lui fera tirer la conclusion contraire à la raison[12a].

Ou bien il est clair que même si une vertu se trouve dans la partie irrationnelle et de l'ignorance dans la partie rationnelle, elles se transformeront d'une autre manière[13]. Ainsi on pourra se servir de la justice injustement et méchamment, et de la sagesse d'une manière insensée, de sorte que les usages contraires seront possibles : il serait en effet étrange que le vice qui apparaît quelquefois dans la partie irrationnelle de l'âme puisse transformer la vertu de la partie rationnelle et rendre un homme ignorant, alors que la vertu qui est dans l'irrationnel, quand l'ignorance se trouve dans la partie rationnelle, ne transformera pas celle-ci et ne la fera pas juger avec sens et agir comme il faut ; de même la sagesse qui est dans la partie rationnelle ne fera pas que l'intempérance dans la partie irrationnelle agisse avec tempérance, ce qui est le propre de la continence. De sorte que de l'ignorance viendrait un comportement sensé.

11. Sur l'incontinence, voir *Éthique à Eudème* VI (*Éthique à Nicomaque* VII), 3-5 (cc. 2-3 dans Tricot, p. 318-326, avec les notes); on se rappellera que ci-dessus III 2, 1231b2-4, Aristote se référait à une étude de la continence et de l'incontinence.

12. Sur ce terme voir les notes de Tricot, *Éthique à Nicomaque*, p. 167, n. 3 et 315, n. 2.

12a. Correction de von Fr., à 1246b15.

13. La correction de P. Moraux, *loc. cit.*, ἡ ἑτέρα μεταπείθεται (ἑτέρᾳ μεταποιοῦνται, Jac., Dr.) à 1246b17 est intéressante et tient compte de la difficulté signalée par R. Hall, p. 199; mais la vertu peut-elle changer de conviction ? A 1246b17, on lit τ΄ οὐ δικαίως.

Mais ces conséquences sont étranges, et surtout celle qui voudrait que de l'ignorance vienne un comportement sensé – ce que nous ne voyons jamais dans d'autres cas ; par exemple, l'intempérance transforme la médecine ou la grammaire, et non l'ignorance, si cette dernière se trouve aller à leur encontre, car elle ne comporte pas de supériorité : c'est plutôt la vertu qui, d'une manière générale, est dans cette relation vis-à-vis du vice, car tout ce que peut faire l'injustice, le juste le peut et, d'une manière générale, la puissance comprend l'impuissance. Aussi est-il clair qu'ils sont à la fois sensés et bons, ces habitus de la partie irrationnelle[14]. Et le mot de Socrate est juste que rien n'est supérieur à la sagesse mais qu'elle soit science, ainsi qu'il le dit, ce n'est pas juste : c'est une vertu et non une science, soit un autre genre de connaissance[15].

14. Texte particulièrement difficile. J'adopte les suggestions de Jackson, avec cette différence toutefois que je lis ἀλόγου avec Dr., Von Fr., au lieu de ἄλλου, 1246b33, ce qui permet d'affirmer l'existence de la partie irrationnelle de l'âme et des vertus morales, que la confusion de Socrate supprime, voir *Éthique à Eudème*, I 5, 16b2-10, *Éthique à Nicomaque*, VI (*Éthique à Eudème* V), 13, 1144b14-21, *M.M.*, I 1, 1182a15-23 avec le commentaire de Th. Deman, p. 82-92.

15. « Connaissance » traduit *gnôsis*, et « soit », *alla* (mais) l. 36. Sur les distinctions entre science ou art, vertu (morale), sagesse (théorétique : *sophia*) et sagesse (pratique : *phronêsis*) voir ci-dessus *Éthique à Eudème* V (*Éthique à Nicomaque* VI), chap. 3-9, tout particulièrement 1141b33-34 : « c'est une forme de connaissance que de connaître ce qui est bon pour soi ». – Cette *phronêsis* n'est donc pas *sophia*, puisque celle-ci *est* science.

CHAPITRE 2[16]

<Chance, bonne chance et bonheur>

37 Puisque non seulement la sagesse produit le bonheur et
la vertu mais que nous disons aussi que ceux qui ont de la
1247 a chance[17] sont heureux, indiquant par là que la chance produit
aussi le bonheur et les mêmes résultats que la science[18], il faut

16. Texte de Sus., à moins d'indication contraire. – On notera que les premiers mots de ce chapitre « sagesse et vertu », le rattachent au précédent et qu'il apporte une solution à un problème soulevé au premier chapitre de *Éthique à Eudème*, I. *Cf.* un fragment d'Aristoxène de Tarente, *Déclarations pythagoriciennes*, fr. 41 Wehrli, 30 Détienne, *La notion de daimôn*..., p. 176, D.-K., I, p. 478, 23 *sq.* : « *Sur la tychê*, voici ce qu'ils disaient : il y a, d'une part, une partie démonique de la chance, car il advient une certaine inspiration, à partir d'un δαιμόνιον, à certains hommes, vers le bien ou le mal, et il est évident que sous cette influence elle-même certains hommes sont chanceux (εὐτυχεῖς), d'autres malchanceux ; c'est très clair du fait que certains, agissant *sans délibération* et au hasard, réussissent souvent, alors que d'autres, après délibération et prévision (προβουλευομένους καὶ προνοουμένους) en vue d'agir correctement, ne réussissent pas. Mais il y a une autre espèce de *tychê*, selon laquelle les uns sont de bonne disposition naturelle (εὐφυεῖς : 47a38) et visant bien (εὔστοχοι), les autres sans disposition naturelle et ayant la nature (φύσιν) contraire : les uns atteignent le but qu'ils visent, les autres ratent le but, leur pensée (διανοία) n'étant jamais portée d'une manière à viser juste (εὐστόχως) mais étant toujours "ballottée" : cette malchance est innée (σύμφυτον) et non extérieure ».

17. Littéralement, les « bien fortunés » ou « chançards » (J. Croissant, *Aristote et les mystères*, p. 22-25) ou « chanceux » (auquel s'oppose « malchanceux »). – L'utilisation de ces deux derniers termes permet de garder le lien qui existe en grec entre *tychê* (chance), *eu*-et *a-tychês*.

18. τῇ ἐπιστήμῃ, 1247a1 Sp., Jac., Dr. ; si on garde le génitif des Ms avec Sus., Von Fr., il faut comprendre : « et la science produisant les mêmes résultats » (*i.e.* le bonheur).

examiner si le « chanceux » et le « malchanceux » le sont par nature ou non, et ce qu'il en est à leur sujet.

Qu'existent des hommes chanceux, c'est ce que nous voyons, car plusieurs personnes insensées réussissent dans bien des matières où règne la chance[19] alors que pour d'autres, le succès se présente même dans des domaines où il y a de l'art mais aussi une part importante de chance, par exemple dans la stratégie ou la navigation. Est-ce donc à une disposition qu'ils doivent d'être ainsi ou, au contraire, est-ce par le fait d'avoir par eux-mêmes telle qualité qu'ils sont des praticiens de la réussite ? Aussi bien est-ce l'opinion courante que c'est par nature qu'on est ainsi; la nature fait des hommes de qualités différentes, et c'est immédiatement, dès la naissance, qu'ils diffèrent : les uns ont les yeux bleux, les autres noirs, du fait que chacun doit avoir telle qualité, selon ce qu'il est; ainsi en est-il pour les chanceux et les malchanceux : il est évident que ce n'est pas grâce à la sagesse qu'ils réussissent : elle n'est pas irrationnelle mais elle possède la raison pour laquelle elle pose tel acte, alors que les hommes chanceux ne pourraient dire pourquoi ils réussissent (ce serait en effet de l'art) : c'est évident, parce qu'ils sont insensés, et non pas insensés dans d'autres domaines (car ce ne serait étrange en rien; par exemple, Hippocrate[20] était géomètre, mais semblait, à d'autres égards, stupide et non-sensé et, lors d'un voyage, il perdit beaucoup d'argent aux mains des douaniers à Byzance, par suite de sa

19. Sur le hasard, voir *Physique*, II 4-6, et P. Aubenque, *La Prudence*, c. 2; je lis οἱ, 1247a5 avec Bk., Jac., Dr., ἔτι, Ms, Sus.

20. Hippocrate de Chios, voir A. Rey, *La maturité de la pensée scientifique en Grèce*, Paris, A. Michel, 1939, *s.v.*; G. Sarton, *A History of Science*, I (1952), p. 277-279.

propre naïveté, à ce qu'on rapporte); non, il sont insensés précisément dans les affaires mêmes où ils sont chanceux. Car dans la navigation, ce ne sont pas les plus habiles qui sont chanceux mais c'est comme dans le lancement des dés où une personne ne marque aucun point, une autre en obtient beaucoup, et moyennant ce lancer[21] elle est naturellement chanceuse. Ou serait-ce parce qu'on est aimé, comme on dit, de la divinité et qu'un facteur extérieur soit la cause du succès – ainsi un bateau mal construit navigue souvent très bien, non pas par lui-même mais grâce à un bon pilote – de la même manière[22] le « chanceux » a son « démon »[23] comme bon pilote. Mais il serait étrange qu'un dieu ou un « être démoniaque » aime une telle personne, et non la meilleure et la plus sensée. Si donc c'est nécessairement à la nature ou à l'intellect ou à une certaine protection qu'est dû le succès, et que ces deux derniers sont exclus, c'est par nature qu'on est chanceux.

Toutefois la nature est cause de ce qui se présente toujours ou dans la plupart des cas de la même manière alors que, pour la chance, c'est le contraire[24]. Si donc réussir d'une manière pararationnelle semble relever de la chance, et si c'est précisément grâce à la chance qu'on est chanceux, cette cause ne pourrait s'assimiler à celle qui produit toujours ou le plus souvent le même effet. En outre, si grâce à telle qualité on doit réussir ou faillir (comme la couleur bleue de ses yeux fait qu'un homme

21. Avec l'add. de Sus., et ἦν, 1247a23, reprenant πτώσει, a22.

22. J'omets « mais » avec Fr., Sus. et j'adopte la suggestion de Sus. dans son apparat critique : οὕτως <ὁ>, 1247a27, acceptée par Dr., Von Fr.

23. « Démon », l. 27 et 28.

24. Sur cette question des rapports entre la nature et le hasard voir l'exposé classique de *Physique*, II.

n'a pas la vue perçante), ce n'est pas la chance qui en est la cause mais la nature : on n'est donc pas chanceux mais plutôt naturellement bien doué. Aussi faudrait-il dire que ceux que nous appelons chanceux ne le sont pas par chance; ils ne sont donc pas chanceux, car relèvent de la chance les biens dont la 1247 b
bonne chance est cause.

Dans ce cas, dira-t-on que la chance n'existe absolument pas ou bien qu'elle existe, mais non comme cause ? Mais il est nécessaire qu'elle existe, et qu'elle soit cause : et elle sera donc pour certains cause de biens ou de maux. Maintenant faut-il la supprimer totalement et dire que rien ne vient de la chance ? Est-ce nous qui, alors qu'il y a une autre cause et que nous ne la voyons pas, affirmons que la chance est cause ? (aussi dans sa définition, affirme-t-on qu'elle est une cause analogue[25] au raisonnement humain, comme si c'était une certaine nature). Cela serait un autre problème; mais puisque nous voyons certaines personnes être chanceuses une seule fois, pourquoi ne réussiraient-elles pas de nouveau pour la même raison et de manière répétée : la même cause produit pourtant le même effet[26]. Ce ne serait donc pas un effet de la chance; mais lorsque le même effet découlera d'(antécédents) indéterminés et indéfinis, il y aura quelque chose de bon ou de mauvais, mais

25. Je lis ἀνάλογον, 1247b7, avec la tradition L et Bk. : voir *Rhétorique*, I 10 ou la *chance* et le *raisonnement* apparaissant comme des « causes » de l'action humaine. Ou, avec un autre Ms, Sus. et Dr. : « insaisissable » au raisonnement humain (ἄλογον, b7), mais cette construction avec le datif paraît moins probable bien qu'elle se retrouve chez Thucydide I 32 et VI 85.

26. Texte de Jac. repris par Dr., p. 485.

il n'y en aura pas cette science qui résulte de l'expérience[27], car quelques chanceux apprendraient, ou alors toutes les sciences, comme le disait Socrate,[28] seraient des bonnes chances. Qu'est-ce qui empêche que de telles choses n'arrivent à quelqu'un, en série et souvent, non parce qu'il a telle qualité[29], mais tout comme on jetterait les dés avec un bonheur soutenu ?

Mais quoi ? N'existe-t-il pas dans l'âme des impulsions qui viennent, les unes du raisonnement, les autres du désir irrationnel, et ces dernières ne sont-elles pas antérieures ? En effet si l'impulsion qui provient de l'appétit de l'agréable est naturelle et si le désir l'est aussi[30], tout être marchera, naturellement du moins, vers le bien. Si donc quelques personnes sont naturellement bien douées (comme des gens aptes à chanter mais dépourvus de la science du chant sont naturellement bien doués pour le chant) et s'élancent, sans user du raisonnement, là où[31] leur nature les porte et désirent tel objet à tel moment, comme il faut, tel qu'il faut, quand il faut, elles réussiront même si elles se trouvent à être non-sensées et non rationnelles, tout comme on chantera bien sans pouvoir enseigner le

27. On se rappellera que l'expérience comporte répétition des souvenirs pour Aristote : *Métaphysique*, A 1, 980b 28-981a 5. A 1247b14, je lis εὐτυχεῖς avec les Ms.

28. *Euthydème*, 279d; voir Th. Deman, *Le témoignage...*, p. 67.

29. ὅτι τοιοσδί b17, Jac., Sol., Dr.

30. Je garde le texte des Ms en sous-entendant « impulsion ». – On peut aussi comprendre : si l'impulsion qui provient de la concupiscence de ce qui est agréable est par nature, le désir lui aussi (puisque c'est le genre de la concupiscence (voir ci-dessus, II, 7) marchera, par nature à tout le moins (par opposition à « par raison »), vers le bien.

31. « Là où », dans la direction où : <ᾗ> avec Jac.

chant[32]. Et de telles personnes sont chanceuses qui, sans raisonnement, réussissent dans la plupart des cas. Ce serait donc la nature qui rendrait les gens chanceux.

Ou bien « bonne chance » aurait-il plusieurs sens[33] ? En effet, certains actes dépendent de l'impulsion et du choix délibéré que l'on a fait d'agir, les autres non, bien au contraire. Dans les premiers, où on semble avoir mal raisonné, si on réussit, on dit qu'on est chanceux ; et aussi dans les cas où l'on a voulu un bien autre[34] ou inférieur à celui qu'on a reçu.

Les chanceux de la première manière le sont possiblement
par nature car l'impulsion, étant aussi désir portant sur ce qu'il
fallait, a réussi alors que le raisonnement était sot ; et lorsqu'il
arrive que le raisonnement de ces personnes semble incorrect,
alors que le désir en est la cause, c'est ce désir qui, par sa rectitude, les a sauvés[35] ; mais quelquefois on a, par concupiscence,
raisonné de nouveau ainsi et on a été malchanceux. Mais dans
le deuxième cas[36], comment existera la bonne chance due à la
bonté naturelle du désir et de l'appétit ? Mais si dans ce cas-ci il 1248 a
y a bonne chance, « chance » aura deux sens et sera identique à
la première, ou bien il y aura plusieurs bonnes chances[37].

32. Sur le lien entre l'enseignement et la connaissance des causes ou raisons, voir *Métaphysique*, A 1, 981a28-b10. ᾠδιχοί, 1247b23 et ᾄσονται 1247b26, Sylb.

33. Voir le texte d'Aristoxène cité ci-dessus à la note 16.

34. εἰ ἐβούλοντο ἄλλο ἢ ἔλαττον, 1247b32 avec Jac.

35. Texte de Sp., pour 1247b36-37 (dans Sus.).

36. Voir ci-dessus, l. 30 : « les autres (actes), non » : là où il n'y a ni impulsion ni désir, ni choix.

37. Je lis : εἰ, 1248a1 (ἡ Sus.) avec Dr., κἀκείνῃ a2, [ἣ] a2, avec Dr. C'est le cas de la chance (bonne ou non) qui se présente en dehors de la rectitude du désir.

Mais puisque nous voyons des personnes chanceuses en dehors de toute science et de tout raisonnement correct, il est évident que la cause de la bonne chance en sera différente[38]. Est-ce ou non la bonne chance par quoi[39] une personne désire ce qu'il faut et quand il faut, même si[40] le raisonnement humain ne peut en être la cause ? En effet, un tel désir n'est pas totalement dépourvu de raisonnement et cet appétit n'est pas non plus naturel, mais un facteur quelconque en a provoqué la corruption[41]. On semble donc être chanceux, car la chance est cause de ce qui tombe en dehors de la raison, et ceci est en dehors de la raison (car c'est en dehors de la science et de l'universel) ; mais comme il appert, ce n'est pas le résultat de la chance, malgré les apparences fondées sur le motif déjà donné.

38. Je garde le ἥ de la tradition L, avec Bk.

39. ᾗ, 1248a5 : Fr., Sol., Dr.

40. Sus., indique une lacune, 1248a6; différentes solutions ont été proposées, *cf.* Dr. *ad. loc.* Je soulignerai deux points a) l'apparition de l'adjectif *humain*, 1248a6, – qui laisse donc entrevoir un raisonnement divin; ce sera la bonne fortune divine, ci-dessous; b) l'optatif εἴη a7. Je suggère donc : … ἔδει, εἴ γε ὁ λογισμὸς… (ἔδει, ὁ δὲ Von Fr.) et je comprends : « si du moins le raisonnement humain ne pouvait en être la cause ».

41. Sur l'appétit *naturel* voir *Éthique à Nicomaque*, III 13, 1118b8-19, particulièrement b15-19 : « Dans les appétits naturels on se trompe rarement et seulement dans une seule direction, à savoir dans le sens de l'exagération, car manger ou boire ce qui se présente jusqu'à en être gavé, c'est dépasser la quantité fixée par la nature, puisque l'appétit naturel est seulement satisfaction d'un besoin » (Tr., p. 164). On désire *ce qu'il faut* (qui est ce que la raison ordonne) : donc ce n'est pas tout à fait en dehors du raisonnement; mais c'est sans raisonnement : ce n'est donc pas attribuable à la raison, mais au hasard. De même, ce n'est pas un appétit naturel, puisqu'il n'est pas dans une seule direction et qu'il peut être perturbé : il n'est donc pas « naturel » ou par nature. La corruption peut atteindre le raisonnement et l'appétit.

Aussi cet argument ne montre pas que c'est par nature qu'on est chanceux mais que ceux qui ont la réputation d'être chanceux ne doivent pas tous leurs succès à la chance, mais parfois à la nature, et il ne montre pas non plus que la chance n'est cause de rien, mais qu'elle ne l'est pas de tout ce dont elle le semble.

On pourrait cependant soulever cette aporie : la chance est-elle cause de ceci même, que l'on désire ce qu'il faut et quand il faut; ou, dans cette hypothèse du moins, ne serait-elle pas cause universelle et même de la pensée et de la délibération? On ne délibère pas en effet après avoir délibéré, cette délibération étant précédé d'une autre, mais il y a un commencement[42], et on ne pense pas après avoir pensé antérieurement à penser, et ainsi à l'infini... Aussi l'intellect n'est-il pas le principe de l'intelliger pas plus que la délibération ne l'est du délibérer. Qu'y a-t-il d'autre, sauf la chance? Ainsi tout proviendrait de la chance. – Mais n y a-t-il pas un principe sans autre principe extérieur à lui, et qui, parce[43] qu'il est tel dans son être, peut produire un tel effet[44]? Voici ce que l'on cherche : quel est le principe du mouvement dans l'âme[45]? – C'est clair : comme dans l'univers, dieu meut aussi tout par l'intermédiaire de ceci[46], car le divin en nous meut tout d'une

42. Littéralement : *principe*.

43. ὅτι, 1248a23, Dr., [διὰ τί] Sus.

44. Voir *Métaphysique*, Λ cc. 7 et 9.

45. C'est-à-dire, de la pensée et de la délibération.

46. Je garde le texte des Ms (καὶ πᾶν ἐκείνῳ, 1248a26), qui donne un sens très acceptable : la divinité meut tout dans l'univers, par l'intermédiaire du premier ciel, de même dans l'âme, *par l'intermédiaire de l'intellect*, ce qu'expliquent les mots suivants : « *en effet*, le divin en nous... »; voir *Métaphysique*, Λ 7,

certaine manière : le principe de la raison n'est pas la raison mais quelque chose de supérieur : que pourrait-il y avoir de supérieur et à la science et à l'intellect sauf dieu ?

<Non pas la vertu>, car elle est un instrument de l'intellect[47]. Et c'est pourquoi (au dire des anciens) on appelle chanceux ceux qui suivent leur impulsion et réussissent sans être rationnels[48]. Et il ne leur convient pas de délibérer car ils possèdent un principe supérieur à l'intellect et à la délibération ; les autres ont la raison mais non ce principe et ils ne possèdent pas l'enthousiasme, qui dépasse leurs possibilités car, lorsqu'ils sont irrationnels, ils échouent[49] ; et c'est cette divination, particulièrement rapide, caractéristique de ces personnes sensées et sages qu'il faut seule distinguer[50], non celle qui vient de la raison[51], mais les uns l'ont grâce à l'expérience,

1072b3-4 : « il meut à titre d'objet d'amour, et *par l'intermédiaire de ce qui est mû*, il meut le reste », *Physique*, VIII 2, 252b25, *de Motu Anim.*, 5, 700a31. – « Le divin en nous », c'est l'intellect, – qui a pour objet le suprême intelligible et le suprême désirable (Λ 6 ; voir ici 49b13-23). Sur cet usage de ἐκεῖνος = ceci, voir K.-G., II a, p. 658-659.

47. Voir 1246b10-12.

48. Voir 1247b21-28.

49. Texte des Ms, Bk., Von Fr. (et οὐδέ Bf., au lieu de καί), 1248a34 et 33, respectivement.

50. τοῦ τῶν, 12a34, avec Jac., τούτων Sus.

51. Voir *Sur la Philosophie* : « Le concept du divin, disait Aristote, est né chez les hommes de deux causes originelles : des phénomènes qui concernent l'âme et des phénomènes célestes. Des phénomènes qui concernent l'âme, par suite des inspirations divines (littéralement enthousiastes) que l'âme reçoit en songe et des prophéties (*manteias*). Quand l'âme, dit-il, s'est recueillie sur elle-même dans le sommeil, alors, ayant recouvré sa vraie nature, elle voit à l'avance et prédit les choses futures. Telle est aussi son pouvoir à l'heure de la mort,

les autres grâce à l'habitude, dans l'examen des questions, de se[52] servir de la divinité, mais directement[53]. Celle-ci voit bien et l'avenir et le présent et ce[54] dont la raison s'est séparée de cette manière. Aussi les mélancoliques ont-ils des rêves justes : le principe en effet semble exercer un plus grand pouvoir 1248 b
quand la raison s'est séparée[55] tout comme les aveugles ont une meilleure mémoire, parce que celle-ci est séparée des objets visibles[56].

Il est donc clair qu'il y a deux espèces de bonne chance : l'une est divine, aussi le chanceux semble réussir grâce à la divinité, et cet homme est celui qui réussit en suivant son impulsion tandis que l'autre réussit en ne suivant pas la sienne : les deux sont irrationnels. Et la première bonne chance est plutôt continue, l'autre, non.

quand elle se sépare du corps (...). C'est pour ces raisons donc, "dit Aristote", que les hommes en sont venus à concevoir l'existence de quelque être divin qui, selon son essence, ressemble à l'âme et qui est doué de la faculté de connaître la plus extensive » *Fr.* 12, trad., légèrement modifiée de Festugière, *La révélation d'Hermès Trismégiste*, II, c. 8, 229, *de divinatione*; Platon, *Timée*, 71d-e.

52. τοῦ, 1248a37 : τε Sus.

53. δι' αὑτόν, 1248a38, *per se* Bf., δὲ αὗται, Ms, Sus. La mantique utilise directement Dieu, sans l'intermédiaire de la raison et de l'intellect.

54. En 1248a38 je sous-entends : <ταῦτα> ὧν...

55. Voir fr. 12, cité ci-dessus n. 51 et *de divinatione*, c. 1.

56. τοῦ πρὸς τοῖς ὁρατοῖς εἶναι τὸ μνημονευὸν, 48b2-3, W.D. Ross, Sol. – Sur ce problème on pourra lire J. Croissant, *Aristote et les mystères*, c. 2, P. Aubenque, *La Prudence*, p. 71-75, J. Pépin dans *Aristote. Cinq œuvres perdues*, c. 2 : *De la Prière*, p. 56-62 (qui souligne la différence entre la « théologie » de ce chapitre et celle de *Métaphysique*, Λ).

CHAPITRE 3[57]

<*La norme de la vertu complète et du choix des biens : la connaissance et le service de la divinité*>

8 On s'est donc exprimé sur chaque vertu en particulier dans

57. On a mis en doute le rôle de conclusion de l'*Éthique à Eudème* que joue ce chapitre (Dr., p. 366-367, approuvé par Allan, *Gnomon*, 38 (1966), p. 141-142) : on n'en voit pas le lien avec le problème du bonheur (mais la *kalokagathie* est la *vertu complète* qui fait partie de la définition du bonheur, au livre II 1, 1219a39); le style abrupt de la conclusion indiquerait une lacune – suggérée par Sus. –, et qui serait comblée par le transfert de ces trois chapitres avant le livre VII; mais on trouve l'exact équivalent à la fin des livres III (12, 1119b8), et VIII (14, 1163b27) de l'*Éthique à Nicomaque*, sans indication de lacune ! Je crois donc, avec Fr., Zeller, II 2[3], p. 873-875, Kapp, dans *Gnomon*, 1927, p. 23, que ce chapitre forme la conclusion normale de l'*Éthique à Eudème* Enfin Dr. s'appuie sur l'ordre des *M.M.* (dont il affirme maintenant l'authenticité), où ces chapitres (II, p. 9-11) viennent *après Éthique à Nicomaque* VII (*Eudème* VI) et *avant* le traité sur l'amitié (*Eudème* VII), pour en conclure qu'il devait en être ainsi dans l'*Éthique à Eudème* Je ne puis entrer ici dans tous les détails de cette discussion et je me limiterai à quelques points d'ordre général : premièrement, rien dans les Ms ne permet de croire à un déplacement de ce chapitre (comme le livre α de *Métaphysique*, par exemple) ; deuxièmement, pourquoi le plan des *M.M.*, fait de pièces et de morceaux des deux Éthiques, serait-il supérieur à celui de l'*Éthique à Eudème*? Troisièmement, à supposer qu'Aristote soit l'auteur des *M.M.*, n'avait-il pas le droit de modifier son plan ? Quatrièmement, et c'est ici le point essentiel, on n'a pas fait la preuve que ce chapitre n'est pas, et *ne peut pas être*, la conclusion de cette Éthique, bien au contraire : a) la discussion sur la vertu complète ou entière (partie de la définition du bonheur) n'est pas hors de propos au *terme* d'un traité consacré au bonheur; b) la même remarque vaut pour la norme qui présidera au choix des biens extérieurs et simplement bons (catégorie de biens à laquelle appartiennent les *amis*, 1249b18); c) même si Aristote ne le dit pas aussi clairement qu'on pourrait le souhaiter, cette norme vaut *aussi* pour *l'ensemble de l'activité humaine* : la *phronêsis* ne s'intéresse pas uniquement aux biens extérieurs (1249b6-16); cette norme, « la connaissance et le service de la divinité » est celle de *la vertu tout entière*, de la *kalokagathie*, 1249b24.

ce qui précède[58]; puisque nous avons défini séparément leur signification[59], il faut aussi préciser la vertu qui en résulte, et que nous appelions, en fait, la *kalokagathie*[60]. Il est évidem-

On a donc eu partiellement raison de rapprocher ce chapitre des passages parallèles de *Éthique à Nicomaque*, X sur la contemplation (voir ci-dessous n. 71), même si, dans ce dernier ouvrage, celle-ci se présente comme la condition unique du bonheur humain, à titre d'activité du νοῦς, qui s'identifie à l'homme – contrairement à l'*Éthique à Eudème*, pour qui l'homme, c'est l'âme. Sur cette question, voir J.D. Monan, *Moral knowledge...* Oxford, 1968, chap. VI et tout particulièrement, malgré nos réserves sur quelques points, l'excellente analyse de VIII 3, p. 125-134, dont voici la conclusion : « The genuine realization of (man's) happiness (in the *Éthique à Eudème*) must be found in the integrated activity of both intellectual and moral virtues (*cf.* II 1, 1219a34-35) whereas that of the *N.E.* and *Protrepticus* is situated in the activity of the virtue of νοῦς, alone, separated from the moral virtues of the rest of the soul » (p. 132-133). – Pour une discussion plus approfondie de ce chapitre et son arrière-plan platonicien, voir mon article « Vertu "totale", vertu "parfaite" et "kalokagathie" » dans l'*Éthique à Eudème* », dans *Sens et existence, en hommage à Paul Ricœur* (Paris, Seuil, 1975), p. 60-76.

58. Voir le livre III, auquel il faut ajouter les livres IV-VI (*Éthique à Nicomaque* V-VII).

59. Sur ce sens de δύναμις voir Bz., 206b29-30 et *supra*, VII 12, 1244b2.

60. ἣν ἐκαλοῦμεν ἤδη καλοκἀγαθίαν, 1248b10. Ce membre de phrase a provoqué de nombreux commentaires. Comme on ne trouvait pas de passage auquel ce texte pouvait renvoyer, on a corrigé l'imparfait en présent (Jac., Von Fr., avec Bf.) : « nous appelons maintenant... »; en outre il est notoire qu'Aristote n'emploie que très rarement le terme *kalokagathie* (somme de toutes les vertus, vertu parfaite, *gentlemanship, nobility and goodness*, Sol.) : c'est le caractère de ce qui est *beau-et-bon* (voir *Éthique à Nicomaque*, IV 7, 1124a4, X, 10, 1179b10). Cependant, les passages où la première personne du pluriel signifient « on », « nous tous », ne se comptent pas chez Aristote; cet usage avait déjà été signalé par Bernays, ainsi que le rapporte Newman, *The Politics of Aristotle*, III, p. 186 (ad 1278b13). Ce qui semble avoir faussé l'interprétation, c'est le fameux *Wir-Stil* (« Nous, Platoniciens »), sur lequel a insisté Jaeger dans sa tentative de chronologie des livres de la *Métaphysique* et dont Cherniss, *Aristotle's Criticism of Plato*, I, ap. II, p. 488-494 a montré qu'il ne s'imposait pas. On peut trouver, par exemple, cinq emplois de « nous » au sens de « on » dans le premier

ment nécessaire que celui qui mériterait vraiment cette appellation ait les vertus particulières car dans aucun autre cas il ne peut en être autrement : personne, en fait, n'est sain dans son corps tout entier qui ne l'est dans aucune de ses parties[61], mais il est nécessaire que toutes les parties ou la plupart ou les plus importantes d'entre elles soient dans le même état que le tout. Donc être « bon » et être « beau-et-bon » doivent différer non seulement par le nom mais en soi, car parmi tous les biens il y a des fins qui, elles, doivent être choisies pour elles-mêmes; parmi ces fins sont appelées belles[62] toutes celles qui, existant pour elles-mêmes, sont dignes de louanges[63] : ce sont celles qui donnent naissance aux actions dignes de louanges et qui le

chapitre du *Traité du Ciel*, l. 1 ; ici même on peut voir VII 1, 1234b23-27, VIII 2, 1247b4-9. Comme l'écrit P. Aubenque dans un autre contexte, « Aristote se réfère à l'opinion commune (οἰόμεθα, 1140b8) sur Périclès », Fondation Hardt, *Entretiens* XI, p. 121. Je garde donc l'imparfait des Ms et je comprends : « qu'on avait l'habitude d'appeler en fait, *kalokagathie* »; ἤδη (« en fait », plutôt que : « déjà ») sert à souligner l'usage particulier du terme *kalokagathie* à ce point de la discussion. L'introduction de ce mot, rare chez Aristote, présente un avantage majeur: le concept de *beauté* (le *beau*-et-bon) lui permettra d'établir la différence entre les biens naturels et les véritables biens, désirés pour eux-mêmes et donc beaux : les vertus. Sur ce problème de la vertu entière, voir mon article déjà cité, dans les *Mélanges Paul Ricœur*.

61. On voit donc que la santé totale est la somme de la santé des parties du corps.

62. « Belles »; sur cette notion et ses rapports avec la valeur morale et le devoir, on pourra lire, entre autres, G.-J., II, p. 568-572.

63. Est « digne de louanges » ce qui est choisi pour soi, qui est un bien en lui-même, par exemple les vertus, mais non la santé et la force physique qui sont choisies en vue d'autre chose, *i.e.* le bonheur; voir ci-dessus II 1, 1219b11-16 et les notes. – Sur la distinction entre « beau » et « bon », voir *Métaphysique*, M 3, 1078a31-32 : « *Bon* et *beau* sont différents : le premier se trouve toujours dans l'action, le *beau* se trouve aussi dans les réalités immobiles »; *Rhétorique*, I 9, 1366a33 et I 6, 1362b8; D.J. Allan, *The Fine and the Good*, p. 64-68.

sont elles-mêmes, par exemple, la justice en elle-même et en ses actes; de même les tempérants sont louables[64] : car la tempérance aussi est louable. Mais la santé n'est pas quelque chose digne d'éloges car son effet ne l'est pas non plus, ni l'action vigoureuse, car la force ne l'est pas non plus; elles sont toutefois bonnes mais non louables. C'est clair aussi pour les autres cas, grâce à l'induction. Est bon alors celui pour qui les biens naturels[65] sont des biens, car les biens pour lesquels on se bat et qu'on croit les plus grands : honneur, richesses, vertus du corps, bonnes fortunes et pouvoirs, sont bons par nature mais il leur arrive d'être nuisibles à certains, par suite des dispositions de ces derniers. Car ni l'insensé ni l'injuste ni l'intempérant ne tirent aucun profit de leur usage, tout comme le malade, de la nourriture du bien portant, ou l'homme faible et mutilé, des parures[66] de l'homme sain et en possession de tous ses membres. Un homme est beau-et-bon parce que les biens qui sont beaux en soi lui appartiennent et qu'il pose des actes beaux, et le fait en vue de ceux-ci; sont belles les vertus et les opérations qui en découlent.

Mais il y a une disposition politique, telle que la possèdent les Lacédémoniens et que pourraient posséder des gens du même genre. Or voici ce qu'elle est; il y a en effet des personnes qui pensent qu'il faut avoir la vertu mais en vue des biens naturels. Aussi ces hommes sont-ils *bons* (les biens **1249 a**
naturels leur appartiennent) mais ils n'ont pas la *kalokagathie* : en effet ce qui est beau en soi ne leur appartient pas <alors que ceux à qui il appartient en soi> choisissent non seulement ce

64. *Temperati laudabiles*, 1248b22, Lat., Dr.

65. Les biens naturels sont énumérés immédiatement; on les retrouvera plus loin, 1248b40 *sq*.

66. Voir ci-dessus, III 5, 1233a34.

qui est beau-et-bon[67] mais, en outre, ce qui sans être beau par nature est bon par nature, devenant pour eux, beau. Les biens naturels sont beaux en effet lorsque ce pour quoi on agit et on fait des choix est beau; aussi[68] pour la personne belle-et-bonne le bien par nature est beau. Est beau en effet ce qui est juste; or ceci est à la mesure du mérite et l'homme beau-et-bon mérite les biens par nature. Et ce qui convient est beau[69]; or ces biens lui conviennent: richesse, naissance et pouvoir, de sorte que pour le beau-et-bon même ce qui est utile est beau alors qu'il y a discordance chez la plupart des gens[70]. Ce qui est simplement[71] bon n'est pas bon aussi pour ces derniers alors qu'il l'est pour l'homme bon; pour qui est <beau->et-bon c'est en outre beau, car ce dernier a fait de nombreux actes beaux grâce à ces biens[72]. Mais l'homme qui pense[73] qu'on doit avoir les vertus pour l'amour des biens extérieurs, fait des gestes beaux par accident. La *kalokagathie* est donc la vertu complète[74].

67. δι' αὑτά, <ὅσοις δὲ ὑπάρχει δι' αὑτὰ> καὶ… 1249a3, Dr., p. 496, s'appuyant sur *Lat.*, lacune déjà pressentie par Zeller, II 2[3], p. 878.

68. διό, Sol., διότι Sus. : 1249a7.

69. Voir *Topiques*, I 5, 102a5-6 : « On doit cependant tenir pour définitionnels des énoncés comme celui-ci : est beau ce qui convient », trad. Brunschwig, p. 6 (sauf pour πρέπον, traduit par : « ce qui est seyant », voir la note justificative p. 122); V 5, 135a13 et le contexte.

70. Voir *Éthique à Nicomaque*, II 2, 1104b30-1105a1 (Tr., p. 96).

71. *Simplement* ou *au sens général* plutôt qu'*absolument*, par opposition à ce qui est bon pour quelqu'un, ou relatif, voir D.J. Allan, *op. cit.*, et W.J. Verdenius, *Human Reason and God in the Éthique à Eudème*, dans *Untersuchungen…*, p. 285, qui traduit : *merely good*.

72. δι' αὑτά, 1249a14, Ms, Sol., Dr.; il s'agit des biens « naturels ».

73. Voir ci-dessus 1248b39 *sq.*

74. ἀρετὴ τέλειος, 1249a16 : c'est donc la vertu qui comprend toutes les autres (y compris les vertus intellectuelles) ainsi que l'indiquaient le début du chapitre et les passages pertinents de II 1; on voit donc que dans l'*Éthique à*

Du plaisir[75] on a aussi dit sa nature et comment il est bon[76]; de même on a dit que l'agréable, au sens général, est beau et

Eudème le mot *teleios* a le sens de « complet », « entier » alors que dans les passages parallèles de *Éthique à Nicomaque*, il signifie plutôt la *perfection*, voir dans ce sens J.D. Monan, *Moral Knowledge and its Methodology in Ar.*, p. 123 n. 4, qui développe une suggestion de S. Mansion.

75. On ne peut faire mieux que de traduire ici les remarques de Dr., p. 497-498 : « Si la kalokagathie est la vertu "complète" (τέλειος), il va de soi qu'elle a à faire avec la fin de l'homme. C'est la raison pour laquelle maintenant, dans un ordre de succession – comme c'est habituel dans les *M.M.* – on montre que le "beau-et-bon" est celui qui possède le bonheur. Et tout ce qui suit (1249a21-b25) est écrit en vue du bonheur comme le prouve la dernière phrase. La conclusion est donc la suivante : le "beau-et-bon" a les vrais biens et il a les biens "beaux" : les deux sont agréables; il a donc aussi les vrais plaisirs : les ἡδέα appartiennent, selon les indications de I 5, 1216a30-37 au bonheur : donc le "beau-et-bon" est heureux, au sens où le plaisir y est inclus. Le rappel de l'exposé sur le plaisir n'est donc pas ici un fragment inséré d'une façon inorganique, mais il appartient au thème du chapitre. Nous le verrions clairement si nous avions *Éthique à Eudème* VI, auquel correspond maintenant *Éthique à Nicomaque* VII. Mais même ce que nous avons de références anticipées et d'indications dans *Éthique à Eudème* I-III et VII suffit. Les voici : 1) I 1, 1214a1-8 : le lien indissoluble entre le bonheur et le plaisir. 2) I 5, 1216a30-37 : la même chose; la référence anticipée se trouvait à *Éthique à Eudème* VI, maintenant *Éthique à Nicomaque* VII, surtout les cc. 12-15; le mot εἴρηται de VIII 3 se rapporte à un traité complet du thème du plaisir : c'est ce que montrent les termes usuels chez Aristote pour indiquer un exposé sur une vertu : ποιόν τι καὶ πῶς. 3) VII 2, 1235b30-36a6 : thème : ce qui est simplement bon et ce qui est simplement agréable. 4) VII 2, 1237a4-9 : thème : ce qui est "beau" et agréable. 5) VII 2, 1237a26-37, 32-33 : la même chose, dans le cadre de l'amitié et de l'acte. – VIII 3 est, somme toute, un chapitre de renvois : au début, la référence à *Éthique à Eudème* III; ensuite on présuppose l'existence de *Éthique à Eudème* IV (*Nicomaque* V, la justice particulière), en outre, celle de *Éthique à Eudème* V (*Nicomaque* VI, *Phronêsis*) et même aussi *Éthique à Eudème* VI (*Nicomaque* VII, le plaisir) ». – Pour les liens entre *Éthique à Nicomaque* VII (*Eudème* VI) 11-14 et *Éthique à Eudème* I 5, III 2 et VIII 3 voir aussi A.J. Festugière *op. cit.*, à la n. 78, p. XXXI-XLI.

76. Aux références de Dr., j'ajoute celles de Fr., à *Éthique à Eudème* VI (*Nicomaque* VII) : ce qu'il est : 1153b7, 13; comment il est bon, c'est-

que le bien, au sens général, est plaisant[77]. Mais le plaisir n'apparaît que dans l'action[78]; c'est pourquoi l'homme véritablement heureux vivra aussi très agréablement[79], ce que les hommes n'ont pas tort d'apprécier.

Mais[80] il existe aussi pour le médecin[81] une norme[82] à laquelle il se rapporte[83] pour juger le corps sain et le corps

à-dire, en général et en particulier: 1152b27, 1153a29, 1154b15, *supra* I 5, 1216a32-33.

77. Voir *Éthique à Nicomaque*, VII, 1153a1-29, 1154b15 *sq.*, *Éthique à Eudème*, VII 2, 1235b32-36; 1231a7-10, pour la première affirmation et *Éthique à Nicomaque*, 1154b20, pour la dernière.

78. Voir *Éthique à Eudème* VI (*Éthique à Nicomaque* VII), 1154b20; pour A.J. Festugière, *Aristote. Le plaisir*, XL, il s'agirait d'une référence à VII 12, 1153a7 *sq.*

79. Voir VII 13, 1153b10 *sq.*; Festugière, *ibid.*, note que tous ces rappels visent des passages de l'argumentation dirigée contre Speusippe (p. XLI).

80. Sur ce morceau 1249a21-b25, il existe de nombreuses publications (voir le commentaire de Dr., p. 493). Dès 1932, le P. Festugière en signalait l'importance. *L'Idéal religieux des Grecs et l'Évangile*, p. 23. H. von Arnim, *Eudemische Ethik und Metaphysik*, SB Wien, 207, 5 (1928), p. 26-27 en a donné une interprétation nouvelle qui, au prix d'une manipulation du texte dont il y a peu d'exemples (il lit νοῦς *intelligence* partout où les Ms donnent θεός *dieu*), élimine toute référence à un principe extérieur à l'âme, à une divinité transcendante : Dr. *ad. loc.*, Gauthier II, p. 561-562 (qui traduit ce *texte* en y insérant les « corrections » de von Arnim, mais garde un certain doute qui s'exprime dans une longue citation de P. Defourny, avec qui nous sommes d'accord : *L'Objet...*, p. 74, n. 3 et p. 28). I. Düring, *Aristoteles*, Heidelberg, 1966, p. 451-454, suivent Von Arnim, Pour une exégèse plus respectueuse du texte, voir entre autres : P. Defourny, *L'activité de la contemplation dans les morales d'Aristote*, dans Bibr., 1937, p. 89-101 et en dernier lieu l'article de W.J. Verdenius, cité n. 62.

81. Le médecin, voir déjà chez Platon, *Lois*.

82. Sur ce terme, ὅρος, voir les textes cités dans *L'Objet de la Métaphysique...*[2], p. 28 et déjà chez Platon, les textes des *Lois* cités dans *Vertu « totale »...*, p. 62-65.

83. *Cf.* Platon, *Phèdre*, 237d.

malade, et qui détermine jusqu'où il faut agir pour produire la santé, alors que si on est en deçà ou au-delà on n'atteindra plus la santé. De même également pour le vertueux[84] : eu égard aux actions et au choix des biens naturels mais non dignes d'éloges, il doit avoir une norme à la fois de la disposition[85] et du choix, 1249 b
et aussi pour éviter l'excès et le défaut de richesses et de bonnes fortunes[86].

Dans ce qui précède on a dit[87] que cette norme, c'était comme le raisonnement[88] en décide, ce qui équivaudrait à dire,

84. Sur le *spoudaios* ou homme excellent au sens moral voir la remarquable analyse de J. Aubonnet, dans *Cinq écrits*, p. 104-105.

85. Je garde à ἕξις son sens de disposition active, *habitus*, non de possession (Dr.) : *cf.* ci-dessous 1249b7 ; le *spoudaios* doit choisir la disposition qui lui permettra « la connaissance et le service de la divinité » 1249b20, et II 5, 1222a17-22, 31-33 (*habitus* et choix).

86. Avec Sol., je garde le texte des Ms, qui est difficile, mais donne un sens acceptable. Les biens naturels (1248b27-30), à l'inverse des vertus désirables pour elles-mêmes, ne sont pas bons en soi, et sont choisis, non pour eux-mêmes mais pour une fin distincte : quelle est la norme de ce choix et la fin pour laquelle on le pose ?

87. Voir II 3, 20b21-35 ; 5, 1222a8-36 ; 1222b7-9 : référence explicite à une discussion à venir sur l'ὀρθὸς λόγος et la norme ; et *Éthique à Eudème* V (*Éthique à Nicomaque* VI) 1, 77, 1238b19-34 (Tricot, p. 273-274). Nouvel exemple de ἐλέχθη, au sens précisé par D.J. Allan dans *Classical Quarterly*, N.S. 22 (1972), p. 82, 83 : « of which I spoke [so long as I preferred that term] » et « The use of ἐλέχθη in announcing that a thing is to be called by a new name… ».

88. Sur *logos*, voir ci-dessus, II n. 25 ; Verdenius, art. cit., p. 286, préfère « raisonnement » (avec références à II, 11, 1227b17, VIII 1, 1247b36, 1248a3), qui me paraît en tout cas supérieur à « principe » ou « règle », Bt., p. 143, que suivent Dr., (*EN*), G.-J., II, p. 146-150 (qui rendent toutefois le λόγος de *Éthique à Nicomaque* VI 2, 1139a32 par « calcul (*logos*) c'est-à-dire le plan qui permet de calculer les moyens d'obtenir une fin », p. 149).

dans les questions de nourriture, comme la médecine et son raisonnement[89] : c'est vrai mais peu clair[90]. Il faut alors, ici comme ailleurs, vivre selon la loi du principe qui gouverne[91], c'est-à-dire en dépendance de la disposition en acte[92] du principe qui commande : par exemple, le serviteur en dépendance du principe de son maître et chaque être en dépendance du principe qui lui convient. Or l'homme, en fait[93], se compose naturellement d'une partie qui gouverne et d'une partie gouvernée et chaque être doit vivre en dépendance de son principe (et ce dernier est double; car la médecine et la santé sont principes d'une manière différente : la première est en fonction

89. Sur la science et son *logos*, voir ci-dessus II 3, 20b28; *Métaphysique*, Λ 3, 1070a29-30 : « La médecine est le *logos* (forme) de la santé » ; ce n'est pas une forme séparée mais elle existe dans l'esprit du médecin, où elle agit à titre de fin qui, une fois réalisée dans le corps, devient la cause formelle de la santé.

90. Voir ci-dessus I 6, 1216b32-35 et les notes.

91. « Vivre selon la loi de… » (Tr.) rend : ζῆν πρὸς…, 49b7 : *cf.* Bz., 642a40 : *secundum, ad alicuius norman et legem*, Bt., *ad* IV 3, 1124b31 : « *to take his rule of life from another* » (p. 185); G.-J. : « vivre au gré de… » (sans note) et « dans l'intérêt de », trad. de notre texte II, p. 561. C'est dans cette perspective que je traduirai πρός par : « en dépendance ». On notera la polyvalence du mot « principe » ἀρχή qui signifie aussi bien : magistrature, autorité, souche, point de départ, cause, voir *Métaphysique*, Δ 1. – Je garde le terme *principe*.

92. A 1249b7-8, je garde le texte des Ms, Sus., qui donne un sens acceptable : *l'habitus* ou disposition (p. ex. la science) peut être en acte ou en puissance et n'est en liaison avec son objet que dans la connaissance *actuelle*, *v.g.* la connaissance de dieu, ci-dessous. – Si on préfère la corr. de Ross (καὶ au lieu de κατὰ) on comprendra « … avec la disposition *et* l'acte… ».

93. Voir ci-dessus II 1, 1219b28-35; on notera que dans ce passage aussi les deux parties de l'âme participent au *logos*, à la raison, l'« une » parce qu'elle *commande*, l'autre, parce qu'elle obéit.

de la deuxième[94]); il en est par conséquent de même pour la partie cognitive. Car la divinité ne gouverne pas en donnant des ordres mais elle est la fin en vue de quoi la sagesse donne des ordres[95] (or la fin est double, comme on l'a déterminé ailleurs[96]) puisque la divinité du moins n'a besoin de rien. Aussi ce mode de choix et d'acquisition des biens naturels – biens du corps, richesses, amis ou autres – qui favorisera au mieux la contemplation de la divinité[97], ce mode, dis-je, est le meilleur et cette norme est la plus belle, alors que celle qui par défaut ou par excès empêche de servir et de contempler la divinité est mauvaise. Et c'est ce que l'homme possède par son

94. La médecine est cause motrice, la santé, cause finale.

95. Le terme « sagesse » (*phronêsis*) 1249b14, reprend le terme « partie cognitive » (θεωρητικόν) de la ligne précédente : il est clair que, comme dans le passage cité ci-dessus à la n. 93 et les textes parallèles, Aristote oppose globalement la connaissance qui commande à *l'autre partie*, b22, qui obéit, c'est-à-dire à la partie morale : la *phronêsis* est donc à la fois théorétique et pratique. Voir ci-dessus II 6, 1222b22-23, 1248a25-27, et le moteur premier de *Métaphysique*, Λ : « il meut à titre d'objet d'amour ».

96. Voir *Physique*, II 2, 194a35, *Métaphysique*, Λ 7, 1072b2-3 : il s'agit de la différence entre la fin en soi et la fin pour quelqu'un ou quelque chose et qui donc a des besoins : la connaissance est la fin de toutes les activités humaines mais elle a besoin de son objet : la divinité qui joue à son endroit le rôle de la santé à l'égard de la médecine et elle a aussi besoin des vertus morales pour atteindre sa propre perfection. Sur cette distinction voir K. Gaiser, *Das zweifache Telos bei Aristoteles* dans I. Düring, *Naturphilosophie bei Aristoteles und Theophrastos* (1969), p. 97-113. (qui toutefois ouvre la parenthèse avant : « comme on… », non avant : « or la fin… », p. 102, n. 16, à quoi s'oppose Von Fr., p. 384, n. 4a).

97. Je garde le mot classique « contemplation », pour θεωρία, mais il s'agit avant tout de connaissance ; *idem* ci-dessous l. 20.

âme[98], et voici la norme la meilleure pour l'âme, percevoir le moins possible l'autre partie de l'âme, en tant que telle[99].

Que l'on considère donc comme traités[100] la norme de la vertu parfaite[101] et le but de ce qui est simplement bon.

98. C'est-à-dire de servir et de connaître la divinité par l'intermédiaire du raisonnement et de l'action, qui sont ses parties propres (II 1, 1219b36-20a4).

99. Je lis ἄλλου (1249b22), avec les Ms : il s'agit évidemment de la partie « qui est naturellement faite pour obéir » (*ibid.*), et qui, à ce titre, est irrationnelle.

100. Voir ci-dessus, la n. 57, au début du chapitre.

101. Ou *kalokagathie*.

LIEUX PARALLÈLES*

Éthique à Eudème I 1, 1214a1-VIII 3, 1249b25 (= 14a1-49b25)	*Éthique à Nicomaque* I 1, 1094a1-X 10, 1181b23 (= 94a1-81b23)
Livre I	
1214a1-8	1099a24-30
14-25	99b9-11
24-25	99b7 *sq.*
30-33	98b22-26
14b28-1215a3	95a28-30
15a12-19	99b13-20
22-25	98b29-99a7
26-b14	95b14-96a10
15b34	95b19 *sq.*
21-23	95b22 *sq.*
28-29	95b14-96a5
16b20-25	1103b26-29
26 *sq.*	98b8 *sq.*

* On ne trouvera ici que les principaux textes parallèles de l'*Éthique à Nicomaque* ; on pourra les compléter par les indications de Susemihl, Burnet (1905), Solomon, Ross (dans sa traduction de l'*Éthique à Nicomaque*, après la table des matières) et surtout Dirlmeier.

35-17a17	94b11-27, 95a31-b13
17a21 *sq.*	95a16-20
23-24	1102a13 *sq.*
24-29	99b32-1100a1
33-35	1141a34 *sq.*, 1178b7 *sq.*
39 *sq.*	95a13-20
17b2-18a38	96a11-97a13
16 *sq.*	96b30-32
23-25	96b32-97a13
25-18a1	96a23-34
18a1-8	96a17-23
8-15	96a34-b5
38-b6	97a16 *sq.*, 96b32-35
18b10-14	94a24-b10, 96a16-24

Livre II

18b32-36	98b12-15
35 *sq.*	98b31 *sq.*
37 *sq.*	1106a15 *sq.*
19a5 *sq.*	97b23 *sq.*
13-17	94a3-6
18-23	98a7 *sq.*
23-35	98a5-17
23-25	95b30-33, 1102b7 *sq.*
25-27	98a5 *sq.*, 98b29-99a3
35-b6	98a17-20, 1100a1-5
19b6-8	1100a10 *sq.*
8-9	1101b31-34
9-10	99a3-5
11-16	01b21-34
16-25	02a28b-12
26-27	02a13-22
22-20a12	02a23-03a10
27-31	02b13-03a3
32-36	02a28-32

36-20a4	02a32-b12
20a5-12	03a3-10
8-11	02b13 *sq.*
26-34	04a11-b3
34-39	04b4-05a13
39-20b6	03a14-23
20b7-20	05b19-06a12
21-35	06a26-b35
36-21b9	07a28-08b10
21b10-15	26a8-31
15-17	18b16-21
18-26	07a8-27
32-22a5	04b3-05a13
22a2-5	04b24-28
6-8	04b27-28
17-22b14	08b11-09a19
22b15-23a20	13b3-15a3
15-20	13b16-18
20	*cf.* 99b32-00a1
23a4-9	13b13-21
9-13	09b30-34
21-25b17	09b30, 11b3
23b18 *sq.*	11a24 *sq.*
22-24	05a7 *sq.*
25a2-36	10a4 *sq.*
36-25b16	10b18-11a21
25b17-27a17	11b4-13a12
27a18-b4	13a13-b2

Livre III

1228a23-36	14b26-29, 15a4 *sq.*
26-30a 36	15a5-17b22
31-35	15b28-16a2
28b18-38	15b7-15
29a4	*cf.* 15a29-31

12-31	16a16-17a27
29b2-12	15a17-27
29b28-30	15b26-29
30-30a4	16a10-15, 17a5-9
30a4-16	16b3-19
16-21	16a17-29
21 *sq.*	16b13-17a1
36-31b4	17b23-19b20
38-30b20	19a34-b18
30b21-31a25	17b27-18b7
31a26-b4	18b28-19a20
21b5-26	25b26-26b9
27-32a 18	19b19-22a18
32a19-33a30	23a34-25a34
28-30	*cf.* 23a34-35
32b10	*cf.* 24b6-9
12-14	*cf.* 23b17-24
33a9-30	25a16-34, 22b30 *sq.*
31-33b15	22a18-23a33
33b18-26	*cf.* 08b1-7
26-29	28b10-35
29-34	26b10-27a12
38-34a3	27a13-b32
34a4-23	27b33-28b3

Livre VII

1234b18-22	55a3
22-35a3	55a3-31
35a4-29	55a32-b9
29-35b12	55b9-16
35b13-36a6	55b17-27
36a7-15	55b27-56a5
16-32	56a6-14
33-37b7	56a14-57a16
33-36b17	56a14-b6

36b17-37b7	56b7-17, 33-57a12
37b8-38a29	56b17-32
38b15-39	58b1-19
39a1-b6	58b20-59a33
17-19	58b33-59a5
21-b6	59a13-b1
39b6-40a7	59b11-24
40a8-b39	66a1-b29
40b1-3	68b6-8
41a1-14	66b30-67a21
15-33	67a22-b16
34-41b11	67b17-68a27
41b11-42b1	59b25-62a33
42b2-21	62a34-b4, 63a24-b27
21-43b14	62b16-63a23
43b15-38	63b28-64b21
44a1-36	64b22-65a35
44b1-45b19	69b3-70b19
45b20-25	70b20-71a20
26-46a25	71a21-b28

INDEX NOMINUM

INDEX RERUM[1]

1. Les références de l'*Index rerum* renvoient aux lignes du texte, et sont données de manière abrégée (1214a1-1249b25 = 14a1-49b25).

TABLE DES MATIÈRES

ARISTOTE
ÉTHIQUE À EUDÈME

ACHEVÉ D'IMPRIMER
EN JUILLET 2007
PAR L'IMPRIMERIE
DE LA MANUTENTION
A MAYENNE
FRANCE
N° 205-07

Dépôt légal : 3e trimestre 2007